黄岩区文化研究工程丛书

# 黄巖經籍志

王恒正 编

文匯出版社

# 序

历史上的黄岩，是台之巨邑，汉以前为东瓯国，晋为永宁县，唐武后天授元年（690）定名为黄岩以后均为黄岩。其间人才辈出，履写相属，千百年来，在古老的黄岩大地上，诞生了举世闻名的历史人物，并创造了光辉灿烂的文化。从《黄岩县志》《台州府志》《浙江通志》《黄岩集》及项士元的《台州经籍志》等志书中，黄岩的典籍众多，不愧为"东南小邹鲁"之称。

为研究和查阅黄岩历代的古籍，编者经过数年的辛勤劳动，将黄岩从隋代至清末民国初年志书上所载的古籍进行系统的梳理，编成《黄岩经籍志》一书。该书分四卷，卷一经部130篇，卷二史部180篇，卷三子部161篇，卷四集部610篇，总收录古籍1081部，现存已刊的339部，抄本155部；已佚587部。入载本书之最是清代王棻三十一部，其中二部载《续修四库全书》；明代陶宗仪二十三部，有八部载入《四库全书》，全书载入《四库全书》和《续修四库全书》的有35部；还有明代王启十三部，入《四库全书》一部。清代李诚、王舟瑶、均有十几部著作，此外还有黄超然、谢伋、车若水、戴复古，杜范。符验、吴执御、曾铣、喻长霖、王咏霓等均有较多佳作呈现。

为读者了解过去之经籍全貌，并可汲取其优良的精神，书中将现存的古籍序跋进行分段、点注；对已佚的、能收集其有价值的序跋进行疏理点注，并对作者略作介绍；对民国中后期的经籍著作，从民国《黄岩新志》稿中录出，共六十一部附于书后；新中国成立后出版的著作，则根据《黄岩县志》（1992年版），列表书后，可供研究参考。

本书系统性、可读性强，可提供广大读者了解古老黄岩、千年永宁的悠久文化，汲取其精神力量，亦可唤起黄岩人民对中国传统文化的认知，更可激发在外黄岩人热爱家乡的自豪感。

编　者

2020 年 02 月

# 前　言

黄岩位于我国东南沿海，历史悠久，文化昌盛，人才辈出，有三国时期吴沈莹著的《临海水土异物志》，为黄岩的水稻双熟制及蜜橘的栽培提供考据，宋代陈景沂著的《全芳备祖》是我国第一部植物学辞典，元代陈应润著的《周易变义蕴》及明代章陬著的《书经提要》，被《四库全书》评称为我国经学典著。是圣人定书，以纪帝王之治也，上明天道，下述人事，旁叙万物，罔不毕具。唐代委羽山人有空著的《委羽山大有空明天真人司马君传》，是记第二洞天道教祖庭。至宋淳熙年间，著名理学家朱熹驻节台州，讲学黄岩樊川书院，使黄岩文教鼎盛，被称为"小邹鲁"。历代的儒学著作蔚为大观。黄岩许多出仕游宦留下名篇，文章更是车载斗量，其中政治和经济之学的奏疏，有宋代杜范的《清献集》，明代符验的《革除遗事》、曾铣的《复套议》及史部有明代陶宗仪的《说郛》《革莽私乘》《古刻丛钞》及《国风尊经》，还有车若水的《脚气集》，亦有清代王棻的《台学统》，记叙台州学者337人，分为气节、躬行、经济、性理、训诂、词章六门类，是一部较完整的名人丛书史。此外还有明代王启的《赤城会通记》、符验的《留台什记》、王舟瑶、喻长霖的《台州府志》、王棻的《永嘉县志》、《太平续志》、《黄岩县志》等。而辞章之学的诗文，更是繁花竞放，光辉灿烂，其中有宋代左纬《委羽居士集》、戴复古的《石屏词》，明代陶宗仪《南村诗集》、谢伋的《四六谈麈》、黄承忠的《三台文献录》、王惟楫的《黄说仲诗草》、王叔英的《静学文集》等。

黄岩的经籍，是祖国文化宝藏的有机组成部分，在全国影响巨大。现整理出版，不但可供广大读者了解千年永宁光辉灿烂的文化，亦可汲取其精华,坚定黄岩文化认同和文化自信。为未来文献的发掘、研究、整理和利用,奠定良好的基础。愿优秀的历史文化,更好地传承和弘扬,服务当代,惠泽未来。

由于编者学识有限,疏漏和错误难免,祈请专家学者斧正。

编　者

2020 年 3 月

# 目　录

## 卷一　经部

# 卷二　史部

# 卷三　子部

## 卷四　集部

# 经籍志·卷一

## 经部

# 易　类

**《易象》二卷**

〔宋〕李桂老撰。黄岩人。（台州府志、浙江通志）。今佚。（按：桂老嘉熙二年进士，事实无考）。

**《周易通议》二十卷**

〔宋〕黄超然撰。黄岩人。（元史艺文志，赤城会通志、台州府志、浙江通志，黄岩县志有记，有抄本），今未见。

自序曰：易有太极，是生阴阳，阴阳交易而成，对待易之体也，所谓先天也；阴阳变易，而有流行易之用也，所谓后天也。体中有用，用中有体，万化之原，万古之会，万象之蕴，万物之情，万用之经，万事之时，尽在是矣！

**《周易发例》三卷**

〔宋〕黄超然撰。黄岩人。（浙江通志，黄岩县志，台州府志，元史艺文志）。今佚。

自序曰：余尝窃臂篆，易当如画家写六十四卦之义，三百八十四爻之情，正邪险易，利害攻取，犹之老少妍媸意，与情态各随其人。

**《周易或问》五卷，《周易释蒙》五卷**

〔宋〕黄超然撰。黄岩人。（黄岩县志　赤城会通记，台州府志，浙江通志）。今佚。

### 《樵翁玩易》十卷

〔宋〕方儀撰。黄岩人。（经义考，浙江通志，黄岩县志，台州府志）。今佚。

### 《易学直指本原》

〔元〕盛象翁撰。黄岩人。（经义考，黄岩县志，元史艺文志）。盛象翁，字学则，太平人，汀州教授，仕终昌国判官。学者称圣泉先生。今佚。

### 《河图洛书说》

〔元〕牟楷撰。黄岩人。（赤城新志，台州府志，浙江通志，黄岩县志）。黄岩县志有载，今存《河图洛书义》，《河图洛书总说》二篇，可见黄岩集。

### 《易学直指本原注》

〔元〕盛侍道撰。黄岩人。（台州外书，黄岩县志）。今佚。侍道字希曾，号通源，象翁之孙，是书取其祖之所作注之，益以阐明天人之蕴。今佚。

### 《周易爻变义蕴》四卷

〔元〕陈应润撰。黄岩人。应润字泽云，延祐间由文学起为郡曹橡，旋调桐江幕。其书今有翁长孙刻本。（四库全书、台州外书、元史艺文志、黄岩县志、台州府志均有载）。有金华黄潛序。

（金华黄潛序）：易更四圣而成书，秦火之余，幸因卜筮而僅存。自汉分为三家，有田何、焦贡、费直三易，易之说，瓜裂矣。至魏王辅嗣，杂以老庄之学，易之说愈远矣。继是诸儒註释，奚啻数百家，或泥乎天道而不及人事成，专乎义理而不及象数，各立异论，茫无统绪。天台陈泽云，献肃公邦彦先生之后，易有家传。延祐间余丞宁海，泽雲由黄岩文学起郡曹橡，议论雄伟，剖决如流，凜凜然骨鲠风。尝曰：余家贫，亲老不能远游，窃升斗之禄，以养亲，资尺寸之褚，以著述。他无所觊也，挑灯夜话出示野趣之什，清新俊逸，翰林承旨，子昂赵公尝序之矣。又数年，余为越上监运，泽云调明幕，把酒论文，出示詠史之什，美善刺恶一出至论，翰林学士伯长袁公为之序矣。泽雲曰：余欲著爻变义蕴，此洁静精微之学也。时居簿书丛中，无食息暇，非二三年静坐工夫不能也。去年春，余老金华、泽云以书来曰："余近调桐江宾幕时，宰急于聚歛，议论落落不合，困守幕下。幸有馀暇时复登钓台，坐羊裘轩、卧山高水长阁，汲泉煮茗，洗胸中之不平，若有神助。今幸爻变义蕴粗完，使二三十年勤苦之志一旦有成，未知果合於爻变之义，易之蕴否乎？子其为我订正之。"余曰：易岂易註哉，复之象辞曰，复其见天地之心乎？天地之心，惟义文周孔数圣人能见。泽云生于数千年之后，直欲见数圣人之心，不亦难乎。虽然道无终穷，才有起迈，余尝焚香静坐，观泽云所註之易，乾坤二卦已无馀蕴。至於变爻三百八十有四，旁通它卦之义，爻爻有发挥，事事有考证，造理精微，立说洞澈，馀如删正，太极八卦爻法逆顺等图，探颐索隐，自非灼然，有见乎圣人之心者不能也，读之使人縱然霅霅不倦。倘使程朱诸子复生，未有不击节而加叹也！余没老田里，安得以泽云所注之易真，诸翰苑与同志者商之，使泽云名垂不朽，是则不负其二三十年勤苦之志也。泽云勖之哉。至正丙戌正月既望。中顺大夫秘书少监致仕金华黄溍序。

### 《易说》

〔明〕郭槚撰。黄岩人。今佚（尊乡录详节、桃溪净稿、赤城后集、赤城诗集、台学源流、经义考、浙江通志、台州府志、黄岩县志有载）。

### 《易说》

〔明〕徐森撰。黄岩人。（台州府志、浙江通志、黄岩县志有载）。书佚。森字宗茂，与兄扆并以学行闻。

**《周易传疏》**

〔明〕王启撰。黄岩人。书佚。（经义考、两浙名贤录、浙江通志、黄岩县志有载目）启字景昭，成化丁未进士，历官刑部右侍郎，学者称东瀛先生。

**《周易启蒙通释正误》**

〔明〕章文禄撰。黄岩人。书佚（浙江通志，台州府志，黄岩县志）。文禄字秉道，嘉靖初贡。有王启序存。

**《太极注》一卷**

〔明〕蔡荣名撰。黄岩人。书佚（台州府志、浙江通志、黄岩县志有载）。

**《周易要言》**

〔清〕葛承杰撰。黄岩人。书佚（经义考，浙江通志，台诗三录，黄岩县志）。承杰字鼎生，崇祯间县学生，中岁弃去，以诗酒自放。

**《河洛图考》四卷**

〔清〕阮培元撰。书佚（黄岩县志，台诗三录）。

培元字廷才，号笃菴，又号秋暹，乾隆乙卯举人，官嘉兴教谕。

宋确山曰：笃菴先生规言矩行，博涉群书，汲引后进，台禾两郡皆重之。戚鹤泉明府尝执经焉。

**《参易发凡》二卷**

〔清〕金鹰扬撰。黄岩人。（有刊行本，光绪县志、台州书目有记、王棻跋）。鹰扬字君选，嘉庆戊寅恩贡，其书近翁长森刊行，只一卷盖賸稿也。

**《易备》**

〔清〕李诚撰。黄岩人。（光绪台州府志有载）。（后删为易章句述，专明焦氏一家之学，今存乾坤二卦残稿。本缺）。

**《易章句述賸稿》八卷**

〔清〕李诚撰。黄岩人。（稿残本）（台州书目有载）。

诚字师林，号静轩，嘉庆癸酉拔贡，官云南姚州判，书未定卷，据管骏跋，有营跋称当依焦里堂，易章句本定为十二卷，此卷从其家中所及残稿也。

**《周易参变》十卷**

〔清〕林琨撰。黄岩人。（王棻家藏抄本，今存图书馆）。（黄岩县志、光绪台州府志有载）。琨字良宝，号琢亭，道光壬午岁贡。自序，略。

**《周易同人录》二卷**

〔清〕夏鼎撰。黄岩人。（黄岩县志载），（夏鼎死后门人姜文衡为之校定）。

**《学易筌蹄三卷》（附录）一卷**

〔清〕姜丹书撰。（黄岩县志载）。丹书字世铭号册言，禀膳生，辛酉年殉难。

**《易笺（一册）》**

〔清〕王咏霓撰。黄岩人。（函雅堂藏稿）。咏霓字仙骥，号紫裳。（光绪六年进士，官至安徽凤阳、太平知府）。

# 书　类

## 《定武成错简》一卷

〔元〕牟楷撰。今佚。（台州府志、续文献通考、经义考、浙江通志、黄岩县志）。

## 《书义考》

〔明〕徐森撰。黄岩人。今书佚（黄岩县志、浙江通志、台州府志）。

## 《尚书该义》十二卷

〔明〕郭元亮撰。黄岩人。（赤城新志、台学源流、明史艺文志、黄岩县志）。元亮为樌从子，有文名为儒士，任新昌训导。书佚。

## 《书经讲义》

〔明〕林昂撰。黄岩人。（三台诗录、黄岩县志）。昂字居赟，号自怡，宣德己酉举人，官任海州学正。书佚。

## 《书经提要》四卷

〔明〕章陬撰。黄岩人。（四库全书总目、台州外书、黄岩县志）。章陬字仲寅，正统元年进士，授兵部主事。书存。

自序：圣人定书所以纪帝王之治也，上明天道，下述人事，旁叙万物罔不毕具。其经世之大典乎，自燔於秦火，缉於汉儒，虽遗经僅存，而大义隐矣。迨宋九峰先生承考亭指授，而为之传，然后圣人微词，奥旨焕然，复彰于世，其有功於后学卓乎。不可尚矣。抑闻韩子有曰：记事者，必提其要，若天义、地埋、图书、律吕四者，皆是经之要也，然天文之度数或未易析，地理之沿革或有不同，至於图书律吕，先儒固有成说，而散见他书，未有萃于一矣。故学经之士得其一或遗其二，愚窃病焉。陬不自揆用，摭先儒之说，为书四篇，名以提要，或为之图，或述其义，间以一得之愚附焉。其具于蔡传者不复出庶，其说简明易见，不假他求而得其要矣，因录而藏之，以便观览，非敢僭为著述也，同志之士幸订正焉。

任麒跂：右书，经提要一帙，乃春官章先师之所著述也。先师为浙江斯文之宗，自少克志於学，而尤笃践履甫弱冠以是经，两魁多士，寻拜官容台，历政未幾而绰著冰檗之声。適以疾赐告家居，四方之士鼓箧而相従者旁午为归，麒以葭莩之好叩，窃先师膏复以为士之力学，贵乎知要，若天文、地理、图书、律吕皆是经之要，而不可以不明焉。先师於是四者或为之图，或引成说，或著已意，粲如日星，诚学经者之权舆，是以忘其芜陋而滥竽编辑之责。迨书成先师被命之京，调官武部。更岁茂选入馆阁纂修，麒亦奔尺寸之禄，未遑锓梓。呜呼！今师巳矣，是书犹存，不敢自宝，谨捐俸命工锓梓以广其传。虽然先师之文固不待是，而显学经之士则必因是而益明也耶。四库全书总目：是编以天文、地理、图书、律吕四者，皆释经之要，故分为四类，每类又各分细目，系以图说，其序谓，见於蔡传者不复出然，其图皆従诸书采录，其说亦多袭取陈言无所考辨。召诰士中说一条，引周礼，日东则景夕多风，日西则景朝多阴，谓蔡传所引。王氏之说，误为景朝多阳，景夕多阴。今案蔡传祇以多风误为多阳，未尝误为景夕多阴。或陬所见与今刊本不同耶。台州外书：分天文、地理、图书、律吕四门，或为之图，或述其义，其巳具蔡傅者不复出没。有天顺间门人任麒跂此书，所见瓶花斋写本。

### 《壁经辨疑》

〔明〕何峦撰。黄岩人。（黄岩县志）。书佚。

峦字崇仁，岁贡生，广德训导。

## 《尚书精义》六卷

〔明〕黄㐌撰。黄岩人。今书佚。（台州府志、浙江通志、黄岩县志）。

## 《禹贡条辨》

〔清〕张淦撰。黄岩人。（黄岩县志）。书刊行，图书馆有藏。

黄岩县志批语：此书不全载经文，以历辨之大抵，以王氏鸣盛尚书学案为本，其论说亦用先儒论说。

## 《书序考异》一卷

王咏霓撰。黄岩人。（台州书目、静观书舍藏书目）。已刊行。

## 《瀛州尺闻，敦书尺闻》

杨晨著。（黄岩罗氏上云阁藏书）。民国黄岩友成书局铅活字印刷，两书合刊，一册全。

## 《书序答问》一卷

王咏霓撰。黄岩人。（台州书目、静观书舍藏书目）。已刊行。

## 《郑注禹贡引地理志释》一卷

王舟瑶撰。黄岩人。书稿藏于家。

舟瑶字星垣，号玫伯，王棻学生，后至杭州诂经精舍拜俞樾为师，得到俞樾赏识，光绪巳丑举人，光绪二十六年赏内阁中书衔，光复后隐居不仕。

# 诗 类

### 《诗笺》八卷

〔宋〕蔡萝说撰。黄岩人。（浙江通志、临海县志 赤城新志）。书藏於家。赤城新志载:蔡萝说，字起岩，黄岩人，所著书多散佚，独《诗笺》八卷存于家。

### 《国风尊经》一卷

〔明〕陶宗仪撰。黄岩人。（四库全书总目、台州外书、黄岩县志、松江府志）。

### 《诗义》

〔明〕徐森撰。黄岩人。（浙江通志 台州府志、黄岩县志）。今佚。

### 《毛诗心解》

〔明〕叶邦问撰。黄岩人。（黄岩县志）。今佚。

### 《诗意》十九卷

〔清〕李诚撰。黄岩人。（台州书目）自国风至小雅凡十九卷有抄本存世。

### 《毛诗义疏》

〔清〕李焕焘与弟春枝同撰。黄岩人。（李氏书目）。书未见。
焕焘和春枝皆李静轩子，邑廪生。

### 《诗篇义》
〔清〕李焕焘撰。黄岩人。（光绪台州府志）。今存首册。

### 《毛诗名物考》二卷
〔清〕李春枝撰。黄岩人。（敦说楼诂经杂记）。今存。

### 《毛诗故音异字考》
〔清〕李春枝撰。黄岩人。（李氏书目）。书未见。

### 《毛诗汉宋酌解》三十卷
〔清〕张淦撰。黄岩人。（黄岩县志）。书今藏蔡镇藩家。

《黄岩县志》载：此书以毛传郑笺为主，兼用朱子集传之说，复取近人说诗者，自陈启源稽古篇，而下凡百余家博观而约取之，其与众说之异者，毛举无遗诸说之精者亦搜罗殆尽。生平精力尽在是书也，惟条贯诸家不注出处是其一失耳。

### 《毛诗酌解纂义》三十卷
〔清〕夏畴撰。黄岩人。（黄岩县志）。太平天国乱时散失。《黄岩县志》载：是书张氏酌解删繁订伪，务明经旨，於异说不同尽胪载大概，酌解权衡。汉宋纂义，多遵小序。

# 礼 类

## 《礼辨》

〔宋〕戴良齐撰。黄岩人。（赤城新志、经义考、浙江通志、黄岩县志）。书佚。

林右曰：当今经书虽皆具完，而礼经独为残缺。加以汉儒之说有不纯也！郡先哲戴大监尝，力为之辨草，庐吴文正公师之得其说。

## 《内外服制通释》九卷

〔宋〕车垓撰。黄岩人。（赤城新志、千顷堂书目、台州府志、经义考、四库全书总目、简明目录、浙江采集遗书总录、台州外书、铁琴铜剑楼书目、善本书室藏书，志邵亭知见传本书目、皕宋楼藏书志，黄岩县志、台州书目）。近翁长森重刊。

牟楷序：余闻双峰先生服制有书旧矣，而常恨莫之见也。年几耳顺，先生之子大雅翁始编以示予，且俾题其首，予以晚学辞弗获。遂为之言曰："美哉是书。"其文公家礼之羽翼欤？或曰丧服之制，家礼备矣，此书之作不殆于赘乎哉？予谓不然，家礼著其所当然，此则释其所以然也。孔子曰："民可使由之，不可使知之。"徒由之而不求以知之可乎哉？此先生之书所以作也。然礼有冠昏丧祭，而此独有取于丧又何欤礼之行。由于俗之厚，俗之厚由于丧之重也。周公所以成周家忠厚之俗，亦惟丧祭之重而已。丧祭之重民俗之厚也。民俗厚而后冠昏之礼可行矣！噫，亲丧固所自尽也，世降俗浇齐斩且莫之尽，况期功乎，期功之正者且莫之尽，况若义降若加者，乎噫。

安得如先生者司风俗之柄，即是书而躬行之，且律天下之人尽行之。

则变浇为醇，有不难者矣噫。后之人读是书而味于天理者，乌足以知先生之心哉。先生姓车氏，讳垓，字经臣，玉峰先生之季也，至元后巳卯畅月。张复跋：双峰先生内外服制通释，余闻其书旧矣，今始获一觌。其发明朱夫子家礼殆无遗蕴，岂曰小补之哉。因思卯角时从玉峰先生于上蔡东湖书院引试圣则堂，举孟子使契为司徒教以人伦章为题。先生曰：此帝尧命契教天下万世以人道之始也。余对曰：朱夫子丧礼一书，岂非教天下万世以人道之终乎。先生喟然曰小子真能以隅反矣。双峰先生，玉峰先生之季也，宜其熟于礼也。呜呼，微契不能启之于前微，朱夫子不能成之于后微。先生通释又不能使后人行著而习察也。读先生之书者，孝悌之心，油然如风之于草雷之于蛰，岂曰小补之哉。时至元后庚辰六月。

车瑢跋：先君成此书未脱稿，而更化及窜山谷，竟以疾终客塾，悉为煨烬。时瑢兄弟尚幼。若罔闻知泊长有识而手泽无存。夙夜痛心有负先志。岁庚午春，先师栖筠，郑先生亡，余往吊于先生书房中。见内外服制通释一书，俨然俱在，惊喜无地。栖筠盖先君之爱，友曾传之。于是编写成帙。众谓是书有补世教，瑢不敢私。遂锓诸梓，与众共之。

王棻跋：始余读朱竹垞经义考，知吾乡车双峰先生《内外服制通释》一书，虽颇残阙，而传本尚存。访求累年竟莫能见。同治庚午客金陵，从海昌唐端甫秀才仁寿询得是书。假藏行箧，携至都中，手录副本。既竣，因作而叹曰："孟子有言，养生者不足以当大事，惟送死可以当大事。是以仪礼丧服一篇。"子夏特为之，傅沿至六朝，学者专门名家甚众，可谓知所重矣。自唐许敬宗修显庆礼去国恤一篇，流俗相沿以丧为讳，往往有生尽其情殁则苟焉，从事者盖可叹也。双峰先生此书于正降义加亲疏隆杀之等，辨析至详且具疏其所以然之，故诚足矫宋世之失，而补说经者所未备矣。然而沈理晦蚀，几六百年卒不获大显于世。岂不以犯俗所忌，而为学者罕尝，究心也哉。虽然如有知道之君，子必以此书为可贵矣。同治十年，岁在重光汁洽窈月下弦，黄岩王棻谨识于京师云居寓斋。

王咏霓跋：右乡先辈双峰先生《内外服制通释》七卷，海昌唐氏藏本。而同里王君子莊，自金陵假录以传者也。昔人谓朱子家礼一书杂出于门人之手，于经意无所发明。读双峰是编，可以补其阙矣。旧本转写夺误，王君于手钞之馀多所考订。瑞安孙君亦有是正稍还旧观，余更以翰林院藏曝书亭朱氏写本互相仇校，凡夺文之宜补者，如第七卷为夫之从祖祖父母一节（女适人者为从父兄弟之子一节）俱脱去七行，第一卷外族妻党服图，为人后及女适人者为母党外族降服图俱脱去，标题悉为增入。其朱本并伪夺者，如三父八母服制图嫁母，为前夫之子从己者服不杖期，则据第四卷不杖期章改正妻为夫党服图，母为嫡子齐衰三年。则据第三卷，齐衰三年章改正，外族妻党服徒妻之亲，母虽改嫁，被出犹服，则据第七卷为妻之父母服缌章改正外，徙此又得百数十字。惜乎！第八卷三殇以次降服，与第九卷之深衣疑义阙佚既久，不可得而见也。子莊下第南归将以语邑宰孙公重授之梓，而为校勘记，附诸右焉。因书以志岁月，同治辛未舒月黄岩王咏霓谨识于京师南衡街寓屋。马良骥曰：公讳垓，字经臣，少讳若绾，乡人所称双峰先生者也。居黄岩领乡，荐不第，季父诏溪先生安行，登永嘉潜室陈先生埴之门，公与从兄若水俱受学焉，凡河图洛书，先天太极之精微蕴奥靡不探颐，异端百家之说必反复辨订。至于礼经尤祥如深衣之续衽，先儒末有一定之论，公则用注疏皇氏广头在下之说改正，续衽为裳之上衣之傍，而后深衣之制始得其宜，丧服亲疏之隆杀，文公家礼尚或遗略，公乃作内外服制通释一篇，其于正降义加多以义起以补文公之未备。士之习礼者得之如指诸掌焉。景定中会稽王华甫守台于城之东湖，建上蔡书院，首聘公兄弟处以宾职。咸淳中朝廷以特科授迪功郎，建宁浦城县尉，公既老遂不赴。四库全书总目：垓字经臣，天台人，咸淳中由特奏名授迪功郎浦城县尉，以年老不赴。德佑二年卒。垓及从兄若水皆受业于季父安行，安行受业于陈埴，埴受业于朱子，故垓是书一仿文公家礼而补其所未备，有图、有说、有名义、有提要，凡正服、义服、加服、降服皆推阐明晰，具有条理。牟楷序谓家礼著所当然此释其所以然，盖不诬也。朱彝尊经义考曰：车氏书余所储者缺第八卷以后，卷八书目为三殇，以次降服，应服期而殇者降服大功小功，应服大功而殇者降服小功，应服小功而殇者降服缌麻。卷九为深衣疑义，其标题则仍称九卷，注存而不注阙，盖未敢断后二书之必佚。然今所传写皆与彝尊本同，则此二卷已佚矣。

### 《深衣疑义》一卷

〔宋〕车垓撰。黄岩人。（经义考、四库全书总目、县志、浙江通志）今佚。

自序：深衣括要云：古者衣裳不相连，惟深衣上下相连，被体深邃，故云深衣。以白细布为之裳，十有二幅以应十二月。布六幅交解裁之分为十二狭头。在上阔头，在下除缝削外，实广六尺，下齐倍之，此下裳之制。初未尝言前后连属之幅数也。案玉藻云深衣三袪。（注云：三袪者谓要中之数也）盖袪者袂口也，其阔一尺二寸，圜围则二尺四寸，三袪则总七尺二寸。既分为三则，前后里各为一袪。明矣，其前后二袪稍狭则缀二小衽以足之都均裳。十二幅为三以属为三袪，庶乎前后里阔狭均齐，称身端正，如此方与正经三袪之法吻合，于先王法服有可观矣。又案礼记深衣图本，则著前四幅、后四幅、里四幅，前有小衽缀于衣旁，却其分明，正与三袪之义不异。近世大儒朱子订正家礼于深衣之制。则以衣四幅各缀裳三幅，与礼记不同，殊不可晓。愚尝三思，曾依此制，上衣四幅阔裁之，以合七尺二寸之数，则衣身太宽不能贴体。狭裁之，则不及三袪之数，且前三幅，后六幅阔狭不等，岂能相对整齐。牵袷下系带未免强合，胸前布幅颇不正，何所取于先王法服哉。既无小衽，则两头不扑，何所取而名为曲袷，欲其领之方可得乎。此所以启愚之疑，而不可以不辨。且如续衽钩边之误，郑氏已注明白，而惑于熊氏等注疏之谬，杨氏直言，朱氏尚未及修定，可谓一扫去愚意，家礼虽晦庵，成之而深衣之制，往往复后，门人续添以足，其书非朱子订正故也。然理有可疑，不可不辨，学有未达不可不讲。况深衣之制欲服称身，以应规矩绳权衡之法，然所谓辨亦不出，礼经之意何敢以已意而妄议哉。今纂出礼记深衣本末以附于后，使服者知所择焉。

四库全书总目：据马良骥所作垓行状，其深衣疑义本，别为一书，良骥所众用皇氏广头，在下之注以续袵。为裳之上，衣之旁者说，亦颇核。惜其全文不可睹也。台州外书：据马良骥作垓行状云；深衣之积袵先儒未有定论。经臣用注疏皇氏广头，在下之说改正积袵，为裳之上，衣之傍。而后深衣之制，始得宜，亦可得其立说之大凡矣。

### 《深衣刊误》一卷

〔元〕牟楷撰。黄岩人。（赤城新志、台州府志、经义考、浙江通志、台州外书、黄岩县志、牟氏宗谱）。凡五条七百余字，载牟氏谱、经义考。云，佚误也。

朱右序：惟昔邃古之初，天造草昧，肇有民人冗，处而赢，居间者乌衣，兽之皮以蔽，上衣下裳之制末闻也。轩辕氏作取诸乾坤制衣裳，以示象，公候有数，等咸以明，虞夏因之。人文自是彬彬矣。自成康没，而王泽熄，上乱下僭，人伪滋起，古制不存，吾其不袵，孔子几乎不免，况后世乎！赢刘迭兴四代礼乐旋复废坏。

曲台讲礼，仅存深衣一篇。郑氏笺注且误谬若此，安任其能存什一乎，千百也耶，呜呼惜哉！同郡牟君仲裴，以文献之裔，习闻诗礼，讲贯精密，著为《深衣刊误》。

### 《礼记义》

〔明〕徐森撰。黄岩人。（台州府志、浙江通志、黄岩县志）。今佚。

### 《深衣考正》一卷

〔明〕杨暹撰。黄岩人。书佚。（赤城新志、经义考、浙江通志、黄岩县志）。

### 《四礼家仪》

〔明〕牟完撰。黄岩人。（台州府志、浙江通志、黄岩县志）。今佚。

### 《周礼疏义》

〔明〕王启撰。（千顷堂书目、经义考、浙江通志、黄岩县志）。书未见。

### 《四礼或问》

〔明〕符验撰。（浙江通志、黄岩县志）。书佚。

### 《作室解》一卷，附《朝制考》一卷

〔清〕金鹰杨撰。（黄岩县志）。有抄本。

### 《家礼辑要》

〔明〕符匡撰。黄岩人。（浙江通志　黄岩县志）。书佚。

### 《丧祭辑要》

〔明〕牟尧巨撰。黄岩人。（浙江通志　黄岩县志）。今佚。

### 《家礼举要》

〔明〕张世准撰。黄岩人。（二谷山人稿　黄岩县志）。今佚。

### 《家礼节用》

〔明〕黄岩　王廷绣　撰。（黄岩县志）。今佚。

黄岩县志载：万历中山选贡授永安令，永安俗信佛，略礼教，廷绣乃订《家礼节用》以正之，遂变其俗。

### 《礼记别解》

〔清〕葛承杰撰。黄岩人。（经义考、浙江通志　黄岩县志）。今佚。

### 《读礼疑义》一卷

〔清〕陈宽居撰。黄岩人。（光绪台州府志）。宽居字再陶，原名文玮，邑诸生，稿藏于家。王舟瑶曰：吾台笃志义理之学者，方庆外，以陈宽居为最。

### 《求古录礼说校勘记》二卷

王士骏撰。黄岩人。（慎余书屋藏书目）。士骏字吉人，拔贡生，官知县，该书附光绪重刊《求古录》与《礼说》之后。

自记：《求古录》《礼说》，临海金城斋先生所著也。先生事业具郭传所著书二：一曰《四书正义》，先生亡，稿与俱佚；一即《礼说》，陈实甫征君校定。而沔阳陆氏刻于江甯节署者也。雕本十六卷，前十卷先生自订，定后五卷陈征君编定。最后《乡党》一卷则《四书正义》之存稿附之，以传非本书也。梓行未久，版毁于火。潘伯寅侍郎得遗文七篇刻之，风行海内，读者恨未见全书。孙欢伯师，思有以厌学者之意，叚吾乡王子莊菜藏本附以补遗而重梓焉。王书杨定甫晨校，伪谬订正过半。骏承命复勘购求遗稿，得何氏钞本于庐苹洲，互校一过，卷二增多，斋必变食篇异文所在多有，然非足本，十一卷以下不备。子莊藏残本更假得之二卷为一册，编次与陆刻殊郊乘，大路诸篇，即潘氏补遗所本，馀七篇中多点窜，有始义与陆刻同。而改从它说者有，初用它义而该与陆刻同者，秉其字出一手，疑即金氏原稿未可定也。闻先生此书稿凡数易，由今所见，何氏钞本未定之稿也。王本则经改正矣。十一卷以下汇存之稿也，十卷则精选择矣。先生之学，与年俱进，后人即其不同之处参考失得，亦可以见先进日新之功爰据旧刻，参以二本，异文悉录出，之间亦断以己意。旧刻，伪谬二本可据者依以更正。当篇无本可校，或有之而误同者以意订正。疑则仍之，各条标出并为校勘记。三卷附旧刻补遗以存，深知谫陋不能有所发明，独念先生于骏为乡先辈，重以吾师表章之力。诸君子前后搜缉之勤受命卒业，后生小子事也不敢以虑，庸辞校毕敬述所见，望海内诸君子，鉴其愚而教正焉。光绪丙子闰五月黄岩后学王士骏记。（以下朱福诜序略）

### 《戴记吕览月令异文释》一卷

王舟瑶撰。黄岩人。稿藏于家。

# 春秋类

## 《春秋传》

〔宋〕赵师夏撰。(黄岩县志),师夏宋宗室,居西桥。书佚。

## 《春秋会宗》五卷

〔宋〕车似庆撰。(黄岩县志)。似庆谲窑人,人物传和事迹可见王象祖篡墓志。

## 《春秋建正辨》一卷

〔元〕牟楷撰。黄岩人。(台州府志、赤城新志、经义考、浙江通志、黄岩县志)。今存。

## 《春秋讲义》

〔明〕彭汝贤撰。黄岩人。(黄岩县志)。今佚。

## 《春秋三传考义》十四卷

〔清〕林琨撰。黄岩人。(黄岩县志)。有自序存。

自序:春秋者诸经之格律,亦诸史之权衡也,褒贬一字之严,备赏罚之大用,但鲁史不存。大圣人笔削微意,畴得而知之。所赖三传具在,后之人犹得征其事而考其义,以微窥圣人笔削之意于数千载之下。自汉魏以来,习麟经者无虑数百家,不过采取传义而扩充之,盖左氏、公、谷三家,去圣未远,微言大义,必有得于七十子之遗。虽左氏长于叙事,而义例可参公、穀发明,义例而事情略备,与其摭拾诸家,恐无当于圣经之旨,不若直就三传而阐明之意。去圣未远者,于笔削之微不致大相刺谬也。第三氏之义不无异同琨于千载之后,剖决是非诟即当于经旨,然千古有圣人出焉。此心此理同也。据三传为案,吾心之理为断虽不中不远矣,不必旁引诸家,直名曰《春秋三传考义》,特考其义这是非以证经之向背,非敢武断于其间也。矧经为史家编年之祖传,为史家纪传之创,不独为诸经之律令格式也。二百四十二年之间拟议之力,颇与有劳焉。庶为读麟经之一助云。道光元年夏四月。黄岩县志:专就三传决择是非,以求合于圣人笔削之微意,其后儒新说一概无取,虽非独抱遗经亦可谓笃守古义。

### 《春秋详解》十二卷

周模楷撰。黄岩人。(黄岩县志)。今未见。

模楷原名南,字良正,号东山,道光中贡。殚精经学,与临海金诚斋鹗齐名,是编辑三传及唐宋以来诸儒之说而折衷其是,非语多谛,当无缭绕苛刻之谈。

### 《谷梁逸礼考证》一卷

王舟瑶撰。黄岩人。(后凋草堂藏稿)。稿藏于家。今不见。

# 孝经类

### 《孝经定本集注》

〔清〕王映玉撰。黄岩人。（北山文钞、黄岩县志）。未脱稿而卒。

### 《孝经古注辑》一卷

〔清〕管名乔撰。黄岩人。（光绪台州府志）。乔字韵甫，唐家岙人，邑诸生，稿藏于家。家传略载：韵甫性至孝，七岁失怙，事祖母蔡盥漱必躬亲及没哀毁骨立，教授弟子必以孝为本。尝辑《孝经古注》。

# 经总类

## 《五经论》一卷

〔宋〕车似庆撰。黄岩人。（赤城新志、台州府志、黄岩县志）。书存。

自序曰：五经圣人成书，万世标准。圣人既没，遭秦之乱，禁网严密，天下学士逃难结舌，以书为纬，天下无全书矣。汉除繁苛，约以三章，更高惠二君，挟书著律犹未尽去，老壮者没少者亦耆期矣，未必尽能记诵也。伏生年过九十始克口授不全之书，他经不至于泯绝者，汉儒补葺之力为多。今读其书者知汉儒记诵传习之艰苦，而默会圣心于万世之上可也。作《五经论》。王棻跋：右车隰轩先生《五经论》一卷，朱锡畅经义考云，已佚，今得之于《赤城后集》中，实罕观之秘籍，特梓之以公同好。至其文辞之醇古，议论之纵横，学有心得，自成一家，固有目者所共见也。光绪丁酉阳月邑后学王棻谨识。宋元学案：车似庆字石卿，号隰轩，潜心理学，隐居乐道，年已及耄，观书犹至夜分。释经评史，摧古商今，不袭简策陈言，迥出深意，自成一家言，所著有《五经论闲居录》。

## 《经筵讲义》三卷

〔宋〕杜范撰。黄岩人。（宋史本传，浙江通志、黄岩县志）。今佚。

## 《五经类编》二十五卷

〔宋〕王所撰。黄岩人。今佚。（元史艺文志，经义考，浙江通志、黄岩县志）。

### 《五经辩疑》二卷

〔宋〕王兴瑾撰。黄岩人。（台州府志，浙江通志，光绪台州府志）。今佚。

### 《九书辩疑》

〔元〕牟楷撰。黄岩人。（浙江通志、小学文学类、黄岩县志）。今佚。

### 《六经缉要》

〔明〕叶邦问撰。黄岩人。（黄岩县志）。今佚。

### 《十三经集解》三百六十册

〔清〕李诚撰。黄岩人。（黄岩县志）。今存诗经集解首册，余佚。

自序：自古圣人继天立极，尽性践形而人道立，而又虑后觉者或□于岐途也。于是修道立教以著为经，为斯民标准。游其宇者佩服圣言，是行是训秀者优入圣域以作民父母，愿者共安耕凿，为世之良民，上无异教，下无异学，猗与休哉！固已四海同风，九州共俗矣。三代而下，教化不立，我夫子崛起布衣，祖述宪章，垂世立教，无非欲其足以化民，成俗为后．王君公大夫师长之佐，若夫子之自言学也曰博学，于文约之，以礼颜渊。言夫子之善诱也曰博我。以文约我，以礼与学。记内则所言若合符节，即有言仁之处，第恐人之骛礼乐而不本于仁，非欲人舍礼乐以求仁也。即有言性之处第，恐人视君臣父子为非性、非欲、人舍君臣父子而言性也。且所谓仁所谓性者，亦不过人之所以为人与。人之所以生者耳，非有高深元远之谈，亦并无所谓无极、太极之说，而其实归于明善诚身则博文。约礼尽之矣。春秋而后杨墨横义。孟子辞而辟之廓如也，以故传经之家，易有田何，书有伏孔，诗有齐鲁韩毛，礼有高堂生后苍，大小戴春秋，有公谷左氏、虞铎诸人，皆渊源孔氏，各有师承，绝无谬悠惝恍之言。自汉以黄老为治，其说始与孔门之教乖，然亦朝廷之上，一时好尚之偏，若刘向校书，匡鼎说诗，则固确有依据，非可以清净之说乱也。魏王弼注易，始以黄老解经，而专门名家之学废。啖助、赵匡弃三传，以空言解春秋，而经术大坏，晋卫道、安雷、次宗，变元学为禅学，而黄老之说混入于佛氏。唐李翱作复性书，而佛氏之说复混入于吾儒，邪说横流滔滔不返，圣人之学几无真面目矣。有宋程朱诸大儒出，矫空言为实践，攘斥佛老，俾孔孟之道，今古为昭然。程门自龟山外游，尹吕谢诸大儒又浸淫入于佛氏。朱子同时有金溪之学，尊德性与道问学，几成水火，其弊仍由周、程、朱、张诸儒，无极、太极、言仁言性之说，廓清未净有以致之。故朱子作近思录东莱后引，虽谆谆以厌，卑近而惊高鹜远，躐等凌节流，于空虚为戒，而游其门者一传再传，奉程子玩物丧志一言为圭臬，束书不观，三尺童子高谈性命以自使，其不学无术之私作史者绝无主见，复创为道学，传以成其门户。至明王阳明出而姚江一派流弊不可言矣。即稍谨饬者不至于猖狂恣肆，亦仅能以臆说自炫，有不知马郑服杜为何人，说文尔雅为何书者有，明一代经术大卒如此。我朝敦崇经学，以宋儒躬行实践为主，而以汉儒之考据实之所以心，鸿儒辈出，著述日新，实有可以直接两汉诸大儒者，而精核又复过之。特患世之学者或狃于旧闻而不求新得，或甘于小就而无事搜罗，古今学术升降，源流茫无所见，将所谓礼仪三百，威仪三千者何所待以行哉！余窃荟萃古今说经诸书汇为集解，条举件系首胪汉魏诸家之说，以尊其源，次采近人精确之语以畅其流，唐宋元明之征实者亦附焉。其一切言心言理空虚无据之谈，概置不录，虽不敢谓于圣学有功，亦庶几一空门户之见，以远溯圣人博文约礼之遗训，而复其旧观云耳。

### 《古礼乐述》一卷

〔清〕李诚撰。黄岩人。（光绪台州府志）。（台州书目作一卷）。今存《婚礼四卷》，《释乐一卷》。

**《经义纲领》六册**

〔清〕周模楷撰。黄岩人。（光绪台州府志）。分天文地域、宫室服制等二十八门，今存原稿六巨册。

**《敦说楼诂经杂抄》一卷**

〔清〕李焕勋撰。黄岩人。台州书目：焕勋李诚之子。

**《锄经堂经说》六卷**

〔清〕金鹏年撰。黄岩人。（王棻台诗待访录补正、光绪台州府志）。今未见。

**《经说偶存》六卷**

〔清〕王棻撰。黄岩人。（光绪台州府志）。稿藏于家。现存图书馆。

**《九峰精舍文集》四卷**

〔清〕王棻编。黄岩人。（光绪台州府志）。有刻本，现存图书馆。

**《枕经阁经解》一卷**

〔清〕夏干楹撰。黄岩人。(光绪台州府志)。王棻跋，凡二十一篇今有稿本。

**《林氏经解》一卷**

〔清〕林元鼎撰。黄岩人。(光绪台州府志)。有刻本。

**《经义骈枝》二卷**

喻长霖撰。黄岩人。(惺諟斋初稿)。长霖字志韶初名鲸华，光绪甲午进士，清乙未榜眼。王荣外甥又是学生，书附载《惺諟斋》初稿中。

自识：我朝考据度越前古，乾嘉时尤极盛，健者标汉学之帜以难陈朱笺注家，言浃浃乎蔚成大国之风矣。余幼时从母舅王内翰子庄师学，略涉唐涂，少壮橐笔四方，不获竟其志，生平撰著多未卒业，兹别纸留遗一鳞一爪，多少时作，芜碎可笑已极。姑取庄子骈姆枝指之义略存录之，名曰《经义骈枝》。三家邨学究不自知其面目之可憎也。按志韶师尝念其母王太宜人教育之劳，绘寒机课读图征题甚众，俞曲园先生作记，谓可与嘉兴钱氏夜纺授经图同传。推许可知矣。

### 《群经大义述》一卷，《周官孟子异谊疏证》一卷

王舟瑶撰。黄岩人。（台州书目，后凋草堂藏稿）。前书王主讲京师大学堂有印本，后书稿藏于家，今未见。

### 《群经算学考》二卷

〔清〕黄方庆撰。（黄岩县志）。是书有自序，现略。

# 四书类

## 《论语发微》十卷

〔宋〕左璠撰。黄岩人。（台州府志、浙江通志、黄岩县志）。今佚。

据《光绪黄岩县志》载，其书经宋高宗御览赐内藏帛。然诸家多不著录，盖其佚久矣。

## 《大学发微》

〔宋〕池从周撰。黄岩人。（浙江通志，经义考黄岩通志）。今佚。

## 《论语发微》

〔宋〕池从周撰。黄岩人。（浙江通志、黄岩县志）。今佚。

## 《四书述》

〔宋〕葛绍体撰。黄岩人。（台州府志、黄岩县志、浙江通志）。今佚。

## 《四书解》

〔宋〕诸葛泰撰。黄岩人。（台州府志，经义考、浙江通志）。泰字安之，端平三年进士，知平阳州。是书性理大全。尝采其说。今佚。

## 《四书衍义》

〔宋〕邱渐撰。黄岩人。（浙江通志、黄岩县志）。今佚。

### 《大学沿革论》一卷

〔宋〕车若水撰。黄岩人。（经义考、黄岩县志，三台诗录，光绪台州府志均有载）。今未见。车若水，字清臣，号玉峰山民，黄岩人。

### 《四书辨疑》

〔元〕陈绍大撰。黄岩人。（元史艺文志，两浙名贤录，经义考，黄岩县志）。今佚。

### 《四书疑义》

〔元〕牟楷撰。黄岩人。（黄岩县志、浙江通志有载）。今佚。

### 《四书备遗》二卷

〔明〕陶宗仪撰。黄岩人。（南村先生传，元史艺文志、明史艺文志、分省人物考、千顷堂书目，经义考、浙江通志、黄岩县志、松江府志）。谷应泰尝刊于武林。今佚。

### 《四书辨疑》

〔明〕徐森撰。黄岩人。（浙江通志、黄岩县志）。今佚。徐森，石柜岙人，理学家。有三家之著：元有陈氏、孟氏，明有徐氏。吾邑三家之书尽佚，惜哉！

### 《大学稽古衍义》

〔明〕王启撰。黄岩人。（两浙名贤录、经义考、浙江通志、黄岩县志）。今未见。

## 《四书心解》

〔明〕叶邦问撰。黄岩人。（黄岩县志）。今佚。

## 《四书新义》

〔清〕葛承杰撰。黄岩人。（经义考、浙江通志、黄岩县志）。今未见。

## 《增订学庸要览》二卷

〔清〕王藻撰。黄岩人。（黄岩县志、光绪台州府志）。有抄本。

《光绪黄岩县志》载：其学得于陆稼书，故所说多切理，厌心亦间，能正旧说相承之谬。乾隆志谓其所著有《学庸奥盖》，即此本。

## 《学庸讲义》二卷

不著撰人名氏。（黄岩县志）。黄岩县志谓疑亦王藻所著。

## 《论孟津梁》

〔清〕王藻撰。黄岩人。（黄岩县志）。书未见。

## 《四书题解》

〔清〕阮培元撰。黄岩人。（黄岩县志）。书未见。

## 《学庸古解》

〔清〕牟亦琪撰。黄岩人。（台诗三录，黄岩县志）。亦琪字壁田，号绍三，乾隆辛酉拔贡，书未见。亦琪，性纯孝父母，未赴朝考，故终不与铨选，生平精熟儒先性理之书。

### 《四书塾说》

〔清〕周模楷。黄岩人。（黄岩县志、光绪台州府志）。今存原稿数巨册未分卷。县志载：每章先顺文解义，然后辑诸家之说，而辨其异同，归于是切理厌心。

### 《四书便蒙》六卷

〔清〕王士俊撰。黄岩人。（黄岩县志）。有戴珪、叶汝封诸序。道光己亥刊，于句读音释颇详。

### 《读大学剳记》一卷，《读论语剳记》一卷，《读孟子剳记》一卷

〔清〕陈宽居撰。黄岩人。（光绪台州府志）。稿藏于家。

### 《四书管见》

〔清〕张寅撰。黄岩人。清光绪辛卯举人，稿藏于家。

# 乐　类

**《律吕新书解要》**

〔明〕章文禄撰。黄岩人。解蔡元定所著《律吕新书》。（浙江通志、黄岩县志、光绪台州府志）今佚。有王启序存。

**《古乐真传》**

〔明〕吴应期撰。黄岩人。（黄岩县志）。县志载：应期邑诸生，博学精理，书今佚。

# 小学类

**《篆隶韵书》四卷**

〔宋〕虞似良撰。黄岩人。（浙江通志、台州外书、黄岩县志）。

《台州外书》载：似良家，今太平横溪。精古篆，得秦汉遗意，尤工隶书。世所传阴符经碑。小桃源皆碑，洗耳碑、皆出其手。是书现行于世。郡志误为卢良似宜改正。

**《汉隶释西域梵文》**

〔明〕陶宗仪撰。黄岩人。（光绪台州府志）松江府志载《百川学海》辛集。已刊。

**《千字文集注》**

〔清〕王瑞撰。黄岩人。（台州府志、三台诗录、黄岩县志）。今未见。《黄岩县志》载：瑞字再九，廪膳生，居邑西锦川，多藏乡先辈诗文集。康熙巳卯分修邑志，所纂《千字文注》学师平遇为之序。

**《释身体》一卷**

〔清〕李秉钧撰。黄岩人。（光绪台州府志）。书存。

**《文字音义漂流》**

〔清〕李极撰。黄岩人。（光绪台州府志）。今佚。

### 《经字汇纂》

〔清〕李春枝撰。黄岩人。（光绪台州府志）。今存残稿一卷，盖未成之书。

### 《六书古训》六十四卷

〔清〕王棻撰。黄岩人。（光绪台州府志）。内凡六书解一卷，六书辨二卷，六书表一卷，六书谱四十卷，古文故十四卷，古音略六卷，稿仅存二十四卷。于黄岩图书馆和王恒正家藏完整五卷本。有自序，后序及王恒正文。

### 《说文玉篇分部考异》一卷

〔清〕王舟瑶撰。黄岩人。（后凋草堂藏稿）。藏稿于家。

### 《许书举例》七卷

〔清〕王舟瑶撰。黄岩人。（后凋草堂藏稿）。藏稿于家。

### 《法文动词用法详解》

陈士干译述。黄岩人。法国何世昌口授，有稿本。（化学提要附录）。

# 经籍志·卷二 史部

# 正史类

## 《史记注语》

〔明〕陶宗仪撰。黄岩人。(绛云楼书目,黄岩县志)书未见。

## 《史记补正三卷》《汉书补证三卷》

〔清〕王棻撰。黄岩人。(光绪台州府志),稿藏家,现存黄岩图书馆。

## 《历史综述》一册

(黄岩罗氏上云阁藏书目录)。黄岩刘绍基手抄本,罗氏有藏书,稿一册。

# 编年类

## 《通鉴纲目分注》五十九卷

〔宋〕赵师渊撰。黄岩人。（黄岩县志、台州书目）。师渊字成道，号纳斋，乾道八年进士，官太常丞，内纲目、凡例，朱子撰，有刻本存。

〔元〕徐昭文。上虞人。《通鉴纲目》考证序曰：朱子之修是书也，凡例既定，晚年付门人纳斋赵氏接续成，之今所存语录多而命之辞，手书告戒至甚谆切。明金华宋濂《通鉴纲目》附释序：新安子朱子既释诸经，患史学朱褒贬之义，无以示劝惩，亲为通鉴提要，以授弟子天台赵师渊几道使，著其目、凡例，盖一十五门，总一百三十有三条。凡下有目，目下有类，至详且悉也。师渊遂据提要为纲目五十九卷。朱子重为之审定，故其中亦颇与凡例弗合。袁应祺万历志曰：考亭纲目继麟经也，而笔削之权明属赵氏，其有功于吾道大矣。《四库全书》总目曰：明张自勋纲目续麟附录一卷，备列朱子论纲目手书十二篇及李方子纲目后序，王柏书纲目大全，后徐昭文纲目考证序证纲目一书，非惟分注，非朱子手定，即正纲亦多出赵师渊手。又曰：初朱子因司马光通鉴作纲目以分注浩繁，属其事于天台赵师渊。师渊纳斋集中载其往来书牍甚详，盖分注之属师渊，犹通鉴之佐以刘范在。朱子原不讳言，因流传刊板未题师渊之名，后人遂误以为分注亦出朱子。又曰朱子因司马光《资治通鉴》以作纲目惟凡例一卷出于手，定其纲，皆门人依凡例而修，其目则全以附赵师渊。（黄岩县志）

## 《资治通鉴纲目》

宋婺源朱熹、黄岩赵师渊等编。明陈仁锡评阅。清光绪十六年大同书局石印。白纸品佳，十六册全。（黄岩罗氏上云阁藏）。

### 《通鉴谱》

〔宋〕陈问道撰。黄岩人。（浙江通志，县志）。今佚。

### 《通鉴前纪》十卷

〔宋〕戴良齐撰。黄岩人。（两浙名贤录、赤城新志、浙江通志，县志）。今佚。

### 《世运录》

〔宋〕车若水撰。黄岩人。（梧溪集、赤城新志，县志、浙江通志）。明谢介石谓其族孙教谕广家有钞本，今未见。

题词：纪年尚矣，鲁史之外有汲冢，竹书其事不经，而儒者或采之以为晋之乘也。太史公以来虽变编年，然皆有帝纪，厥后萃聚，列代者有世纪通历、通要、通谱、通载、通鉴。帝统举要历稽古，录年代、录疑年、录甲子、编年纪年总辨皆纪年之书也，莫备于通鉴。而最法者则康节经世书，吕成公大事纪，朱紫阳纲目，寖后寝完士生，今之世者厚幸哉。是书拾于诸家私备，遗忘大海一勺，尝咸而已，谓之无意固不可谓之，有例则不敢不备，不能为纪年曰世运录然。而霸王之不同经制之变，古今之异，兴亡治乱之故，则亦略具矣。康节之言曰：历代之治也，未始不由于君道盛，父道盛，夫道盛，君子之道盛，中国之道盛。其亡也未始不由于臣道盛，子道盛，妻道盛，小人之道盛，叛逆之道盛。呜呼！三千有馀岁之污隆，二十代之兴亡，何由斯言乎。然古道不齐，一治一乱而首祸者，未尝不徙为后人驱除。盖非有汤武拯民之心，不过谓之幸乱，虽秦隋之季，摧纲剥纪，败政猬兴，暴骨如乱麻，存者危于坠露，不得不起而剷之，而陈胜、窦建德之徒，不足自救。天虽自亡。秦隋亦恶幸乱者。也自馀如曹操、刘裕、朱温诸人之兴。虽垢贱浅短至不足道，然皆非先发者。春秋之初，郑庄公始有霸志，霸卒归于齐晋，而郑数百年受霸之祸，夫假仁纠合，未为无功于生民。而王道之变，实天意所谨也。而况其下乎三皇五帝。三王文质不同，其道一揆。汉杂霸唐、霸晋、不足霸偏裂之，止有蜀汉用夏之治，有元魏散乱之得国。有唐庄宗自是以降，无以污吾言矣。王霸之不同经制之变，古今之异，其事皆在于春秋战国、秦汉之间，颓波沄沄，有往无反。至于反朝始见先王之意，而政则备。盖以唐观汉，汉不可及，以观本朝，本朝又仁厚也。（王逢题后）有宋车先德生成道，学资义辞，丞相聘经证，太贤遗泮水，涵鱼藻高冈，老凤枝再观，《世运录》仰企不胜思。

### 《会要历》十卷

〔宋〕黄超然撰。黄岩人。（张矞柔川书院记，作凝神会要历十卷，黄岩旧志作二十卷，今从赤城会通记、浙江通志及光绪黄岩县志）。今佚。

### 《元鉴年统》

〔明〕王启撰。黄岩人。（两浙儒林录、黄岩县志）。今佚。

### 《宋元纲目续修》

〔明〕王启撰。黄岩人。（千顷堂书目、浙江通志、黄岩县志）。今佚。

### 《历朝帝纪》四十卷，《谱纪》十二卷，《史谱》八卷

〔清〕柯浚撰。黄岩人。（台诗三录、黄岩县志）。书未见。《黄岩县志》载：初名禧，字羽生，别字茗柯，号容堂，诸生，明大参夏卿长子也，富于腹笥，不愧行书厨之目，著述凡十种，并见其弟所为传。此其一也。

### 《古史通纪》六卷

〔清〕李飞英撰。黄岩人。（黄岩县志）。

《黄岩县志》载：采尚书、左传、国语、史记、外纪、路史诸书，所载事迹，分年编次，始伏羲迄，周共和略，如通鉴纲目之体。

# 纪事本末类

### 《浙军战史》十八卷

（之江日报）王葆桢撰。黄岩人。有稿本，民国时战斗记述。自题：幕府金缸忆夜阑，胥涛饱醮笔锋寒。浙军战史新成稿，铁血留为民国看。

### 《清季外交史料》二百四十三卷

〔清〕王彦威辑，王亮补编。黄岩人。书目文献出版社丁卯年影印，民国铅活字本，精装五册全，附地图十六幅。另存民国二十一年和济印刷局样本书二册钤印，东北文史研究所藏书，后有民国二十二年跋。（黄岩罗氏上云阁藏书）。

### 《清宣统朝外交史料》

王彦威、王亮编。黄岩人。民国廿二年十月初版，王希隐发行，钤印江县图书馆之图记。（黄岩罗氏上云阁藏书）。

### 《西巡大事记》十二卷

〔清〕王彦威著。是书为拳匪之变，清帝与太后西巡，彦威随沪京陕见闻，所及遂日笔记，厥子亮编辑成书，父子皆有文述其大概。

### 《清季外交史料索引》十二卷

王亮编，以清代光绪宣统二朝代外交记载，索引，使於查找。

### 《清季外交年鉴》四卷

王亮编。以光绪元年止宣统三年的外交实况。

### 《清代约章分类表》

王亮编。由清康熙以迄宣统。历举成案，视其性质，按图分门、以门别类，各列表格辑成是编籍，便查找。

### 《清季外交史料地图》十六帧

〔清〕王亮编。亮因吾国陆地边境与英之印度，俄之西比利亚、法之安南等处犬牙相错，立界牌或年久遗失，或并未划清。亮既编外交史料，又将当时进呈地图绘印十六帧以资印证。

# 别史类

## 《明年表》一卷

〔清〕王棻撰。黄岩人。（光绪台州府志）。王棻家藏。今存黄岩图书馆。

明年表序：天台齐次风先生编历代帝王年表十三书，而明阙如，仪征阮赐卿福尝续之。南海伍君崇曜粤雅堂丛书合刻之，并为三卷亦云备已，顾阮氏仅钞通鉴辑览之纲以成书。故于宪宗太子佑极之立不书其卒，而成化十一年复书立子佑樘为皇太子，似二太子矣。洪武元年正月吴相国李善长等奉吴王元璋为皇帝，国号明。此尤一代开创之大事而辑览书。于元至正二十八年之下遂忘检录，其疏漏为尤甚焉。余道暑齐居翻阅明史，参以通鉴辑览纲目三编辑为一卷，视齐书较繁，然于有明一代善败失得，综核靡遗，国之兴亡垂为殷鉴非小补也。尝读春秋二百四十二年之中，未有三年无兵者，以谓列国乱世则然耳。乃观有明二百七十七年之中亦未有五年无兵者，然则两汉唐宋之盛从可知矣。盖自黄帝分封万国，阅三千馀年而至汤，亡其七千国矣。汤三千国，阅六百馀年，而至周亡，其千二百国矣。周初千八百国，阅四百年，而至春秋，亡其千六百八十国矣。春秋百二十国，阅五百年而至秦始皇则尽亡矣。由是观之，黄虞夏商之世岁亡二国，西周之世岁亡四国，而春秋二百馀年亡国仅五十二。较之三代称为治世矣。此五霸之功也，与孔子所谓一匡天下民，到于今受其赐，其弗信矣。乎且夫舜伐三苗，禹戮防风，启伐有扈，高宗伐鬼方，成王伐武庚、淮夷、徐戎，昭王南征不复，此皆三代极盛之世，而祸乱迭兴，干戈不戢，犹尚如此，况自太康后相祖甲夷厉以降乎，论者徒以书缺简脱，无可考稽，遂谓三代盛时，偃兵息民，刑措不用，后世莫及，岂其然哉，岂其然哉。孔子曰：虽有王者必世而后，仁善人为，邦百年亦可以胜残去杀矣。修已以安百姓,尧舜其犹病诸皆言去兵之难也。今以有明一代观之,太祖之兴可谓王者,在位三十一年,已谓一世而无岁无兵,则必世后仁之难也。自永乐以迄,正德之初,已蹴白年,仁宣英景宪孝皆善人也,其间无兵者仅止七年。及武帝童昏而乱者半天下,则胜残去杀之难也。惟嘉靖之初不用兵者凡五年,当时或以为幸而识者,正以为忧。易曰:日中则昃,月盈则食,此其时矣。忧盛危明持盈保泰之道,岂世宗所及知乎。综明一代之政,泥古之失二,悖古之失三,高皇太子死,不立燕王而立孙,以致靖难之祸。神宗立子欲以贵,而诸臣必欲立长,以致矿税貂珰之祸,则泥古之失也。用廷杖置锦衣镇忤以武夫宦竖典诏狱,则悖古之失也。中官出镇典兵督东厂皆始于成祖。中官录囚采珠授世职皆始于英宗,中官预民事及加赋皆始于武宗,其后卒亡。于中官与加赋,则成祖武宗兆其祸也。神宗开矿榷税皆亡国之本,其事仿于英宗之采珠,其端由于福王之不嗣,盖神宗欲立常洵为太子,与郑贵妃有成言矣。其后,上摄太后之威,而下劫于羣臣之闲,乃思敛财以富福王,而国之倾危所不顾也,此固神宗之愚惑,而诸臣之劫制亦太甚矣。且福王庸才,光宗亦未见其胜,由崧闇弱,熹宗则倍觉其昏,贤无可择以贵可也,何必坚持立长之说,激成矿税之扰驯,至天启之珰祸,以亡其天下也哉。自明初与太祖杀功臣,成祖族忠臣,元气已伤,国脉宜促。至于叔季世宗戮谏臣,熹宗歼正臣,加以荘烈不明,斥逐直臣,诛锄能臣,人之云亡邦国殄瘁,而明遂以不祀矣。呜呼!观于此者,然后知我圣清,立嗣以贤,使臣以礼,尽摈中官,永不加赋。康雍乾嘉之际,兵革不用,动蹴十年,中兴以来寸地尺天不失,旧物元勋,宿将咸享令名盖自三代两汉之盛,所未有者矣!岂徒超轶有明也。光绪戊子伏日黄岩王棻自序。

# 杂史类

### 《逸史》

〔宋〕许录撰。黄岩人。（黄岩县志）。今佚。

### 《进讲故事》

〔宋〕杜范撰。黄岩人。（赤城后集、浙江通志、黄岩县志）。今佚。

### 《元氏掖庭记》一卷

〔明〕陶宗仪撰。黄岩人。（台州外书、黄岩县志、松江府志入职官类）。载《说郛》及吴永续《百川学海》。

《台州外书》载：皆纪元代宫掖之事，然立言有体，不专訾议而法戒自备，君子取之为书，仅十数番。

### 《胜国纪异录》

〔明〕陶宗仪撰。黄岩人。（千顷堂书目）。载广《说郛》第十九卷。

### 《革除遗事》十六卷

〔明〕符验撰。黄岩人。（台州府志、浙江采集遗书总录、四库全书总目、台州外书）。有钞本。

（四库全书总目）载：此书卷首有验序，称泰泉欲修国史之阙，出檇李郁氏本，俾核订为十六卷，以复于泰泉。泰泉者黄佐之别号，盖验此书，实因嘉兴郁衮旧本而修辑之，肇其议者则黄佐也。又有一序，旧本题为郁衮作其文，与黄佐集中所载此书之序正同。盖传写误题衮名。衮书有传无纪，此书则列传十卷，外传一卷，冠以本纪五卷，截然两书，不容移甲为乙，别本或兼题佐名。考中书徐妙锦一条，佐集载之题曰徐妙锦一条，佐集载之，题曰徐妙锦传，然则佐亦润色其间矣。朱彝尊尝谓黄佐革除遗事，与当时纪建文事诸书皆不免惑于从亡，置身二录，盖于虚传妄语，犹未能尽加芟削云。

黄岩县志载：初御史新淦张芹本，宋端仪之《革除录》，取建文时，忠于所事者四十六人，次其行事。其无考者，则存姓氏爵里于后。为《革除备遗录》一册，泰泉黄佐复宋张所录而增广之，为《革除遗事》六卷，其成书在正德庚辰。嘉兴郁衮，亦据宋张二录，并何孟春续录而汇，次之为《革朝遗忠录》二卷。其书有传无纪，此书则因郁氏本而修辑之，为列传十卷，外传一卷，冠以本纪五卷。

### 《枢垣笔记扈从笔记》

〔清〕王彦威撰。黄岩人。（王舟瑶撰行状）。彦威字弢甫，原名禹堂，字渠城，砚池人，王棻学生，同治九年举人，官至太常寺少卿。掌故洋务，尤长对中外政治、外交，有关行错，皆甄录，积巨册。少工词章，勤学好问，研读汉宋之史尤深。

### 《杜右相奏稿》十卷

〔宋〕杜范撰。黄岩人。（续文献通考、浙江通志、黄岩县志）。今在清献集中凡五十五篇，现存黄岩图书馆。

### 《忧国论》十卷

〔宋〕应松撰。黄岩人。（浙江通志、黄岩县志）。今未见。

### 《南渠奏议》

〔明〕王燧撰。黄岩人。（台州府志、浙江通志、黄岩县志）。即存稿中之二卷也。今未见。

### 《曾襄愍奏议》二卷

〔明〕曾铣撰。黄岩人。(焦氏经籍志、千顷堂书目、黄岩县志)。今未见。

《三台诗录》载：号石塘，江都籍，本黄岩人，嘉靖己丑进士，累官兵部侍郎、三边总制。为严嵩仇鸾，拘陷论斩，临刑有句云："袁公本为百年计，晁错翻罹七国危"，闻者莫不冤之。隆庆时追赠尚书，谥襄愍。

### 《复套议》二卷

〔明〕曾铣撰。黄岩人。(四库全书总目、黄岩县志、千顷堂书目作复河套议一卷)。有刊本。

四库全书总目载：嘉靖二十五年，铣建议欲西自定边营，东至黄甫川，千五百里，筑边墙以御剽掠。并以河套诸部久为中国患，因上疏请复其地。条八议以进。嗣又与诸抚镇条上方略十八事，此郎其前后疏稿。是时夏言主铣议，后卒以此为严嵩所拘！言及铣并弃市。王宵堂郁冈斋笔尘云，徐阶门客吕生者，杀人亡命河套中，三年尽得其山川之险易，城堡之虚实，因悉绘为图，谓其地不难于攻，而难于守。于是并条画守御之策若干条，挟以说总督曾铣，铣闻而深信之，遂以白夏言云云。则铣诸奏皆据吕生目睹之说也。

明朝纪事本末载：二十五年秋八月，套骑三万馀入犯延安府至三原泾阳，杀掠人畜无算。总督三边侍郎曾铣请复河套，条为八议：一曰定庙谟，二曰立纲纪，三曰审机宜，四曰选将材，五曰任贤能，六曰足刍饷，七曰明赏罚，八曰修长技，计万馀言。指据明悉下兵部议行。二十六年十一月总督曾铣会同陕西巡抚谢兰、延绥巡抚杨守谦、宁夏巡抚王邦瑞、及三镇总兵议复套方略，乃条列十八事曰：恢复河套，修筑边墙，选择将材，选练士卒，买补马羸，进兵机宜，转运粮饷，申明赏罚，兼备舟车，多置火器，招降用间，审度时势，防守河套，营田储蓄，及明职守，息讹言，宽文法，处孳畜。又上营阵八图曰：立营总图及遇敌驻战，选锋车骑兵迎战步兵，搏战行营进攻变营，长驱获功收兵各图。帝览而嘉之。奏下兵部尚书王以旗，会廷臣集议，言曾铣先后章疏俱可施行。帝曰寇据河套为国家患，朕轸宵旰有年，念无任事之臣。曾铣前后所上方略，卿等既已详酌，即会同多官协忠抒谋以图廓清，其定策以闻。案陕西通志、榆林府志，载有铣复河套疏。

### 《掖垣疏草》一卷（附录一卷）

〔明〕卢明诹撰。黄岩人。（台州外书、黄岩县志、台州书目　浙江通志）。有刊本。

张师绎序：掖垣疏者夕，即卢公明诹所草也。明诹，台之黄岩人，字君教，万历丙戌进士，历太常博士，升授刑科给事中。公起海滨，明主拔擢，官在耳目之际，矢竭孤忠，孳孳补救，如恐不及。盖司谏可半岁，一条陈边事；再请减滇南贡金及正柝人顿隆盗库罪；三请止东封；四请用直臣，邹元标等，皆民誉也。而首归德山阴二元老；五论止经略孙爌，并责成总督顾养谦；六请宽宥铨部会推王文端选顾宪成。而公奉严旨降杂职用迨同官逯中立申救疏入，而公再奉旨落职编户矣。明农十年赍志竟殁。会光宗皇帝洎，今上登极绛帛元纁贲相望于岩穴。一时骨鲠之贤，批逆鳞而甘，九死恃强项而争国是者，不次蒙登等之异数，公不及见礼，臣推广德意嘘枯泽朽，悉下所司，大捃遗佚公子诸生应珂、应抃等，念公应格投牒郡县冀纶綍翔洽黄垆公家，故贫无金钱通奥府，一时同志或前死或强半为大官。黄海非舟车辐辏地，力不能自致郡复郑重大典，又故抑塞不以上闻，即省会如隔九阍，不复省录。予窃窃心伤之无何恤典，一不遐遗，赠公光禄寺少卿，应珂等始相顾苏，苏陨涕誉命自天。先臣不朽，先臣之孤得称为人子。死且不朽，乃奉其遗草付之梓，而乞予一言之导也。语曰：胜观数定观，理当其胜。则匹夫之血诚不能抗。而悟明主及其定则，冰霜之严谴不免霁而渗阳和，故有半生摧折忽焉。受特达之知亦有毕世湘累隐然，积公辅之望，是定故、定而胜、亦定理、故理而数亦理也。试追数神庙，末年王沈两公继筦丝纶邹赵诸君子留为，今上统均风纪之，重公之疏十行其二三，公所疏之人，十用其六七，上用公之言举人而微示。夫为人臣者无树之招而市之德，上抑公之身而嘿示，夫为圣子，为神孙者，当通其变，而济其穷，于公之心，独无恧乎！公所言裁一卷，侃侃皆军国大计，其论经抚互相推诿，与封贡之误，阅世犹验，至其练朝章，通国体，不噂沓而靡不眠，挺而巧核祛诐淫邪遁之害，归平康正直之途，即张为谏鹄可也。嗟乎，昔之皂囊患其少，今之封事苦其多。彼填满公车而哗邻，不可辩，渑淄不可分，葛藤不可了，违山十里，螗蛄之声尚犹满耳而不可止，积繁诲轻积渎诲厌，九原可作也，公其能无愀然于时事也欤！

黄岩县志载：明谀，字君教，明万历丙戌进士，官给事中，以直谏罢归。卒后其子诸生应珂衷所上奏疏凡七篇，付梓书中。所言皆军国大计，如论经抚互相推诿，及封贡之误，事后皆验。明史仅附见逯中立传，盖未见此本故也。末录遗文一首，崇礼录一首，纪略一首，盖其孙诸生爌校刻时所附。

## 《刑垣疏稿》二卷

〔明〕吴执御撰。黄岩人。（违碍书目、台州外书、黄岩县志、台州书目，台州府志、浙江通志作朗公疏稿四十二篇）。有崇祯癸甫傅梅序，今太平金氏鸿远楼藏有原刻本。

《三台诗录》载：吴执御字君驾，号朗公，黄岩人，天启壬戌进士，官给事中。谔谔敢言以直节罢归。倪元璐赠诗："顶门一下是阳刚，七十谏书飞血光。"云云。骨鲠可想见矣！

# 传记类

**《委羽山大有空明天真人司马君传》一卷**

〔唐〕黄岩委羽山人，有空撰记司马季主事迹也。（委羽山志，焦氏经籍志，浙江通志）。

**《孔子世谱》一卷，《年谱》一卷**

〔宋〕戴良齐撰。黄岩人。（光绪黄岩县志、台州府志有世谱无年谱，赤城新志、旧黄岩县志、浙江通志有年谱无世谱）。今佚。《光绪县志》载："本是一书，前谱其世，后谱其年也。"

**《唐义士传》**

〔明〕陶宗仪撰。黄岩人。（千顷堂书目、黄岩县志载司马泰广《说郛》第五卷）。

**《拙庵年谱》二卷**

〔明〕牟贤撰。黄岩人。（千顷堂书目、黄岩县志）。自纪生平仕隐之迹。今未见。

**《朱子分年纪略》一卷**

〔清〕柯映萼撰。黄岩人。（黄岩县志）。今佚。

**《静轩自定年谱》一卷**

〔清〕李诚撰。黄岩人。（光绪台州府志）。今残缺。

### 《杜清献年谱》一卷

〔清〕王棻撰。黄岩人。（光绪台州府志）。存黄岩图书馆。

### 《陈篔窗年谱世系》一卷

王咏霓撰。黄岩人。（台州书目）。有刻本存图书馆。

### 《周叔篔行状》一卷

王咏霓撰。黄岩人。（静观书舍藏书目）。有刻本。

### 《孝行录》

〔宋〕项采撰。黄岩人。（清献集、黄岩志）。今佚，杜范跋存世。讲述杜范三十年前一起录于余族的德行、孝行、文行，是真君子也。

### 《草莽私乘》一卷

〔明〕陶宗仪编。黄岩人。（读书后。千顷堂书目、汲古阁珍藏秘本书目、四库全书总目、浙江采集遗书总录、士礼居藏书题跋记、台州外书、黄岩县志善本书目作三卷，松江府志入杂史类）。今存。

王世贞书后载：陶宗仪九成于书，鲜所不读，尤好纂集文献掌故如《辍耕录》《说郛》《书史会要》《图绘宝鉴》之类，虽雅郑未分，而璞玉良辨矣。洪武初宋学士景濂序其书，史推为耆硕，中间有纂修之召不就。余尝见其听琴轩诗序及送行文，或作古隶，或作小楷，盖至洪武末尚存。而此所谓《草莽私乘》者，则皆忠臣孝子义夫节妇之事。而元之末季，诸公所撰著也，其能完身名于革故鼎新之际，晚节能以寿终，殆非偶矣。此书乃少年笔，楷法尤精谨可存，余既爱其人，不忝乃祖靖节风，而惜其湮没也，特为拈出之。

钱谦益记：余往辑《桑海续录》，访问龚圣予文履善陆君实二传，而不可得。从江上李如一借得陶南村《草莽私乘》，则二传及君实挽诗俨然在焉。不独二公须眉如在，亦如与龚圣予吴立夫诸执手，接席歆歔叹噫于寒灯竹几间也。万历庚申春日谦益记。又曰陶南村辑《草莽私乘》手稿在王弇州家。余访之问伯丈，则已化为乌有矣。偶与江上李如一谈及，如一云家有抄本，忻然见借。篝灯疾读，不啻获一真珠船。复手录文丞相陆君集二传，为桑海续录发端而为之，叙以识之。如一好古嗜书，收买图籍尽买先人之产。尝从事三礼，从余假宋贤礼记集说，焚香肃拜而后启视，其郑重如此。每得一遗书秘册，必贻书相闻，有所求假，则朝发而夕至，尝曰："天下好书当与天下读书人共之，古人以匹夫怀璧为罪，况书之为宝，尤重于尺璧，敢怀之以贾罪乎！"又尝语其子弟，吾藏书经牧斋翻阅觉卷帙上隐隐有光气。余甚愧其意然未尝不叹此。达言以为美谭也。庚申仲夏日，谦益再书于荣木楼之桐树下。

黄尧圃跋：余性嗜书，非特嗜宋元明旧刻也，且嗜宋元明人旧抄焉。如此书载诸汲古阁珍藏秘本书目，估值二钱，平日留心搜访，绝少旧本。此册为平湖估人携示余。因为明人旧钞其重之，盖估人亦有所受之也。无论是书本属史传记类为足收藏。出于名钞，名藏尤为两美，即其第二。跋中所言，江上李如一之性情意气，亦颇可敬可爱。见图籍则破产以收获，异书则焚香肃拜其与人共也。遇秘册必贻书相闻，有求假必朝发夕至，且一经名人翻阅，则书更珍重。此等心肠，断非外人晓其一二。余特为拈出，知古人之好书有如是者，安得世之储藏家尽如之，俾读书种子绵绵不绝邪。是书之直几六十倍于汲古，所作旁观无有不诧，余为痴绝者然，余请下一解曰：今钞胥以四五十文论字之百数，每页有贵至青蚨一二百文者，兹满页有字四百四十，如钞胥直约略相近矣。贵云乎哉！矧其为名人手钞也。自来藏书家经年代既久，即有名字毉如之叹如江上李如一，此外绝无表见，唯所藏诸家书目，有江阴李氏得月楼，未知即此人否？惜目中不载名氏为恨尔。同日尧又纪，私乘存公道鸿文二十篇，纲常留大节草莽示微权感慨。宋元际表扬臣妾贤，读之如有愧，掩卷泪凄然。老尧读书有感而作。

四库全书总目载：是书凡录胡长孺、王恽、许有壬、虞集、刘因、李孝光、金炯、杨亲桢、林清源、龚开、周仔肩、揭溪斯、贡师泰、汪泽民十四人，杂文二十首，皆纪当时忠孝节义之作。王世贞集有此跋，语云系宗仪手钞。然孙作《沧螺集》载，有宗仪小传纪，所作书目有《说郛》一百卷，《书史会要》九卷，《四书备遗》二卷，《辍耕录》三十卷，无此书名，疑好事者依讬也。浙江采集遗书总录：采元人之遗文，多关孝行，志节者，文天祥、陆秀夫二传在焉。铁琴铜剑楼书目：凡孝子、忠臣、节妇二十篇，其主意在龚圣予，所作文信国、陆君实两传也，宋遗民录刻二传多脱伪，得此可以校正。是书出南村手稿，藏王弇州家。江上李氏录副以传旧，为邑中钱氏所藏目，后有题记云，万历庚申春日借李如一本缮写。仪顾堂题跋：《草莽私乘》一卷，题曰南村陶宗仪钞辑，旧抄本所录，凡宋季元初，《忠臣孝子节妇传》序二十篇。《龚开文集》久佚，文信国、陆君实两传籍此以存，程敏政《宋遗民录》，不及此本之善。是书手稿嘉靖中为王弇州所藏，江阴李贯从王氏录副以传。贯字如一，好古嗜书，致尽灭先人之产，尝从事三礼借抄钱谦益《卫礼记集说》，焚香肃拜而后启视，其爱书之癖如此。此册即李如一抄本，后归曹倦圃，有曹溶之印，白文方印秋岳二字，朱文方印携李曹氏朱文长印。（曹溶私印、朱文方印、携李曹氏收藏图书记，朱文方印道光中归百宋一廛。黄岩莲圃孝廉有跋。）


### 《名姬传》

〔明〕陶宗仪撰。黄岩人。（元艺文志、黄岩县志）。今未见。

### 《二孝子传》一卷

〔明〕王叔英撰。黄岩人。（千顷堂书目、明史艺文志，浙江通志，黄岩县志）。载《黄岩志集》内编。

### 《尊乡续录》一卷，《三录》一卷

〔明〕王启撰。黄岩人。（光绪台州府志　分省人物考、两浙儒林录、千顷堂书目、浙江通志仅载尊乡续录　黄岩旧志作尊郷录后集，新志作尊郷录节要后集）。因谢方石《尊郷录节要》原目而续辑之，今未见。

自序：文献所系重矣，大而天下、小而一郡，缺则时事不可征。故孔子序，书自唐虞修春秋，自鲁隐细大不遗，垂示精矣。及乎后世继作，虽百世可知也，降此郡有志家有谱愈演愈密。我台文献肇自南宋笕窗陈公图志之作，而载籍始有所据，迨我朝逊志方先生欲搜楫先达故事，更为作传而未果。成化年间方石谢先生考笕窗图志之意，成逊志搜辑之心，自南宋而国初重加搜剔，萃为《尊乡录》。更数百年之事灿然在目。予得而读之自是而后记，葺不时遂至放逸，不能不胜为之慨叹间。尝请一二同志图之而未决，予于是不能自已矣，顾力未暇，徒志于心。及今年滇见《滇中图志》，见其用夏蛮夷之渐作抚滇翎华，录成而刻之，追想前念，予于此益不能自已矣，乃粗加考索，微显阐幽，作《尊乡续录》，虽于文献之事不敢妄议，然因时以纪事，因事以考人，庶几以俟，后之君子不为无小补云。

### 《师友渊源录》

〔明〕蔡宗儒撰。黄岩人。（浙江通志、黄岩县志）。其孙。元鼏梓，今佚。

### 《世德录》

〔明〕应兴胤撰。黄岩人。（黄岩县志）。今佚。

## 《古今阃范》四卷

〔明〕牟元功撰。黄岩人。（望辰楼集、黄岩县志）。今未见。

## 《成仁录》四卷

〔清〕郭肇昌撰。黄岩人。（黄岩县志，内卷一卷，三卷四，各分上下，实为七卷）。今存。

自序：昔欧阳子曰："自古忠臣义士多出于乱世。"然欤否欤呜呼，有明末造之乱极矣，郡邑沦胥至不保，其几甸君殉社稷矣。而其臣亦从容相继者，皆是也。然而流氛未尝不以渐而炽。考崇祯四年，兵备郭景嵩赴葭州之难，五年，兵备郭应乡陷郦州之围，六年，参政陆梦龙战死于绥德，七年，知州胡尔纯不屈于陇州。然梦梦自处，初若不经意者然，迨留守朱国相败，殁凤阳，辱及陵寝，而君臣始有愧色。时事至此，即宵旰不遑，无救于乱。且闯献分裂已几六载，幅员受其荼毒，阡陌几于无名，则典郡分符，与帅兵之人牧民之长，更从何处托足。譬之一人之身衰既久，而两疽齐溃，血戎无存，犹望再生，岂不难哉。悲夫都御史徐标入对曰："臣自江淮来数千里，见城陷处荡然一空。即有完城，仅馀四壁，蓬蒿满路，鸡犬无声，曾未遇一耕者，陛下何以致治乎？因相与歔歔泣下。泣元元也，泣世首也，泣鼎湖也。若预知他日，寿皇亭铁梗海棠树下之事矣。于是望之继体之主，毅然而兴，或如晋之江左，宋之南渡，未可知也。无如文臣纳贿弄权，武臣假威跋扈，有谁念及开封北岸尽是敌兵，越渡而南，天堑莫恃者。由是观之，虽复卑宫菲食，枕戈待旦，犹恐无济，而况狐鼠凭城，鹬蚌私斗，其能久乎？及其变也，效死者亦繁其人，何也？诗书之泽未泯也。然而读书食录，无论已微至列肆之人，卖面买扇、夫妇对经者有之，蓄鹅贱业也，薛叟以之蹈节内珰聚嫉也。冯小以之立名题诗于百川，乞儿不忘沟壑。祖敏与徐锦宦仆也。从主丧元，其馀殁姓埋名之流，难以指屈，岂曰死其君欤，亦死其国而已矣。

既而遗宗监国，分据浙闽，未能出关尺寸，徒知两地水火，又安望其可以翼戴终日乎！其事虽不终，而为之臣者，亦各一死自谢，不必告无罪也。呜呼！欧阳子之言验哉。

后序：呜呼，均是臣也，至于殉节，亦可哀矣。顾有幸有不幸者，何也？身遭大变而从容就义，与蹈刃郊原，此固为万世留纲，常亦不幸中之大幸也。然或阨于时，阻于势，虽爝火馀烬尚图瞬息。君子悲之又或蛮触之争，朝为同舟，暮成敌国，究是穴中之斗，难辞骈首。虽毫与情谊无补，君子益悲之。又或依山一椒，占水一澨，何与国事卒。被歼于五六年，与一十九年之后者，君子尤悲之。旋至四十馀年，日消月铄，竟不保其终，而故明一无馀烬矣。呜呼向使引义自裁，正气自还，天地又奚，必踉跄至斯。而寸丹冷魄，始有所归也耶。呜呼，厓山之覆，天若厌之，然大忠之祠焜耀，至今春秋不绝。谁为亡宋之续，而死事诸臣终无人焉。为之表彰者毋乃于封于表容，祀阙之义尚有恃于将来乎。嗟乎悲夫，康熙三十九年庚辰阳有朔旦。

## 《樊川记》一卷，《朱门弟子考》二卷，《台考》一卷，《续考》一卷，《理学考》二卷

〔清〕郭肇昌撰。黄岩人。（黄岩县志）。有刻本。

台续考引言：闻之先达云，尝流览艺文，表章人物者不一家，如襄阳耆旧传如临川名士遗迹，以迨干宁三楚新录，史浩会稽先贤祠传赞，黄璞闽中名士传，莫不欲志一方之人才，以垂奕世此再来。冯先生《台考》之所由作也，兹续集则稍异。盖台自三国立郡，至宋杜垂象而科名始著。幸从朱子熏德之后，挹润扬波，人才郁起，元明以来称最盛焉。然明兴即有逊国之举，北狩继之其后分宜之乱，宜兴之误国，皆故明一代之大变更也，当斯时者咸有人焉，或炳于几先或殉于事后，向非学问之深醇、气节之刚毅、亦乌能植立于天壤之间，彪炳于史策

之际哉。抑亦山川之所毓者，深风教之所诒者大也。第采摭未备，区别未严，均有所憾，是以效合传之，以相形而义愈明。如特书之难义以求全，而人益重颇于纪载之外求其轶事，则附见，别见两者尤加意焉。由是考一人之本末，为百世之仪型，虽不敢借附表章，实以志景行前之意云。尔时康熙巳夘正月八日。黄岩县志：县南五里，旧有朱子祠，岁久倾圮。肇昌请于刘令宽，力鼎新之，复构东西两厢，以为樊川书院。督学姜橚等皆有记，因辑之为樊川记。其朱子祠旧以吾邑从游者配享，肇以为不当以地为限。凡朱子弟子皆宜从祠，因通考之得若干人，而以台士从游者辑为《台考》，又广以记，私淑诸贤，及闻风兴起者，为《续考》。又推之他郡名贤，合于朱子之学者，各录遗文数首为理学，考其成书俱在《成仁录》之前。当时随辑、随刊，颇有择焉不精、语焉不详之病，然其搜录亦云勤矣。

### 《鲁三家谱》一卷

〔清〕邬应溥撰。黄岩人。（黄岩县志）。书未见。

### 《言行录续编》

〔清〕王映玉撰。黄岩人。（北山文钞）。今未见。

### 《黄岩辛酉殉难录》

〔清〕王维翰撰。黄岩人。（黄岩集）。稿藏于家今未见。有郭守民序存。

### 《台学统》一百卷

〔清〕王棻撰。黄岩人。（光绪台州府志）。内分气节之学、性理之学、经济之学、词章之学、训诂之学、躬行之学。体例略如学案，采辑甚富。稿藏黄岩图书馆。1918 年（民国七年）嘉兴刘承干出版，《台学统》有喻长霖、王舟瑶、章一山及刘承干序。2018 年台文献编委会影印出版《台学统》百卷。

### 《台献疑年录》

〔清〕王棻撰。黄岩人。（台州书目）。仿钱大昕疑年录例，今有钞本存图书馆。自序：予读钱氏大昕疑年录，凡古来名人贤士，寿命修短，生卒先后，展卷瞭如，虽所系微末非考古者之急务，然亦可以观成立之早晚、辨长幼之伦序，尽于知人，论世之学，不无补焉。问仿其意，专辑乡先哲生寿数，都为一书，其有月日可考者附着之，疑者阙之。倘有未备，以俟同志者，固亦征文考献之一助也。同治甲戌且月。

### 《崇节录》《孝悌录》

〔清〕江青撰。黄岩人。青字数峯，号伯震，官广文。书存。

### 《孝悌续录》二卷

〔清〕江青辑。黄岩人。（台州书目）。王应奎跋，有刊本。

### 《宋元学案简编要略》

喻长霖撰。黄岩人。（惺諟斋初稿）。光绪丁未任京师学堂讲席时作。

自序：三代以后儒术之盛，莫过于宋、周、程、张、朱，巨儒辈出，流风遗韵，至明犹盛，宋元学案，明儒学案二书，所有理学名臣魁儒头彦讲学宗旨，略备于是；七百年文献之所会归，宋元明三朝之学史也。惟卷帙稍繁，中材以下或苦难读。长霖昔尝三复斯编，择其精要，为编简，甄录过半，猝未卒业，又尝种着。皇朝学案，略成夏峰黎洲昆山二曲，船山十余卷，未及终编。又以汉儒传经，宋儒学道，各有专长。凝着汉儒学案发凡起例，未竟厥绪俗冗纠缠，忽忽尟暇宦海，浮沈日益荒落，回首从前撰着，断简盈箧，怅然内疚，学业无成，自伤老大，今本学堂章程伦理一科，摘谓讲宋元明诸儒学案，爰检曩篇梳节旧闻，先成宋元学案简篇初稿，内更撮其纲要，编成大略、以饷同学。名曰要略，视原书或不及十之一二，然数百年理学名臣魁儒，硕彦之微言大义，略见一斑。程子曰：所守不约，泛滥无功。曾文正云：古之君子，师其一人读其一书，终身用之有不能尽然，则学固贵于知要云耳，抑犹有进者伦理，重躬行非尚口说，三代庠序学校之教，皆所以明，人伦父子有亲君臣，有义夫妇、有别长幼，有序朋友，有信此之谓，伦此之谓理。以故曰：尧舜之道，孝弟而已，躬行孝第即是伦理六经具在，大氐皆教人躬行之道，非徒讬空文也。宋儒讲堂千言万语大旨，固以躬行实践为归，吾辈学古人，当学其品行，非徒诵其诸言，否则剿袭旧说，与吾身心无裨，虽日日讲求古人格言名论，亦何益之有哉。薛文清云：将圣贤言语当一场话说，学者之通患，其言至为深切。吾辈所共当猛省也。光绪丁未元月既望。

### 《皇朝学案》

喻长霖撰。黄岩人。（惺諟斋初稿）。

自序：自古人才之盛，莫如唐虞，九官四牧，八元八礼；赓歌喜起千载，一时三代迭兴，周室最盛，多士济济，秉文之德，虽贾兔野人，汉南游女，莫不彬彬然有学问之意。盖由二帝三王之世，以大圣人在，天子位，又得帮圣人为之。夹辅明良一德，草偃风行，此其所以成郅治之隆，而为后世所莫及也。周德既衰，礼乐废坏，维时我夫子，生于鲁，周流列国不得位，退而删诗、订礼、修春秋，明王法，一时人才萃于洙泗。盖以一布衣纲罗天下之材，而陶铸之，以上承千圣百王之道统，而贻诸方来遂，以为万世学术之准的，此生民以来未有之创局也。自是厥后，治舆道分，在执者勘能躬履先王之道、以化其下，而学术之统，每在儒生，两汉经师，宋代理学，舆时代兴，由此其选虽未知于洙泗之轨，离合何如然。

自周以来，洋洋乎、蔚成大国矣，顾学途之广，渊还而流益分，学者每好是丹非素入主出奴。是故仲尼没后，书分为二，时分为四，春秋分为五。易有数家之传，真伪纷争，殊多淆乱，降而近世变本加厉，属其弊益甚，或遒汉宋相攻，朱陆水火，操同室之戈而械。文字之门，识者病焉！夫学非一端，苟以为异，虽谓万有不同可也；苟以为不异，则百川殊途同归于海，虽义理在孔门为德行科。今宋学是考据在孔门为文学科，今汉学是词章在孔门为言语科，经济在孔门为政事科。长霖服膺斯言以为学途万变，总之不出此四科者，近是太上三不朽，立德、立功、立言。宋欧阳永叔亦云：修之于身，施之于事，见之于言，三者所以不朽。夫修之于身为立德，即德行也。施之于事，为立功即政事也，见之于言，为立言，即言语文学也。四科三不朽其名异，而实则同汉儒考据，近于文学宋儒义理，近于德行，各有专精，未容念废。吾辈读书宗法，古人择善而从惟性所近。各尊所闻，各行所知，终身用之，有不能尽。然后知门户之争，固犹未免，讲学家之习气，而非先圣狂狷中行，兼收并蓄之宏指也。我朝文治昌明，儒术极盛，圣祖仁皇帝以天纵之德，兼好学之功，寿考作人执两用中不偏不倚。有以上追二帝三王之盛，而治与道复合，列圣继起景运绵长、维时钜儒辈出。俊又云兴道德文章后先相望，盖运会方隆，天必笃生会伟人硕士以应之。故上有好学求贤之德，下必有风云龙虎之材，天人感应，其理不爽。长霖生际清时，景行前哲，虽学有不逮而心窃向往之。每遇名贤嘉言义行，辄手录之，积而渐多，谨铨次排比为皇朝学案，诸凡在四科三不朽例者，咸著于编用，识我国家得人之盛，以遥待来哲于无穷焉。是则区区之微意也。

# 传记类杂录之属

**《应天府政记》**

〔明〕王爌撰。黄岩人。（千顷堂书目、黄岩县志）。载司马泰广《说郛》第四十一卷

**《戡定三城录》**

〔明〕曾铣撰。黄岩人。（三续百川学海、邑志）。见三续《百川学海》。

**《朱子驻节黄岩录》三卷**

〔清〕柯映葶撰。黄岩人。（黄岩县志）。今未见。

**《南归录》**

〔清〕王于宣辑。黄岩人。（双砚斋笔记）。今未见。

双砚斋笔记：曾大父试罢南旋，座师晓屏侍郎手书"槐阴满庭"四字诒之，同时刘松岚刺史，张船山太史及朱少仙，杨心田，宋确山或以序或以诗，投赠之作，几满行箧，辑而藏之为《南归录》。

**《思亲录》**

〔清〕陈宽居撰。黄岩人。（王舟瑶撰传）。今未见。

**《南学民纪念录》一卷**

南瑞熏编。黄岩人。载其子韶传略遗稿及个人挽联诗，古文词分内外二集，内集有瑞熏跋存。

# 谱牒类

## 《陈氏族谱》

〔元〕陈德永撰。黄岩人。今佚。（赤城后集，黄岩县志）。

自序：盛衰续绝之故，理有一定，而数之变无穷，故家之兴废，在德之盛衰。然盛者必衰，而德亦不可以终恃其说长矣，呜呼！盛衰姑置不论，吾将论其续与绝乎。宇宙再混合，景运如鸿蒙，动植之类林然而生充塞乎。下地者非气化也，亦形化尔，既曰：形化厥初谓何孰善、孰恶而能绵延。至于今日也，今荜门圭恶凌其上者，略能言其父，问其祖，则不能以自言。此无他谱，学之废，使然也。三代之制，编伍之民死徙无出乡，士夫之家，胥有世谱，掌于太史副在有司，所以类序群分。一道德而同，风俗非若今之民籍，徙征之役之而已也。汉魏以来，其职始散，梁沈约尝极论之，而士大夫犹尚谱学而世守焉。晋贾弼、宋王宏、齐王俭，其巨擘也。吾家自蜀青衣徙婺，再徙台之黄岩，五世矣，盛衰兴废，天水氏相为终。始丙子之难，吾乡之巨室世家如钱、如谢、如贾、如叶，皆扫地殆尽，况于陈人。本以礼义为荣，诗书为富，南冠之系、固其宜也。新亭对泣、亦无其人，而夕照苍梧徒为之，心绝气秘耳。今老矣，顾瞻陵谷有不可不为，汝曹略言之。旧谱既为煨烬，乃集宗人以所记忆，列书之名，字间有残缺，则遗忘而莫究也。不宁惟是，自宅西渡石梁败屋荒草，则昔之王孙公子、走狗斗鸡、朝歌夜宴之场也。北望灵岩，蔚然乔木，则林家郎官、杜家丞相墨池、笔冢之所在也。东南则原田畦列云屯。外戚内姻除声接其外，澄江远浦潮汐相撞，鳞介之珍，错落鼎俎。故凡今之颓垣断础，夜雨啼蛬者，昔之凉亭燠馆灯火丽空也。今之鹄，而鬼形悬鹑、百结叹不成声者。昔之舍饫鼓腹击壤，而游于康衢者也。呜呼！

其梦耶，抑哀乐相摩、而至于斯极也。汝曹苟能聿念祖德笃于孝慈素位
而行，不以贫改德，而俭德以远刑，啜菽饮水亦足以养，疏食菜羹亦足
以祭；无愧、无怍、不怨、不尤，此吾谱所以作也。虽然又有说焉，尧
舜之盛德至矣，尧自子朱殄世虽有九子，无一闻焉，舜后、为夏宾，为
商恪，至周配以大姬，而封于少昊之墟，周衰始并于楚，而复昌于齐。
秦灭诸侯，齐最后灭。秦而亡，田荣统王三齐，亦足以少绅松栢之怨矣。
芒砀之夫、自诡尧后，考之载籍，皆不足征。惟左氏言之先儒，谓其独
出一句、上下文脉皆不相连。当是哀平之间，儒生附会之语，此田横所
以虽死，不肯北面而事之也。姑并著之，以定民志，此谱外意也。

### 《戴氏宗谱》

〔宋〕戴良齐撰。黄岩人。今佚。（太平县志，黄岩县志，赤城县志，
浙江通志）。

自序：我戴氏子姓，出于宋戴公之后，降及宋世支派，分散类居东南，
为多广陵剡溪，盖尝号为江左之望族矣。乱离徙谱系罔问，然而于台之南，
著藉者亦数四焉，所在相望乃至于不相往来，每念到此，欲考其所自出
而无，从然遂置之不可也。

窃惟我先祖，分派，自平阳金洲乡迁居泉溪，今三百有馀岁，继绪
萧条竟未有能大此族者，而世次亦几于无传，是以谱而列之。呜呼！本
根之远，可不念与？枝干之弱，可不畏与？传曰夫氏姓之不振，岂紧无宠，
皆炎黄之后也。又曰：积善之家，必有馀庆。呜呼！尚监兹哉。咸淳元
年七月望后。

### 《车氏族谱》

〔元〕车璿撰。黄岩人。今佚。（黄岩县志）。

牟楷跋：昔苏老泉谱，苏氏族止及于四世有服之亲，而自高祖以上

皆不之及，何其略也。今大雅翁之为车氏谱也，则自始祖而下至于身及其子若孙，凡十有三世，历四百余年，尽族之少长存亡合五百余人并列于谱。支分派别井井有条，若亲若疏，若贫若贱，若文学，若德行，无不谨书而备录之。又何其详也。盖老泉之谱在于，贱合四世之族以示亲，亲之杀则不容于不略。大雅翁之谱意在于序礼泽之原，远以示子孙之不忘，则不容于不详。且使族之子弟观于此者其派系之远近，分行之亲疏，与夫兴衰荣瘁之迹，一开卷而尽得之。又使见祖宗积累之深而或有所憾焉，见先世诗书之盛而或有所劝焉，则谱不徒作而有功于族不少矣。予族与车，氏族世姻也，地相去不十里又邻壤也。故予少时，获侍表叔平川先生，而于敬斋、隘轩、韶溪、玉峰诸先辈之世德世学，固已熟于耳而醉于心，实无待于谱，而后知也。独慨其谱之所以使人有感而有劝者，欲表而出之，以为车氏子孙告于是乎书。


## 《杨氏世谱》

〔元〕释夔一叟撰。黄岩人。今佚。（黄岩县志翠屏集）。

张以宁序：黄岩为台附庸于浙水东，实今望郡，前代文献之邦，予始登康定丁卯第佐是州，因悉获交其搢绅逢掖之，贤者于时释氏聪明，识道理攻文词曰："一叟者亦与游从之，"暇询其先世之居，在县西之杨溪五峰玉立下，磅礴为旸谷境绝胜，系出汉太尉震京兆尹，虞卿吴越相国岩常侍大本之后，自五季徙居于是。族最蕃显人闻士昔不绝，书迨于今深藏不售，盖犹多隐君子焉。别二十余年其岁己丑，始见岩士杨子益于京师，今年夏嗣见于胄学，出其先世谱，再拜请余序。余受而阅之，乃知君为杨溪之产，常侍公十五世孙。予向所与游，夔一叟者其伯父讳喜叟，号欢松子者，其先君又予向所闻，深藏不售隐君子者盖其人耶。惜予宋之逮见谱，则葳泰定甲子一叟师所辑也。子益得于其族人又昌表而出之，源远流，分亲疏，有叙可谓不诬其祖贤矣。予德薄念去岩且久，人当不复记第，予之思弗置见子益能无情乎。又念中原前代，屡更兵燹，故家族谱多散失，国朝下江南号为兵不血刃。杨氏之谱犹掇拾于残缺之余，于今视昔时方多艰，其能益无感乎，予观子益好学，而甚文，多交当世贵族闻人将遇且显异时，乘驷车怀章绶过家上冢以合其族，杨溪之上，五峰之下，必有丽牲之石，穹然而屹立，予虽老尚能为大书之，杨氏之谱又因子益而盛其传也。夫子益名必谦。

## 《童氏族谱》

〔元〕童师容撰。黄岩人。今佚。（羽庭集，黄岩县志，春草斋集）。

刘仁本跋：自宗法既废，世系不明，氏族不辨，人有家乘可考者，其族谱之谓乎功。苏子曰："一人之身分而至于涂，人势也。幸未至于涂，人使无忽忘可也。"又曰："观吾这谱，孝悌之心油然生矣！"今童师容氏所次族谱，其先远甚不可复考，有自唐干符间由睦徙台，再徙黄岩，逮今凡十有三世。观其所作五世图者，十有六各自为小宗，则前作合族大图始于太常君者，可为台之大宗欤。礼弛乐坏，士大夫能存宗法者几家？能族谱者又几家？观诸此，因见童氏能明其系与族也，且附载其先世嘉言善行及积功累德，所以淑惠后人者居多。又见童氏子孙之蕃衍硕大，实出于斯诗云："似以以续，续古之人惭。"余冷斋获缔，好于师源氏，适以薄宦奔走异乡，与师章同寓，因见示此编，故为题其左方所云。时至正壬寅冬十月望书。乌斯道题台之黄岩望族，童氏之裔孙师章，出其史师容所次家谱一编，自唐迄今十有三世余，四百七十载。其间图以系世录，以着行有敬宗睦族，兴善惩恶之道，可谓备矣，呜呼！七世之庙，可以观德，是固告夫子之言，然士大夫家谱之存，亦可以观祖宗之行，而有所修省也。师章和而有文尝有功墓田，又切切于是谱之永则，既知所修而可示于子孙矣！

### 《陶氏家乘》

〔明〕陶宗儒撰。黄岩人。今佚。（宋文宪集始丰稿、黄岩县志、光绪台州府志一作陶阳图谱）。

宋濂序赞：台之黄岩有大姓曰陶氏，其先自闽中徙永嘉，复自永嘉来徙，遂占籍为黄岩人，其后族系日滋，分而为二房曰赤山、曰陶下。陶下之房有讳泰和者，迁于湫水，即今所谓陶阳也。泰和之处温、宋皇佑间仕为处州裏溪都巡检，生子四人：长曰埴徙于石塘，次曰某，字万里，仍居陶阳，次曰昉，裔绝不传，次曰武功大夫，甄甄子。三班借职询别，迁于武林。盖自巡检府君，至今秘书丞宗儒，已十有二世矣。宗儒字汉生，明经善属文，予供奉词林时，汉生尝为典籍、以同官之故，间来请曰："惟万里府君实为陶阳之祖，谱尚失其名，宗儒深窃忧之，使今而不修，则其世次或有不能言者矣，于是徧求石塘陶阳二谱而一之，各疏其名若字，娶某氏生子某寿若干，于其下无所考者，则阙而不书存疑也。武林之宗人久不相通，其谱之存否不可复知，行当采访而抄入焉。既缮写成帙，滴露研朱而系络之矣。为序其首简以示后之人。夫自唐以前官有簿状，家有谱系，凡有司选举民俗昏聘则互相征考，所以明贵贱，别亲疏，各有统纪不相淆乱也。五季以来，学失其传，虽尝号缙绅家者，论议非不闳博，文辞非不富丽，问其所自出，则曰我无所于考。问其所承传，则曰曾祖巳上则莫能详也。呜呼！此无他其学之不讲，其书之不修，虽有知者兴于其后，亦未如之何也。已宜乎以莊为严，以庆为贺，而无所分别也。汉生乃能留意于斯，鳃鳃焉，而不少置其贤，度越于诸人者，不亦远乎。昔河南刘煜能存其谱，自中书侍郎环隽至其身，凡十有一世。当时以为美谈，汉生今之所谱，揆之于煜，复加其一焉。又恶知世之人，不以美煜者，美汉生哉。汉生之生后嗣，尚思谨而续之，斯可也予既欣然为书，其事复述。为赞曰："君子重本必谱其宗，惇孝广爱以协民衷。氏族失官士无适从，同姓涂人，寔戚于中。陶阳之裔家于海东，阅世十二益衍而丰，爰合亲疏，以昭异同。勖尔后嗣，载续载崇。”徐一夔序：陶阳在台之黄岩，陶氏世居焉，始陶氏自闽之长溪徙东瓯，又徙台之黄岩，至今吏部员外郎汉生氏之十一世祖，讳某者，当宋皇佑间仕为都巡检，寔迁陶阳。故汉生为陶阳陶氏。汉生之言曰：“宗法不立，则族聚相视有若路人。吾甚伤之，遂列图于前，系谱于后，以明世次。名曰陶阳图谱者，详其所自出也。详其所自出，则宜本之长溪，遗长溪而本陶阳者崇始迁也。此图谱亲亲之意也。予尝考陶氏世德之懿，而想巡检府君当宋之全盛鸣玉庙朝、分符郡国，非乏可为之时，顾乃位不满其德，中更十世俊彦盖有之矣。然皆以儒自守未见有名，上三铨秩登百石者，乃今汉生氏。以清材粹学，适值圣明之朝，践历华要，譬之骐骥骋骋康庄之衢，未见其止也。尝观其远祖靖节先生所为命子诗，历叙虞宾以来至周司徒以及于愍侯，舍丞相青长沙公侃勋德之盛而卒，乃自叹瞻望勿及，则靖节之所遭盖有异于汉生者矣，然则陶氏世德有丰，有嗇又繁乎，时之汗隆陶氏子孙循末求本，尚有考于斯哉。

### 《林氏族谱》

〔明〕林师言编。黄岩人。今佚。（静学文集、三台文献、黄岩县志、光绪台州府志）。

王叔英序：吾邑东南乡之故族，林氏为盛。盖自五代石晋时有讳熙者，仕吴越钱氏为黄岩丞。始居于邑之浦东里，熙四世孙有曰仪文者在宋某年间，迁居于邑之莘塘。仪文之四世孙有曰某者，仕为观察判官，以行能显于时。仪文之若干世系孙某者又分居于甓山，若干世孙某者，又分居于横溪。莘塘、横溪、甓山三地，相去三四十里，而皆在邑之东南。三族者既各繁盛，故凡居于邑东南乡与凡往来者，莫不知有林氏焉。在宋元之际，登仕宦之途者，难如升天。苟得一资半级之荣，往往张声挟势跨服闾里，自为长雄。其或无仕宦之阶，而富于资产者，亦多自结于贵要之门，以求尊异于凡民。林氏之先，当其时有官者既不挟贵以骄人，其无官而殷富者，亦皆安居自守，优游田里间，又以诗书相尚，而无有附权趋势风，故其流波遗泽传至于今。而其子孙犹有能循蹈规矩、笃学敦行以不失其先世之遗声者。呜呼！是可以称故族矣。余观世之所谓故族者，莫不有籍先世之余光焉。然其先世有以仕宦功业称者矣，有以文学行义称者矣，有以道德闻望称者矣，若其徒仕宦而无功业，有文学而无德义，众人虽尊之，君子勿尊也，然而君子之所尊者，亦惟尊其身之有者而已，使为子孙而能继其先者，君子固益尊之。苟不能然者君子，不惟不尊之，固益贱之矣。何则为故族之子孙，而能继其先者，不徒为其身之荣，而尤足为其先人之荣，岂不益可尊乎。为故族之子孙而不能继其先者，不徒为其身之辱，而尤足为其先人之辱，岂不益可贱乎。盖为凡民之子孙，则人之责望浅，为名人之子孙，则人之责望深，理固然也。世之妄人不知是理，至有生于名门右族，而行无一善学，无一长者，亦往往挟其先世余荣以高人，亦有其先人，徒取仕宦文学之名，而其实无足称，或以多资末技贸取微官，及得遥授虚职。至有冒祖他族之贵显者，亦每每号于人曰："吾祖为某官。"自谓故族子孙，以自高而不知耻。其视林氏子孙，贤不肖何如哉？林氏之子孙其存，而最贤以文行著者，咸与余友。故余知其先世为详，今为永康儒学训导曰："师言者乃余所谓最贤而以文行著者也。"师言以其所修族谱一编，征余为序其编首。余不得辞，故既为述其先世之盛，而又为之盛道夫世俗所谓故族子孙之谬妄者，以为其后嗣之戒云。

### 《应氏族谱》

〔明〕应谔、应祥同编。黄岩人。今佚。（浙江通志、黄岩县志，光绪台州府志）。

黄淮序：天台黄岩多世家大族，而应氏据其一焉。揆厥本始，周武王第四子，封于应，子孙以国为氏，支分派衍或断或续，莫究其详。至晋有曰詹者，扈跸渡江以讨王敦有功，封观阳侯，谥曰烈族属再显。自是凡四迁：一迁永康元为之祖；再迁括苍，休裕为之祖；又再迁仙居，道为之祖；又再迁黄岩，宗翰为之祖。支派寖广，不可无谱牒以维持之。于是艮斋作之，以启其端，希雍继之，以致其详。远近亲疏粲然有别，而黄岩之上推及于休裕，又推殿使为一世纪，其所自出深得作谱之遗意也。历元至十一世祖泰亨，又复重修，至于今又越二世矣，渐就残缺，十五世孙谔及其季详相与订，其脱略增，其未备重加修辑。先谱图支派联接若礼图然，今改依欧苏谱法，欧则仿史汉年谱，于界画少异，使大宗小宗统序，易于辨识。厥既告成，远来求序。余惟氏族世系，古昔所重九两之法，著于周礼。图谱置局，昉自隋唐。宗法由是而明，昭穆因之而定。厥后，九两与图谱局先后沦废，所以维持之者，渐无统纪。此私家之谱，不可不谨也。今观斯谱，先承后继，历五人之手，然后大备。兹五人者，皆博洽之士，其述作可谓无遗憾矣。继此以往嗣，是书之至于无穷水木，本源之义，昭然不昧也。虽然应氏之所以，为一邑之望者，盖以祖宗积累之有。自焉然所谓积累者，岂非孝悌忠信修于身，而行于家。仁厚慈爱，本乎亲而及乎乡者乎！著名斯谱者，皆当敬守祖宗之所遗，俾世族益久而益盛，庶为无愧也。谔字尚节，任藩府教授。详字尚履，隐居不仕，与余有斯文之契，俱笃实而淳雅，故以敦本之论告之。

## 《管氏家谱》

〔明〕管蓝撰。黄岩人。（黄岩县志、光绪台州府志）。今存。

陶望龄序：浙东诸山郡多大姓，故家柱础碑碣，往往有唐宋间物。其人重本难徙，贵族望谨姻连家庙，鲜饬系牒明备，其长老率能抗举宗法以训定，其子弟有先王遗风，而时复有贤者生其间，为讲求废坠弥纶不逮，以为之倡，故其俗久而不坏。至渡江，而西通都泽国冠绅之里，或不能名祢祖以上，父子兄弟宾介而后见族属弃远转徙如脱。盖声利之相薄，风会之相靡，每敝于奢丽之乡，而犹幸存干厖固险朴之地，其势然也。黄岩管氏自宋时，直阁公师韬从括苍来居，世称通贵，尤用理学艺文著名郡邑中，入明族指滋聚显者相望。故有谱系书。弘治中吉安推官蓝踵而葺之，至今几百岁，冗不鸠讨，惧且湮涣。于是，予同年孝廉君，为国复总率先绪，加以条贯柯本，赅畅经纬有章。书既成，万历乙巳秋，君沿刻至越，以谱序来属。余尝以隐显之际，追慕古昔有二君子焉，皆管氏之先也。既沐既熏脱，拘作辅因变耦势策，无先主神剑寝光敌，人开户一匡之勋，尊为众父者，夷吾之盛业也。卑帽絮巾，诗书俎豆，居成邑聚。迹超圭纽，逃康隐魏，括囊无咎，龙德正中，潜而无首者，幼安之高蹈也。自古功名栖逸之士多矣，若功显而用藏节，高而机杜，未有如二君子者。蜀人思诸葛誉归其子，白居易怀粟里之迹，依依于其同姓。予于管氏亦云尔矣。记称管氏既显于齐及田氏，盗国而去之，或适鲁或适楚，而汉时管少卿者，家朱虚其后有宁然，则管氏之忠于故君无辱身堕节，自先世家法已然，不独幼安也。战国时越入于楚，今自金陵而括苍而黄岩，非避田氏而起者乎，世家之旧所繇亦远矣哉，予既慕二君子之烈，嘉东浙风俗之美，乐其世有贤哲，若孝廉君者，以收其族也，为作管氏谱序。

### 《王氏族谱》

〔明〕王启撰。黄岩人。〔清〕王若汉重修，（千顷堂书目、分省人物考、浙江通志、鹤泉文钞续选、黄岩县志、光绪台州府志）。今存。

戚学标序：柏山王氏为黄岩名族，自宋南渡至明化治间，簪缨累叶其后族属益繁居不一处，并祖柏山余外舅艾山公，亦柏山派也。祖父居邑横街已数世，外舅尝念一本之戚无所系，则闻问不及将夷为途人，所以收族者莫要于谱，而其事非积事，月之久不就，且非族之人共为，则亲疏远近无所考。因先从本支应和公下，取老长房一派，次为小宗谱方作谱时，外舅已病，从枕上授余书之，尝言吾志修全谱而天斳，吾年无如何也。今距外舅殁二十年矣，内兄若汉书来云，近与族重修谱，谱幸成，王氏戚知我王氏事，丐一言为序，余跃然喜曰："此固我外舅志也。"王氏为有人矣。柏山之谱经少司寇东瀛公手修，司寇学问淹洽，观所著，黔中图志及删补赤城新旧志为会通记，事事考核具有，体裁知其于谱甚详，而无有牵引他族，如李揆之附义甫者；无迷失世次。如白居易之称白乙丙为白公子建子者，后之人踵而为之无谬。而又有我外舅新作家谱之成法，条条井井，可推而为准，由旁支而溯本支，由小宗而追大宗，百十里之远如一堂也，千百年之久如一日也。于是乎尊祖，于是乎敬宗，于是乎合族人各动乎孝悌之心，有一本之戚而夷为途人者，决其无是也。余嘉内兄能成外舅之志，而又喜王氏人人能以余外舅之志为志，故谱卒就。王氏入国朝久缺科，某年内弟若浩登贤书，自是人各自奋必有鹊起。而继司寇公之后，为闻人巨公者，读司寇公三槐堂铭，祖法之深，垂庆之远，后人其敬承之哉。黄岩县志：虽经重辑，而旧本尚不至窜乱。

## 《横山任氏宗谱》

〔明〕章大器编。黄岩人。（文庵文选、黄岩县志、光绪台州府志）。今佚。

黄绾序：任君谨斋属章子大器，修其族之谱成，予观焉曰："二子其知谱哉！"古者重谱，所以合族齐民而求治，故周礼九两之法五曰：宗以族得民，其所谓得者，岂宾兴三物六德六行六艺皆于此得之乎！垂于后世，历代重之。至晋及隋唐，官有谱状，家有谱系，官为置局，在朝有郎令之史，州县有中正之官，官之选举必由薄状，家之婚姻必由谱系。凡用郎令中正，必用博通古今、知谱事之儒，使供其职。凡百官族姓之有家状者，则上之官为考定详实，藏于秘阁，副在左右。若私书有滥，则纠之以官实，官实不及则稽之以私书。以此绳天下，使贵有常尊，贱有等威，所以人尚谱系之学，家藏谱系之书。自五季以来，取士不问家世，婚姻不问阀阅，故其书散佚，而其学不传。然不知谱之关系，于治大矣哉。故今谨斋以大器修谱，溯其源流，核其事实，不滥不溢，可据而信，可传而训，故曰："二子知谱哉。"其溯而上，宋淳化间，有毁誉者，自湖州雪川吾邑南之横山居焉，今二十世矣，而誉实横山始祖也。旧谱又修誉之祖，在雪川者为始祖，今则删去之。及凡时俗夸炫之情，皆删去之。一以实为据，夫谱溯其源流而得其祖，则宗在其中矣。合其亲疏而一，其殊则族在其中矣。核其事实而无谬妄，则贵贱之等在其中矣。上可庶几成周之法，下可庶几隋唐之制，其曰："二子知谱于此尤可征矣。"谨斋介大器，请序予于是书，横山任氏谱序。

## 《柔桥王氏家谱》十卷

〔清〕王棻撰。黄岩人。（柔桥文钞、光绪台州府志）。成于咸丰七年。光绪《台州府志》称其纪述详实，义法谨严，一洗谱家扳附之陋。有刻本，存黄岩图书馆。

自序：谱牒之作与国史相表里，别生分类，肇风虞书，夏商以还，书缺有间，无文以言。至周小史奠系世，辨昭穆，工史书。世宗祝书，昭穆然后谱法章矣。太史公读牒记，稽历谱牒，作三代世表。读春秋历谱牒作十二诸侯年表，其文并效周谱。班史艺文志有世本、世谱、年谱诸书，盖即太史公所读者而皆放失不传，传者唯大戴帝系一篇耳。顾其为书，统纪帝王公侯大夫，祖世所出非一家之谱也。家之有谱，则自家语本姓解始。自是以来屈原赋骚，韦孟讽谏，马迁作史记，班固述汉书，皆自叙本系著之于篇然。其纪述疏略仅揽大概而已。六朝九品门第相高，而谱学始盛。其时吾族为天下右姓，其著录尤伙，若王宏、王俭、王逡之、王僧孺之流，各有纪述列在史书，班班可考。至于李唐余风犹未坠也。五季播迁，籍状散乱而古谱尽亡。宋兴欧阳永叔、苏明允始各以意自谱其族，世奉以为法焉。然苏氏之例私而不公，欧阳之书简而未备，君子病之，顾不书远祖，不傍名门，其才识之过人远矣。近世故家之谱大抵沿六朝遗习，遭五季坏乱失其本系，辄攀古人之显者而祖之，系无所承，即向壁虚造不可知之，人以实之。传赞志状铭诔之属，必假当世之名人以荣之，用相夸耀于俗流，不顾非笑于识者。呜呼！谱以尊祖敬宗为重诩诩焉，徒矜阀阅自紊其宗，自诬其祖，于世系奚裨乎夫！人顾自树立何如耳。西华之贫，彦升不得是而贵之，叔度之贤，牛医不得而贱之。彼父子之间尚犹如是，矧在华胄之遥遥者哉。家仲任有言："鸟无世凤凰，世无种麒麟，人无祖圣贤，物无常嘉珍。"此言当自立也。吾家自有明中叶迁自邑南之逍奥，盖三百年于矣，虽无大官高爵，振耀当代。然世敦本务，清白传家，无不耕之男，无不织之妇，不婴当世之法纲，罕犯乡曲之清评，加以子姓殷蕃，历世罔替绵绵延延，寖昌寖炽，风俗敦朴耻尚得所固自有可纪者，而逍奥族谱，乃远附三槐之胄，兼夸二室之荣，叙述不明未可依据。棻甚病焉，因于文暇自序本系。断自始迁五世以上，旁迁者略不备载，五世以后始据实详书，首明家法，次叙世系，表其行第生卒，志其宅墓艺文，益以首末篇为十卷，凡二十篇，以为柔桥王氏家谱。夫以棻之才庸识浅，虽于纂记，不惮勤劬，亦安敢自附于作者之列。然而信以传信，疑以传疑，则史家之遗法也。不纪远祖不附名门，则古谱之成规也。例取其公文求其备则今日之微意也。至于牵引攀援如当世谱家之失，附会失据如吾宗旧谍之诬。盖庶乎其勉之矣。后之人读是谱者，尚期务显扬以荣其祖，笃亲睦以厚其宗，善继述以明其系，无忘旧德益茂前修卓然咸有所自树以无负。今日区区之意，则小子棻荒陋之作，亦不为无助焉。已咸丰七年，岁在强梧，大荒落律中南吕之月已酉朔旦。

后序：自我先君梅庵先生作《柔桥王氏谱录》，于至今四十余年，其子棻始克纂辑成书，以绍先绪非敢缓也，诚重之也。棻生再朞则识千文，四岁诵小学，五岁授孝经论语。先君所以期望之者甚远且大，无何以疾废业或作或辍者且六七年，年十二始出就外傅从先友吴素吾，师受四子书，尚书毛诗学制艺，始诵古文又私习通鉴，未竟其绪，年十五从林香泉师，澄江师，长史学因得毕治通鉴，徧诵诸经通制艺。年十九负笈前陈村，从姜亦农师，师善诗古文，心窃慕焉，暇日稍稍有所自作，不能工也。其时始见先君谱录迻书成卷欲增定之，以举业未成中辍。年二十一复从林香泉师，九峰作《九峰山志》，始治说文及史汉诸史明年。衷所作诗文，为《冰雪文》二卷，着《希倪子》五篇。年二十三闻李山渔师博览无所不通晓，因往萃华书院学焉。是岁补学宫弟子。明年浙闱报罢编《古文独赏》二卷。又明年以家中落，始出授徒夏氏作《醉春词》一卷。年二十六丁嫡母徐孺人忧，明年移砚卢氏，著《曲礼异义》四卷，钞《汉诗》七卷，编女士《赵韵花酝香楼集》二卷。年二十九先君又厌世，其明年乃重治家谱，又明年移砚沈氏而卒业。先君之言曰："谱者普也，所以普治宗族者也，无谱则散者补也，所以补绝续示后世也。无谱则缺，虽然求其普而谓他人，昆则有谱而族愈散矣。强为补而附显者后，则有谱而支愈缺矣。吾于逍奥族谱葢不能无惑焉，方宗人之以谱事来诒也，余巳敬诺之矣。"及请其谱而读之，则所祖者晋国公佑也。至第三世琥珏复攀西桥之宗第八世成子乃为东宫之戚。稽之于史不足征也，稽之于志又不足征也。噫其不足信亦明矣。续修之人既不能订伪阙疑，反巧为之迁就，不祖晋公而祖晋公之侄，又推而远之，以为晋公之从侄，是举一不知谁何之人以为为祖矣，此无他彼唯欲以华胄相矜，尚而不知谱牒之书所以信。今而传后也，故吾为谱录不敢溯。夫远也纪近焉而已，未尝质其疑也，征信焉而已非略之也，重其事也，今逍呑之谱若是余敢附和之哉。汝他日三余有暇，其有以毕吾志，菜则谨志之弗敢忘。自承先君之训，于谱学窃尝留意矣。古今姓氏诸书，颇略窥其一二。诸相识中有善谱，亦乐请而观之。然窃奉先君之言以窥各家之牒，其于散且缺者犹多未免焉。窃私自喟曰："是岂积习致然耶，抑人固喜诬其祖耶。丁巳之春先君既见背。棻不才，思所以承先志者其首在于是。乃取谱录是增修之，系图世传皆仍先君之旧，而稍纪其行实之，可书补其生卒之未之未备者。至于家训则记先君之言，辨误存疑则宗先君之意，其余十四篇皆棻所自述也，再期而书成卷帙，既繁违谬孔多，既不足以自信。至于本先人慎重之心，示后世敦睦之谊，普治宗族而不散，修补绝续而无缺，事必纪实文不骛虚，一言一句不敢有所妄作，此则差可以自信者而并可为后人告也。叙曰谱系之书，肇见家语六代之学，推王与贾，欧苏继之。厥法未普，载笔成书，以明厥绪述自序。第一，谱家之例各以义起择善而从，窃附已意述谱例；第二，昔在王倪为帝尧，师比干，强谏后嗣宗之成父败狄湫，何尽忠。子晋上宾太原，是宗王生，邮良实居晋阳，信陵之后，京兆之望，田安失国遂处平陵群族之祖，靡不毕登。述得姓考，第三，峨峨逍峰肇兴吾门载迁柔桥，实自敬生。述始迁考；第四，维我先君既贤且文，昭兹祖德，裕我后昆，孝友于家，勤俭于身，六篇之书大义毕陈，述家训；第五，天生万物人为最灵，宗支虽远一本所自体，乃祖心一视同仁，虽有小忿，不废懿亲，述宗规；第六，敬生初迁四世复归雨初，四子季实始基，爱生三宗，棣铧荆辉，分为十二，绰绰怡怡，述世系图；第七，太祖季甫，孝友乘家，三宗既启可纪者多有善必书，无不敢夸勉哉。后嗣式此休嘉，述世系传上；第八，维余兄弟四十余人，年多未耄，德乃日新，矜慎书之，不敢繁称，述世系传下；第九，幼名冠字，式重典仪，八慈二方，排行是师，兄弟既翕，蕃衍可思，述行第表；第十，父母之年，不可不知，忌日不乐，礼经载之，爱师其意，悉谱于兹，年差不明，庶其免而，述生卒表；第十一，惟桑与梓，式昭恭敬，胥宇聿居，古人所慎，努力门楣，庶无悔吝，述宅里；第十二，入庙则思，过墓则式，上祀五宗，崇封四尺，此而勿志，在后何述，述祠墓；第十三，有田则祭，聿虔祀事，传之千祀，苾芬无既，庶几后人，式廓其制述祀产；第十四，古三不朽，其一立言，纪载之文，具列于篇，东里寓书，南岳酬倡，义有可观，讵云无当，述艺文外编；第十五，谱之所隆，尤在文献。惜哉吾宗，文采不显，读父之书在后宜勉，述艺文内编；第十六，圣水之阳实繁吾宗，谱失之诬，不敢雷同，爰正其违昭若发蒙，虽有达者，降以相从，述辨误；第十七，六世之间，旁宗乏嗣，继述不明，阙而弗理，述存疑；第十八，遗文可知，弗敢或遗，总录于末，以备参稽，述附录；第十九，维兹家谱，创自先君，小子嗣之，殚述所闻，爰叙谱例，考姓及迁齐家正宗规训备焉，世系之支为图为传，表其行第生卒日年，志其大者宅墓祀田，外内艺文式垂，文献复订其误疑者阙焉，附叙于后，以毕斯编据实而书，征信而言，钦佩遗训，慎重无愆。我后之人世守弗谖，递相纂述，于万斯年，述后序；第二十，由首至末都为十卷，凡二十篇，九万二千三百余言，经始于丁巳之春阅，再寒暑而告竣，咸丰戊午涂月望日。

## 《西桥王氏小宗谱》

〔清〕王维翰撰。黄岩人。（柔桥文钞）。

王棻序：天下著姓数千，惟吾族最盛，郡望二三十，散处九州岛，星罗棋布，所在蕃衍称大族焉。盖其先世尝为王者，有大功于民，天之所眷，人之所载，鬼神之所福，夷狄之所钦，故虽为庶清门而诒泽之所诒，绵绵延延遂以里于天下。台州古越土也，晋永嘉之乱，九鼎难徒。于是琅琊太原诸大族散处江表数十州，台之有王氏自此始。其后或迁自吴，或迁自宋，或迁自闽，其族之派别不下数十，然唯西桥王氏为最著。余友小林，西桥之秀者也，惧其谱之散，而失传也，又自虑力之未逮也，于是取其旧谱，专就本支更订而增茸之，为西桥王氏小宗谱。其他鲜所附，益独艺文一编，旧谱阙佚，小林杂采他书，创成二卷以补其缺，为能志其人者，夫取数百年之文献而聚之一书者，史也。取数百里之文献而聚之一书者，志也。取数十世之文献而聚之一书者，谱也。谱之文献修志者之所资志之文，献作史者，之所资史之文献，则天下后世学古者之所资也。国之文献不足，虽良史如马班不能尽其才。家之文献不足，虽善谱如欧苏无所用其力。其重也若彼，其难也如此。今小林独为其难，以为后之续修者，倡不亦知所重矣乎。向使小林之先代，有其人递相掇拾，则西桥之文献当必大有可观者。惜乎其湮没而不传者多也，然小林之为是书，则岂欲谱小宗已哉，将使族之人见之而襄事协力以成全书，且使凡为王氏者闻之而敬宗，收族以各成一书而后吾族之所以甲天下者，不徒在子姓之蕃衍，而在文献之足征也。此则小林之志也。

### 《仙浦喻氏族谱》

〔清〕喻兴云修。黄岩人。（柔桥文钞）。

王棻序：黄岩有二仙浦，而上仙浦在县西十里所，喻氏聚族世居之地，人名世称为仙浦喻焉。盖以别于邑东北五里所之下仙浦也。余妹倩西塘先生喻氏之彦也，质直敦朴，好学而有文，而尤志于敬宗收族之道。于是合其三房之族百十余家汇而录之，各以分房之祖为始，至分房所自出之祖则远而莫可考矣。编辑既竣，间以示余，而属为之序。余考喻氏之先不详，其得姓之所，自虽以夹漈郑氏，博极群书至为通志，氏族略于喻氏亦阙如焉，盖其慎也。惟邓元亚姓氏辨证以为出于姬姓，郑公子渝弥之后，避汉景帝皇后之字，改水为喻。又据南史俞药为梁武帝左右，帝以俞氏无先贤，令改姓喻。其说已自岐出。今按左氏传，郑有公子士泄、堵俞弥杜元觊有二说：一则以泄堵为民，与公子士为二人，一则以堵为氏，与公子士泄为二人，并无以俞为氏之说。且其字又不从水而所谓公子者乃士泄非俞弥也。至谓避讳改喻尤属无稽。古者讳名不讳字，汉高帝字季，太史公书屡斥言之。当时之臣若季布辈未闻因讳而改也，况阿渝乃皇后之字，与身为帝者又有间乎？又据南史以为喻氏自药始似也，然汉有喻猛，晋有喻归喻合，南齐有喻希仕，其人皆先于药，不得谓喻氏自药始得姓也。然则邓氏之说其皆不足信已矣。余尝纵览古今姓氏诸书，见其支离附会，诒误后人，未尝不为之叹且笑也。何者？得姓之源，必推三代，三代诸侯，唯风姓。自人皞姜姓，自神农归姓曼姓，隗姓、允姓、不知其所自，其余诸姓尽出黄帝。信若是则包牺之龙官，炎帝之火官，有熊之六相，以及巢燧二皇，明由四佐其皆无后人乎！且言史黄帝方制天下，分封万国，斯时诸侯盖不下万家，其卿大夫、士亦不下数十万家，其庶民百姓必不下数千万家，后之氏族其出于黄帝三代之后者，多出于上古之公侯卿士者，亦必不少。而诸书言得姓者由三代而上并溯源于黄帝而止，然则当时万国之众其皆无后人乎？此姓氏书之大可疑者也。况其乖违剌谬有难更仆数者，言窦氏以为出于少康，而不知天子不舍本宗也。言刁氏以为出于竖刁，而不知奄人不得有后也。言徐氏者以为出于徐偃王，言萧氏者以为出自萧同叔，而不知本于殷民之六族也。言陶氏者以为出于陶叔，言施氏者以为出自施父，言樊氏者，以为出于樊侯，而不知本于殷民之七族也。言王氏则出于子晋，而不知有齐之王子成父。言刘氏则出于帝尧，而不知有周之刘康公。言张氏则以为出于韩之公族，而不知有晋之张老张侯。此知其一而不知其二者也。由是言之，姓氏诸书其可信者半，其不可信者亦半。古今诸姓出于黄帝者半，其非出于黄帝者亦半。且有考之姓其得姓尚迟，无考之姓其得姓反古，何则结绳之代文字未兴，唐虞以前书缺有间，故后世无得而称耳。彼喻氏之先安知非遂古之著，戴炎黄之桓蒲耶。邓氏不得其说，支离附会，诒误后人，抑亦谬矣。且夫喻氏之得姓既古，而仙浦之喻氏其始迁亦必已古也。盖自赤城置郡，永宁分县以来，即有此仙浦之地，亦即有此仙浦之名，而喻氏得颛而有之，则其历世之久远已可概见。向使喻氏之先，早有如西塘其人者，明其世系以告后人，安知不与宁溪之王、平田之蔡、乌岩之卢、茅畲之牟、同为吾邑之故家也哉。惟其先之无谱，故始迁之祖靡得而考耳。今西塘之为是谱也，著其所可知而阙其所不可知，信以传信，疑以传疑，未尝牵引攀援以强附于闻人之后，亦不敢向壁虚造，以托始于不知谁何之人，其慎重之心与夹漈郑氏无以异而多闻阙疑信。今传后其贤于邓氏远矣，行见仙浦之名自此增重，而喻氏之发祥殆未有艾也，故余乐为之序。而归之咸丰十年且六月下浣。

## 《黄街潘氏族谱》

〔清〕潘成炳修。黄岩人。（柔桥文钞）。

王棻序：同治庚午黄街潘君成炳修家谱既成，属余为之序。余考潘氏之先出于楚，盖芈姓之裔也。自汉以来代产名人，若吴之东郡文珪璋，晋之荥阳安仁岳，宋之大名仲询美，明之乌程时、良季驯，上虞孔修府，其最著者已。吾台之潘以黄岩为最盛。元则有景昭，希宗国仪廷凤省中伯修景大奕季渊骙者，居大澧，用德士，骥居澄江，择可从善居淋头。明则有仲安，妥居小澧，其登乡科者有启明及钺者，皆系出澄江。自国朝来始稍衰歇，至今将二百年。潘自是其将复盛乎！盖平陂往复天道然也。黄街之潘合石路、殿前、沙园、大雄、箕山诸派为一族，其与大澧、澄江、淋头诸潘，若远若近，盖未可考。今成炳为是谱，诚能信以传信，疑以传疑，不以扳附名族为荣，而以克自树立不忝其先为训，则畎亩之中爰有舜稷，市贩之贱乃有胶鬲，膏粱华腴、三槐五桂有志者任自为耳，不然栾却胥原降在皂隶，魏武子孙于今为庶，遥遥华胄何预后人，诸君敬宗收族作为是谱，其义当不出此也。

## 《土屿张氏宗谱》

〔清〕张翼三修。黄岩人。（柔桥文钞）。

王棻序：天下著姓数百，庶姓数千，唯吾王氏、张氏、李氏、刘氏为最，刘氏二十五望，王氏二十一望，张氏十四望，李氏十二望。秦汉以来，四姓之人名臣钜儒循良文苑，著于二十二史者各千余人，他族莫敢望焉。顾刘氏李氏乃汉唐国姓，而吾王氏亦皆三代王者之后，其蕃衍也固宜。独张氏系出轩辕第五子，挥别子为宗，世为臣庶，乃其蕃衍，亦庶几丁李刘国姓之盛，其尤难也。然张氏族望既多，派流尤众。唐宰相世系表定着十族尚已，且以吾台言之，唐处士渍实为天台张氏之祖，北宋进士希望、希颜、希甫兄弟则临海张氏也。绍兴进士、左司谏次贤则仙居张氏也。嘉定进士萃纪兄弟，则宁海张氏也。至于吾黄则有宋淳熙特科铁，嘉定进士盘，咸淳释褐仁、熟元，临海县尹鸣文与弟，台州训导鸣则，明正统进士纯及弟，永乐举人粹又有永乐岁贡涿州同知玑，成化举人夑，嘉靖举人凝，其支流派别不下十数，殆皆与土屿异望。土屿之张见于郡邑志，始于元行省枢密院都事子猷，浙东元帅府都事思济，皆宋石窗处士之后。思济子羽当明永乐时以布衣征修大典，书成义不受官，竟以母老告养归，其忠孝大节卓然不可企及。自时厥后张氏代有闻人，蔚为巨族，而谱牒散佚，使先世之美阙而不彰，识者憾焉。同治季年，茂才尹生遴与其从兄翼三建模始议修之。既而尹生斋志殒，翼三遂独任其事，越二岁而谱成，乃介予妹倩顾肖岩用光而属予为之序。予观张氏之谱，首据唐表以始，兴文献公之父宏愈为始祖，而文献之弟九皋则别子也。次据旧谱以永嘉张溪迁黄岩土屿，名渚者为始祖。而第三世石窗处士生十子，分为七房，其四聚居土屿，旧谱已详。而外迁三房多佚不载，翼三乃褐衣草履，跋踬天台、太平及温之永嘉、瑞安、乐清、玉环诸乡，搜采而得之，其房谱阙佚系无所承者则略，拟其从出之祖为朱围以识之，使后人有所考。至于叙述之间词有工拙，语有详略，盖各仍其旧文而无所损益焉。呜呼可谓勤且慎已。夫张氏之居士屿六百余年矣曾无一人焉。登甲第而位岩廊者岂其贤之不逮耶，殆亦有所待耶。今翼三敦品力学而困于小试乃能倡通大义，率其族贤重修宗谱以示后人，可谓能志其大者。吾知张氏之兴，不于其身，必于其子孙矣。故为著，其族望之盛与吾台支派之繁，且俾知土屿之先忠孝传家，世有令闻，实无愧乎。清河高平诸望族，而足与李刘王氏并为天下著姓也。然则列在斯谱，可不奋自树立，以期无忝厥祖也哉！

### 《徐山王氏宗谱》

〔清〕王会畴修。黄岩人。（函雅堂文集）。

王咏霓序：岁在游桃，辰在星纪，训导公撰徐山王氏家谱成，命儿子咏霓序之曰：古者公卿大夫，至于群士庶民淑慝之迹，毕登于史，周官闾胥有敬敏任恤之书，族师有孝弟睦姻之书，党正有德行道艺之书，皆入之于乡。大夫三年大比，举其贤能授之。天府贰于内史，是以闾巷众庶之善穷居侧陋之士，嘉言懿行统载简策，不特小史一官，有系世昭穆之辨也。自秦燔诗书铲除旧迹，史官废职，庶姓失纪，汉初得世本，叙黄帝以来祖世所出，谈迁世业撰而成之。旁行斜上并效周谱，然略而不纪者多矣。其学士文人始有家牒，子云甘露之生见征于七略，巨伯颍川之系亦称于世说，自兹以降撰集滋繁。魏志官氏实仿辨宗唐表，宰相义体沿甲族若太原家传之编。王褒江左之录尤吾宗著述之卓然者乎。吾王氏在宋季，自宁海十二保桥迁黄岩之上逢里，苗胄枝分为徐山，著姓宗谱之作七八于兹族，大齿繁寖失其序。于是家大人以退休之暇为家乘之编，潜访旧闻，网罗遗轶，草创于同治九年三月，脱稿于光绪二年十月。一家文献粲然足征。又以旧谱繁芜浮而失实，因命儿子咏霓改弦更张，别成义例，条分件属，悉准古法无饰辞也，无溢美也，其忠臣、孝子、烈士、义夫、逸民、贞女，一言二行罔不毕载，微显阐幽尤加意焉，使后世子孙怀前烈诵清芬，油然生孝弟之思，憬然念诒谋之善，绳武济徽，世世不替，有其举之，莫敢或废遵守划一，续成先志于敬宗，收族之道思过半矣。若夫香山之叙，宗派颠倒，楚秦崇韬之拜，汾阳攀援华胄舛误，附会谱家类然。今虽不能无所漏略，而夸滥之讥差能自免，其所不知，宁从盖阙云尔。千花万实一本所分，琅琅之胄派衍实繁，譬诸葛藟尚庇其根，同条共干，先德斯存，述世系第一。李氏房从韦氏五门，东眷西眷派别支分，太原京兆异流同源小宗，继别裕我子孙，述房从第二。兰陵子雍厥有家传，会稽旧谱广韵，屡见曾是，后人而忘成宪，生卒昏嫁兼陈门眷，述家传第三。韦题京兆传称北地临海，旧郡水十有记，阴阳流泉，刓勤卜世聚族于斯，敬恭梓里，述族居第四。中原丧乱，人士播迁光州，固始入闽，斯传远适异土，尔宅尔畎谨而书之，思夫涣焉，述迁徙第五。益部耆旧徐州先贤，显忠孝友，文士逸民，龙山虎阜实产名人并传烈女，请视斯文，述人物第六。圣贤冢墓李彤有记，百代防护，矧在孙子罗，经四线形家，故轨源远流长，福我后起，述茔墓第七。士夫家庙，宗子斯乘春秋，亨祀俎豆，蒸蒸旁及村社，神道式凭，岁时伏腊，祈报丰登，述祠祀第八。东家杂记，首焕龙章，王言纶綍，邦家之光祖功宗德，为国干梁，小臣承宠，谨职勿忘，述勅命第九。明氏家训先正格言，达之诲尔谆谆，幼承廷诰，诗礼是敦，综缉懿媺，贻厥后昆，述家训第十。班志艺文滥觞，七略一家之集斐焉，述作乃搜，故帙传之文学附彼投赠。陈以扬榷，述艺文第十一。京兆金石田概审定，后来方志实繁辨证，片碣不磨栖悴，念永录其遗文，以俟质正，述金石第十二。交州杂事，爰记陶璜，遗词轶行世德孔彰，汇而聚旒以发幽光，间存疑辨，亦仿西京，述杂记第十三。迁史班书，序例列后，引申微绪，敷赞枢纽，亦有典型，毋侮黄耇后贤法此，永垂世守，述叙录第十四。

# 史钞类

## 《读史一览》

〔明〕张世准撰。黄岩人。（二谷山人稿、黄岩县志）。今佚。

## 《通鉴节要》

〔清〕林有壬撰。黄岩人。（黄岩县志、光绪台州府志）。有壬原名芹，字文泮，号香泉，咸丰中恩贡，讲学九峰，王棻老师。将前史及资治通鉴汰繁选辑。精美。今未见。

## 《久龛读史私记》

邱瞻恒撰。黄岩人。瞻恒原名梦祺，字久龛，号斐南，由岁贡考授小京官。稿藏于家。

# 载记类

**《西洋史讲义》**

王念劬编。黄岩人。任浙江私立法政学校讲席时作，有印本。（箸川文库书目）。

**《佛朗通史》**

陈士干译述。黄岩人。法国博朗斯原著。（化学提要附录）。

# 地理类

**《地理撮要》十卷**

〔宋〕黄超然撰。黄岩人。（张翥柔川书院记、黄岩县志）。今佚。

**《皇舆纪略》**

〔清〕李诚撰。黄岩人。（光绪台州府志）。今存残稿一册，纪西北水道特详。

**《祥符黄岩志》**

无名氏。（黄岩县志）。嘉定赤城志多引据焉。今佚。

**《嘉定黄岩志》十六卷**

宋嘉定甲申。令蔡范撰。黄岩人。（书录解题文献通考、浙江通志、黄岩县志）。今佚。

**《永乐黄岩县志》**

无名氏。（文渊阁书目、黄岩县志）。文渊阁书目，往字号，第一厨有黄岩县志，不著卷数，册数，即此书也。今佚。

**《崇安县志》四卷**

〔明〕李让撰。黄岩人。（四库全书总目、浙江采集遗书总录、天一阁书目、台州外书、黄岩县志）。让字崇谦，正统丁卯举人，任崇安县训导，天台人，宏治癸亥，崇安县承，天一阁有藏本，钱塘沈祖刻书和作跋，

《台州外书》载：虽续志著称天台、实为吾邑黄岩人也。

### 《赤城会通记》二十卷

〔明〕王启撰。黄岩人。（明史艺文志、天一阁书目、四库全书总目、浙江采集遗书总录、台州外书、黄岩县志　两浙名贤录、千顷堂书目、浙江通志记作纪）。天一阁藏本。

有自序略：《四库全书》批语载：启号柏山，黄岩人，成化丁未进士。官至刑部尚书。曾编纂陈耆卿《赤城志》，谢铎《赤城续志》诸书，汇为一帙，而其体例自夏后氏迄明，每朝各为一纪，唐以前一帝为一纪，还祥载各科目。

### 《黔中图志》

〔明〕王启撰。黄岩人。（戚学标柏山王氏族谱序）。今未见。戚学标曰：公学淹博图，所著《黔中图志》事事考核，具有体裁。

### 《万历黄岩志》七卷

〔明〕袁应祺修。黄岩令。黄岩诸生牟汝忠、符良永、何良臣、余子直、陈承楠、蔡子晟分修。（内阁书目、千顷堂书目、天一阁书目、浙江通志、黄岩县志）。今天一阁有藏本，上海古籍书店，据天一阁藏明刊本复印件钤印，范氏天一阁藏书四册。有袁应祺序略……。

### 《宁阳图说》

〔明〕张应魁撰。黄岩人。（浙江通志、台州府志、黄岩县志）。应魁天启中由岁贡任宁化教谕，因考其地里为此书。今未见。全四册，今黄岩罗氏上云阁，有载书目录存。

### 《康熙黄岩志》八卷

〔清〕刘宽主修。黄岩令。训导平遇总纂，贡生潘最协修。（浙江通志、黄岩县志）。卢氏抱经楼有藏本，张思斋为此书作序，亦有刘宽序及《黄岩县志》批语。

### 《乾隆黄岩志》十二卷

〔清〕王橙修。黄岩令。仁和李汪度总裁，萧山沈世隆，山阴潘廷焘分校。黄岩阮培元、项鹏南、王诗选、韩修凤、分修，（黄岩县志、石槎笔记）。今潘氏三之斋藏有刊本。（李汪度序）。

### 《新平县志》八卷

〔清〕李诚撰。黄岩人。（黄岩县志）。今存。《黄岩县志》载：诚尝知新平县，因删补旧志，按此旧事以为此书。

### 《云南通志》二百二十卷

〔清〕李诚撰。黄岩人。（国史儒林传、光绪台州府志）。道光十四年，继王纂此稿，出其手者凡十之七八云。

### 《云南载籍辨误》

〔清〕李诚撰。黄岩人。（光绪台州府志），今存稿本二卷。

### 《咸丰黄岩志稿》

〔清〕姜文衡撰。黄岩人。卢锡畴续修（光绪台州府志）。原本未见。王棻曰：咸丰戊午，明经姜先生，文衡司纂辑至庚申而稿成，览者以为，未岁辛酉。曾令元澄，属卢锡畴重加修辑，是岁粤贼陷黄城，事中止。

### 《黄岩县志》四十卷

〔清〕王棻纂，王咏霓续修。黄岩人。（台州书目、静观书舍藏书目）。光绪三年刊本图书馆有藏本。有王棻自序及王佩文序，略。

### 《黄岩志校议》二卷

〔清〕王棻撰。黄岩人。（柔桥文钞）。附刻黄岩县志后。图书馆有藏本。有王棻自序略……。

### 《青田县志》十八卷

〔清〕王棻纂。黄岩人。合康熙乾隆二志改并增刊，为门十二，为卷十八，为目六十八，有刻本。（王寿颐仙居县志序、柔桥文钞）。

### 《永嘉县志》三十八卷

〔清〕王棻纂。黄岩人。（柔桥文钞、台州书目、静观书舍藏书目）。永嘉知县张宝琳主修，参酌乾隆道光二志，各从所长，复考万历温州府志校其异同，颇见详核，有张宝琳、温忠翰、戴咸弼序，光绪八年刊本。今续修《四库全书》载目。

### 《杭州府志》二百十二卷

〔清〕王棻纂。黄岩人。（柔桥文钞）。仅吴庆坻修艺文志，孙树礼修烈女志三十卷刊行，余钞本，稿本，藏杭县陆懋勋太史处。有王棻自序略……。

### 《光绪太平续志》十八卷

〔清〕王棻纂。黄岩人。（柔桥文钞、台州书目），光绪二十一年刻本。

### 《光绪仙居县志》二十四卷

〔清〕王棻纂。黄岩人。（柔桥文钞、台州书目）。有聚珍本。

### 《光绪宁海县志》二十四卷

张浚纂。黄岩人。宁海王显谟、邬载熙、王济爝、徐乃义、杨秉鉴、袁起文、黄和銮、章棩、叶照同辑，有刊本。（石槎笔记）。

### 《邑乘管窥》二卷

管世骏撰。黄岩人。以王棻黄岩县志讹漏颇多，因撰此书，有自识，王瑞成序略……（后凋草堂藏本）。稿藏于家。

### 《定兴县志》二十六卷

杨晨纂。黄岩人。（台州书目、台书存目录）。有刊本。自序略……

### 《路桥志略》

杨晨纂。黄岩人。有石印本，今民国二十四年铅印本一册，黄岩罗氏上云阁藏书。（崇雅堂稿、精一堂书目、敬梓书舍书目）。自序略……

### 《嘉庆太平县志稿》

〔清〕进士朱劼成抄本。黄岩人。纸捻装订 2 册，黄岩罗氏上云阁藏书。

### 《光绪台州府志稿》九十七卷

王舟瑶纂。黄岩人。（后凋草堂藏本）。台守赵亮熙主修，叶书、张廷琛、毛宗澄等分修，凡沿革表一卷，职官表十二卷，选举表十二卷，经籍考二十一卷，金石考九卷，名宦传三卷，人物传二十八卷，烈女传六卷，大事记五卷，盖未成之稿也。今藏于家。

**《黄岩州河闸志》三册**

〔元〕韩国宝撰。黄岩知州。韩国宝于大德巳亥重浚河道修建诸闸，是书盖纪其事也。文渊阁书目，署字号第二厨载之。（文渊阁书目、澹生堂藏书目、黄岩县志）。今佚。

**《黄岩河闸志》九卷**

〔清〕令新淦、刘世宁撰。黄岩人。（黄岩县志）。有齐召南序存。

**《水道提纲补订》二十八卷**

〔清〕李诚撰。黄岩人。（黄岩县志）。今存浙水残稿十余叶，余佚。自序存。

**《云南水道考》五卷**

〔清〕李诚撰。黄岩人。（光绪府志稿、台州书目）。有稿本。

**《勘定三城录》一卷**

〔明〕曾铣撰。黄岩人。（黄岩县志）。见三续《百川学海》。

**《委羽山志》六卷**

〔明〕胡昌贤撰。黄岩人。（千顷堂书目、浙江通志、黄岩县志、台州书目）。万历中，邑令张仲孝刊行，同治庚午重刊。2018 年台州文献编委会影印出版。

**《委羽山志》十卷**

〔清〕卢廷干撰。黄岩人。（黄岩县志）。2018 年台州文献编委会影印出版。

## 《万山纲目》二十一卷

〔清〕李诚撰。黄岩人。（台州书目　国史儒林传、黄岩县志作六十卷）。有吴树梅序及章梫跋。

## 《委羽山续志》六卷

〔清〕王维翰。黄岩人。（黄岩县志、台州书目、静观书舍藏书目）。同治九年委羽石室刻本。

## 《黄岩山志》四卷

〔清〕王维翰辑。黄岩人。（王舟瑶日记）。未及写定而卒。

## 《九峰山志》五卷

〔清〕王棻撰。黄岩人。（光绪府志稿、柔桥文钞）。道光戊申读书山中作，有自序及孙诒让跋，稿藏于家，有刊本，今存档案馆。

## 《丹崖山志》八卷

方善初撰。黄岩人。（柔桥文钞）。今存，有王棻序。

## 《瑞岩志》一卷

〔明〕欧应昌撰。黄岩人。（千顷堂书目、尤氏艺文志、浙江通志、黄岩县志）。今未见。

## 《三台胜迹录》四十卷

〔清〕王维翰撰。黄岩人。（光绪府志稿）。分县甄录凡六门曰：山川、第宅、寺观、金石、书画、坊墓、博采诗文附于各条之下，未脱稿而卒，今存初稿。

**《二徐先生祠墓录》一卷**

杨晨编。黄岩人。（静观书舍藏书目）。有刻本。

**《抚滇翊华录》**

〔明〕王启撰。黄岩人。（儒林录、千顷堂书目、浙江通志、台州外书、黄岩县志）。启巡抚云南时作，今佚。

**《岩西遗典》一册**

〔明〕杨景威编。黄岩人。（台州外书、黄岩县志）。景威字邦威、号西麓，以诗名于时。是编录黄岩西乡各家谱序等而成，今存。

**《地里日钞》**

〔明〕柯夏卿撰。黄岩人。（千顷堂书目、黄岩县志）。今佚。

**《外夷述略》一卷**

〔清〕张绮撰。临海人。（静观书舍藏书目）。题同治十年四月，年七十又五，九峯山叟默斋钞，盖九峰山房随笔之一也，有稿本。

**《入秦日记》**

〔清〕焦文基撰。文基字梦周，是城东禅巷人，该本书赴陕候补时沿途所记录之作。

**《台州文献随笔录》二十册**

王舟瑶辑。黄岩人。（后凋草堂藏稿）。有稿本。

**《游志续编》二卷**

〔明〕陶宗仪撰。黄岩人。（绛云楼书目、千顷堂书目、鄑经室外集
邵亭知见传本书目、黄岩县志善本书室藏书志　台州外书游字误作逊）。
今有新阳赵氏刊本。

**《宦程纪略》**

〔明〕蔡绍科撰。黄岩人。（千顷堂书目、邑志）。今佚。

**《南归北征录》**

〔清〕汪煜撰。黄岩人。侨居钱塘。（钱塘县志、两浙盐法志、光绪
台州府志稿）。书未见。

**《宦游日记》一卷**

〔清〕李诚撰。黄岩人。（邑志、光绪府志稿作二卷）为考证地理而作，
道光癸未自序，有稿本。

**《武彝便览记》一卷**

〔清〕陶涵撰。黄岩人。（光绪府志稿）。字虚谷，光绪初往游武彝，
因作此凡文七篇，诗十七首。有稿本。

**《道西斋日记》二卷**

王咏霓撰。黄岩人。（台书存目录、静观书舍藏书目、小方壶斋舆地
丛钞作归国日记）。海盐陈明远序，长白裕德，定海王侑植，平阳黄庆澄
题词，青阳曹献之宁修校刊。

# 职官类

## 《留台杂记》八卷

〔明〕符验撰。黄岩人。（千顷堂书目、明史艺文志、天一阁书目、浙江通志、四库全书总目、台州外书、黄岩县志）。今存。

# 政书类

**《汉唐会要》**

〔元〕孟梦恂撰。黄岩人。(元史本传、千顷堂书目、黄岩县志)。今佚。

**《三国会要》二十二卷**

杨晨纂。黄岩人。(台州书目、浙江藏书楼书目)。内分帝系、历法、天文、五行、方域、职官、礼舆、服乐、学校、选举、兵刑、食货、庶政、四夷等目,光绪庚子江苏书局刊本。

**《大统平议》一卷,《大礼平议》四卷**

〔清〕王棻撰。黄岩人。(柔桥文钞、台州府志)。有稿本,今存图书馆。

**《抚镇翊华录》**

〔明〕王启撰。黄岩人。(千顷堂书目、黄岩县志)。该书名巡抚云南时作。

**《明大礼驳议》二卷**

〔清〕王棻撰。黄岩人。(柔桥文钞、光绪台州府志)。有稿本,今存图书馆。

**《海道漕运记》一卷**

〔元〕刘仁本撰。黄岩人。(丛书举要)。载明袁褧金声玉振集。

### 《中外和战议》十六卷

〔清〕土棨撰。黄岩人。（柔桥文钞）。录自汉迄明中外相涉之事，分为三纲十九目，而各系以案语，有自序及俞樾序。2010 年已刊，今存图书馆。及王氏藏书楼。

# 目录类

**《石庵藏书目》一卷**

〔宋〕蔡瑞撰。黄岩人。（黄岩县志）。今佚。叶适序存。

**《敦说楼书目》一册**

〔清〕李诚撰。黄岩人。（台州书目）。有钞本。

**《九峰名山阁藏书目》四卷**

〔清〕王维翰撰。黄岩人。（光绪台州府志）。有刻本。同治间，王棻任山长，在孙令熹的支持下，购藏书一万数千卷，光绪间王维翰任管理员，负责编此书目，有县令王佩文作序，并刊之。

**《台州艺文略》二卷**

杨晨撰。黄岩人。（台州书目），就光绪台州府志经籍考删其序跋提要为是书，有刊本。

**《台州遗书目录》**

项咏撰。黄岩人。（潘衍桐两浙金石志书后）。今存。潘衍桐曰：余访项生咏《台州目录》斐然可观。

**《古刻丛钞》一卷**

〔明〕陶宗仪编。黄岩人。（绛云楼书目、四库全书总目、简明目录、浙江采集遗书总录、台州外书、倦舫书目、铁琴铜剑楼书目、邵亭知见传本书目、皕宋楼藏书志、清吟阁书目、松江府志）。载碑刻七十一种，汉一，后汉二，晋一，宋三，梁三，隋二，唐四十九，南唐一，北宋二，南宋一，无年月者六，皆全录其文，以原额为题，无考辨序次，嘉庆间，阳湖孙星衍重编，刻入平津馆丛书中。

今有《古刻丛抄》一卷明黄岩陶宗仪撰，清孙星衍重编，光绪庚辰诵芬阁刻本顾广圻校一册全。黄岩罗氏上云阁藏。

### 《淳化帖考》一卷，《兰亭帖目》一卷

〔明〕陶宗仪撰。黄岩人。（光绪台州府志  兰亭帖目、松江府志、入艺术类）。前书载三续百川学海第二十二卷，后书载第二十四卷，皆从《辍耕录》拉出也。

### 《鼎影图》一卷

〔明〕陶宗仪撰。黄岩人。（光绪台州府志）。今未见。

### 《历代金石录》

〔清〕李春枝撰。黄岩人。（王舟瑶撰李诚传）。今未见。

### 《台州金石略》二卷

杨晨编。黄岩人。（台州书目）。删采黄瑞金石录而成，有刊本。

# 史评类

**《历朝窃笔》**

〔明〕叶邦问撰。黄岩人。(黄岩县志)。今佚。

**《史苑逸言》八卷**

〔清〕柯浚撰。黄岩人。(仙居县志)。未见。

经籍志·卷三 子部

# 儒家类

### 《曾子遗书》一卷

〔宋〕戴良齐撰。黄岩人。（两浙名贤录、赤城新志、千顷堂书目、浙江通志、台州府志、临海县志）。今佚。

### 《七十子说》

〔宋〕戴良齐撰。黄岩人。（赤城新志、两浙名贤录、浙江通志、临海县志）。今佚。

### 《中说辨妄》一卷

〔宋〕戴良齐撰。黄岩人。（千顷堂书目、经义考、临海县志）。今佚

### 《晦翁语录汇编》十卷

〔宋〕胡常编。黄岩人。（台州府志、临海县志、台州外书 赤城新志、浙江通志无汇编二字）。今未见。

车若水序：癸卯春，立斋先生在宥府，一日退朝之暇，若水盖侍言焉，先生叹勿庵之亡，恨失一经筵士。且恨未能致谷口于京师因顾，若水曰："每阅江湖隽英才华，暴耀念尔谈如也"。若水曰："曩自力于古文，遐征罩搜知不可赖也，反躬笃行犹愧未如。"胡立方先生曰："乡人耶曰固勿庵谷口之所器也，曰何如。"曰："其家雍雍秩秩，其气恬以间不猎交以幸誉，不矫高以孤众，其学谨静愿恪，必谋必访不舍，疑以养暗也，亲见其汇编，朱文公语录，自谓穷年矻矻，庶于此归宿乎？先生问其言，问其理，喜曰归必识之"。又曰："是编良不易，比得蜀本较之，无论善拙，诚能志此几人哉？"初立方汇编既成，俾书其凡若水辞未足以知也。立方曰："隘轩而祖也，弗有闻乎！"又二年乃克衷数语以介立方。夫

自学者厌于穷理致精而遽有喜于颜，子坐忘曾子一唯之说，谓学可捷到，道可忽悟，圣可超得，于是孤耳目而尊返照，贱博而专守约，其间多闻之士，往往又不过为辞章之艺，而世之儒者，益且自负，渊源之秘，不在于多闻。呜呼！有是哉任已过重，视物过轻，将见心恢乎其清，而事或之差见介乎，其定而义或之僻，不始于禅乎哉！文公统周程之正，用力加劳奥之于性命，富之于事物，经之于日用，常行放之于治国平天下，无一不究其极。而奇经怪志蛮彝外国之书，无一不察其变，以吾尧舜、文王、周公、孔子之道，如据雒邑坐明堂纲纪于四方，偏垂裔壤各奠其所无斁溷焉。诸门人所录言语大略，虽识有精觕，记有浅深，然自五星聚奎以来，讲明之备，未有盛此者也。近年颇见板刊门人自编汇者。昭武李公方子有《传道精语》，建安杨公与立有《晦翁语略》，章抉句摘奇缀巧附殊极精，便而观者无探索之功，则未知其果。二人之书欸今立方所汇之合不奇之，分不缕旁，寻互见潜心者进体认者无穷耳。虽然若水诚未足以知也，姑书其凡首之癸卯所听，盖以诚有以知之者也，立方名常。台州外书：常，字立方，反躬笃行见称于杜立斋，手编文公语录，自谓穷年矻矻于此，归宿其书视李方子《传道精语》，杨与《晦翁语略》互有不同，尤见抉择之精。

### 《无垢先生心传录》十二卷

〔宋〕于恕编。黄岩人。（读书附志、临海县志、浙江通志 光绪台州府志作横浦心传录三卷，曰新录一卷）。有白序存世。恕为张文忠九成甥，是书即录九成之说而成。今佚。

自序：无垢，张先生，乃予之母兄，讳九成，字子韶，顷为春官宗伯，以议忤时相一斥岭下。十四年寓横浦僧舍，平生无它好，唯嗜书不厌，虽阶庭间草花敷荣春，声喧昼荡流耳目，曾不一动眄侧首，晚年目昏立短檐下，展卷就明向暮不已。石闲双趺隐然。南安守张公见而叹息，标记于柱，今犹在也。予与宪弟自幼承训，颇以警策别于群儿，每一感念情不自制，遂抱负琴剑，徒步三千馀里抵岭下。予既自喜得至，舅亦喜予之来，朝夕得侍座席讲论经史，难疑答问无顷息，少置从容之暇，则谈及世故。凡近人情合事理，可为学者径庭者，莫不备录。虽所说或与旧说相异，皆一时意到之语不复自疑，故名之曰心传。予后以思亲归，季弟宪亦不惮劳远，奋然独往其承教犹予前日也。遂各以所得合为一集，初不敢以示人，止欲训家庭子侄耳。

予学生郎粗得数语，纂为新录，面士大夫已翕然传诵，信知舅氏训诂，一话一言为世所重如此。予老矣，守其朴学固而不化，往往不与时习投，凡六举于礼部而无成。遂匿影林下，时时提省，此心不致为穷达得丧所累，以失其源流，则亦无愧于吾舅平日之教矣。故人刁仲声来丞邑黄岩，一日访予于山间，且道及昔时无垢讲下从游之乐，意甚款适。予亦于田夫野老，闲听其歌谣，知吾仲声能推所学以佐百里之化，皆醇和而笃实，简约而宽厚，使人爱而不敢慢，使而不忍诈，风猷蔼然可嘉，不谓其无所自者。既逢个中人不复秘其藏，因出以示之，即敛衽肃容，敬诵不能已，乃卓然有言曰：无垢先生所学，皆医天下士大夫良方，岂可收为无用之藏，愿公我。我当版行于世，与天下学士大夫共之，使胸腹间苟有所病，自可随病用方，一投即去，所济岂不博哉！予欣然抵掌曰："此予志也。"因以授之，遂书其略。淳熙元年七月一日，甥于恕序。

## 《道统录》

〔宋〕车若水撰。黄岩人。（台学源流、赤城新志、尊乡录之名三台诗录、临海县志、浙江通志入传记类）。今佚。

王柏书：伏蒙颁教《道统录》之巨编乎，庄诵大哉书乎，自昔圣贤俨然临乎其上，世间未有是书也。非有大学力，如何有此大制作，照耀万古，与天地相为终始无疑。昨见蔡九峰尝编一本曰至书次第亦如此，而不如此本之详。敬岩侄亦曾有一书名与此同，但止始自周子至于黄勉斋，门目颇杂，皆不及此精当。愚见更得于逐门内更与次第之为尤佳。盖此莫难于颜子，子思之详，亦莫难攀于朱子之简。若孔丛子家语之类，未可全用，要须拣择。某自前岁已拜观序文，无便失于拜报，今始得见前书，尤以为幸，顾早入梓，开我后人拳拳之望。王柏跋：立天道者阴阳也，立地道者刚柔也，四时行焉，百物生焉，此非天地之道统乎。贤人以仁义设教，为天地立心，为生民立道，所以继绝学而开太平，此则圣人之道统也。道统之名，不见于古，而起于近世，故朱子之序中庸拳拳乎。道统之不传，所以忧患天下后世也深矣。昔陈君平甫请于张宣公，本六经语孟遗意，将十四圣人概为作传，而国朝濂溪、河南横渠诸先生附焉，洙泗门人至两汉而下，及程门诸贤，凡有见于道，有功于圣门者，各随所得，表出著成一书。宣公逊谢不克堪曰：若裒类圣贤之言行，聚而观之，斯可矣。虽有是言，而示有是书也。后几百年，天台玉峰车君，始成是书，理其绪而分之，比其类而合之。曰太原者，统之体也。曰明训者，统之用也。曰分纪者，统之序也。有经焉，有传焉，有史焉，可谓善继。朱张二先生之志，而述其事者也，呜呼！伟哉，书乎，所以闲先圣之道。而大一统也矣！使近理，而乱真者，不敢与于斯云。台学源流：曰大原、曰明训、曰分纪鲁齐，见之谓非有大学，力不能作照耀万古，与天地相为终始无疑。

### 《性理要旨》

〔宋〕车垓撰。黄岩人。（临海县志）。《浙江通志》作车若水撰误也。车垓又名若绾，号双峰，若水从弟，理学家，官浦城尉，性理之要研究较深，该书佚之可惜矣！

### 《性理本旨》

〔元〕孟梦恂撰。黄岩人。（元史本传、赤城新志、千顷堂书目、浙江通志）。今佚。梦恂字长文，备礼乡人，授台州学录，升宜兴州判官。

### 《谢氏家训》

〔元〕谢珪撰。黄岩人。珪兄弟五人同居，不分男女，八十余口雍睦无间，言因著此以为世守。（赤城后集、临海县志、玩斋集）。今未见。有贡师泰序：天台有著姓谢氏，自其先上，蔡先生以洛党口出居是州，子孙散居三童，苦竹间历三百年。再迁小澧，则宜城校官克嘉君也。君尝受知于素履邓先生，生五子曰：瑾、理、珪、珏、璋。理以武功累官行枢密院都事，总制余姚。予使过其地，理迎谒甚谨，且告予曰：理弟兄五人，从乡先生周本道学甚幸，不坠先绪，今内外八百馀，指合居共灶，凡冠昏丧祭，悉遵紫阳家礼。而饮食起居之节，则又取之浦江郑氏焉。尚虑行之不逮，守之不固也。理弟珪尝著为训，请一言以垂永久。窃闻之奔马之逸，御之以衔，飚轮之驰，止之以柁（舵），家范之放正之以身。盖身犹器也，家犹水也，器圆则水不得不圆，器方则水不得不方，子能正其家，其有不正者乎。然正身亦有道矣。持之以敬，立之以义，示之以廉，守之以信。而又处之以均平，抚之以宽厚，则如水之在器，虽欲不为圆方得乎！夫操尺寸之度以絜长短，而天下之物不能逃者，有其道也。昔之人若河东柳公绰，东平张公艺，九江陈衮，滁州李昉，皆治其家，使久而不废，亦曰："知此道而已矣。"今子能正其身，以及其家是犹圆方之在器，长短之有度。虽欲远而去之，其可得哉！吾知谢氏福泽之未艾也。理字玉成，负才气所至多善政云。

### 《迩言》一卷

〔明〕王启撰。黄岩人。书未见。（千顷堂书目、临海县志）。

自序：《迩言》者，甚易知易行之言也。然人不问不察，则亦莫能知，莫能行者矣。首孔子删述六经，自以为近矣，门弟子见之犹为远。退而为四书，四书近矣，宋儒见之犹以为远，退而为《近思录》。《近思录》近矣，启读之犹以为远。因发而为《迩言》，《迩言》则愚夫愚妇所可知，可行，无复馀近矣。近又虑其未备，复为《解言》二篇，则不下带而凡可问，可察之事益众矣，虽然唐棣之华人，所共见咏物者犹以为远，孔子曰：未之思也，夫何远之？有启亦以为然。因为之序。

### 《正蒙直解》

〔明〕王启撰。黄岩人。（千顷堂书目、临海县志　台州府志正作启误浙江通志无直字）。未见。

自序：《正蒙》一书为天地立志，为生民立道，为往圣继绝学，为万世开太平而作也。其志专其虑远明天地鬼神，幽明隐显，本末精粗无不贯通为一也。大哉言乎，历披前圣之书畅通大旨者。易曰：仰以观乎天文，俯以察乎地理，是故知幽明之故，精气为物游魂为变，是故知鬼神之情状，凡语天地鬼神幽明者之端开矣，显诸仁藏诸用。形而上者谓之道，形而下者谓之器，凡语隐显本末精粗者之端肇矣。性命立极之书，古今欲言之妙，盖已略具《正蒙》之作复何为乎？间惟其义圣经齐物之钧丈也，《正蒙》钧丈中之铢寸也，铢有不明，则钧不可施，寸有不备，则丈不可用，圣经宏纲大要也。微词奥义盖未析焉，是以异端得以假近似之说，而乱本真天地鬼明幽明变易也。而幻化之隐显本末精粗一理也，而虚无之理经立教之说至是反为异端，欺世之资，正学滔天之祸，故张子深为此惧，乃于千载不传之后，中夜仰思之际，笔为此世，以扶世翼教。盖尝诵其言曰："天地法象而已，鬼神二气之良能也，反复乎幽明纪幻化之辨变，则化由粗入精也，化而裁之，之谓之变，以著显微也。"契紧乎本末，有无之论所言者，秦汉以来学者所未及所乐者，老佛之流深中其膏盲。昔孟柯氏辟杨墨有言曰："禹抑洪水而天下平，周公诛廉末驱猛兽而百姓宁。孔子成春秋，而乱臣贼子惧。我亦欲正人心息邪说。今距杨墨者圣人之徒也，后世称之曰功不在禹下。是书要其用心，功岂在孟子下哉。虽其言者，类于幻妄于义，不能无失而词严义隐，钧正丈齐必寸，寸而度之铢，铢而较之然后，可见故其书知之者，既希而世间绮语妄言，夺人所好。读之者又寡其仅存，而未泯者幸矣，启尝三复此书，每怀咏叹，故因参考之馀，窃为直解，虽知凡近无所发明，而作者之志庶几，由此而可知矣！”

## 《先觉教言》

〔明〕施悌编。黄岩人。（夏赤城集、黄岩县志）。今佚。

夏鍭书后：予尝谓学者有三证必有一要。三证取予去就死生，一要诚善是也。去此而言学，如周参政娄郎中，时之所谓道学死生，且未论其取予去就何如也，其诚与弗诚也。旋生存宜尝从吾伯安游，读书明体未及事事于三证云者，若非所急。虽然讲论要有素，裁处要先定。由是中台有主，随地应事不惑于义利之识，否者所学尽属虚妄，周参政、娄郎中计其始愿，亦未必甘为是人其学使之也。夫学以诚善之证者善之宗也，予以补诸人言，道学者之所未备。

## 《江卢独讲》一卷

〔明〕吴执御撰。黄岩人。（明儒学案、黄岩县志）。

皆讲学之语，刘念台称其多从新切体帖来者。明儒学案尝节录数条，其大旨可考见矣。附明儒学案节录语：克复工夫是一了百，当其馀出门使民，都是逐件做工夫。假如出门时聚起精神，这出门时便是仁，使民时聚起精神，这使民时便是仁。祭祀感格乃生者之气，非死者之气。朱子人死未尽散之说，尚从佛学来，然虽说只是生者之气，二本无间、屈伸有无皆气也。虽散而尽，仍是死者之气，故曰：反而归者为鬼。天无时不动，而天枢则不动，两间可求，惟己七尺可问惟心。喜怒哀乐稍有盈溢，便是气常存者，心不为气动，即是无终食之间违仁。

### 《自得轩格言》一卷

〔明〕柯夏卿撰。黄岩人。（浙江通志、台州府志、黄岩县志）。书未见。

### 《家训》

〔清〕牟天伦撰。黄岩人。（黄岩县志）。今未见。

### 《微言管窥》三十六卷

〔清〕李诚撰。黄岩人。（临海县志）。书未见。

### 《王氏家训》一卷

〔清〕王维祺撰。黄岩人。（黄岩县志）。祺字道龄，号梅庵，庠生，王棻父，书今存图书馆。

### 《读朱随笔》二卷

王舟瑶撰。黄岩人。继陆清献公而作，故仍其名，有自引，稿藏于家（后凋堂草堂藏本）。今佚。

### 《勔学浅语》一卷

王舟瑶撰。黄岩人。（后凋堂草堂藏本）。为沈江眉学使作，稿未见。

# 兵家类

## 《武经心解》二卷

〔清〕施礼嵩撰。黄岩人。（黄岩县志）。书未见。一作《武经心略》。

# 法家类

**《检验尸格》一卷**

〔宋〕徐似道撰。黄岩人。（黄岩县志、台州札记）。今未见。

**《寄命篇东崖管见》**

〔清〕卢之狱撰。黄岩人。（黄岩县志）。书未见。《台学统》53 卷载，《宋史刑法考》，江西提刑，徐似道检验，有尚无差之代。

**《折韩》一卷**

〔清〕王棻撰。黄岩人。成于光绪丙戌有自序，稿存。今存图书馆。（光绪台州府志）。

**《官制私议》一卷**

朱文劭撰。黄岩人。载辛亥第二号东方杂志中。

**《司法公文程序》一卷**

胡暇编。黄岩人。（石槎笔记）。上海中华书局印行。

**《司法公文式例解》一册**

胡暇编。黄岩人。（静观书舍藏书目）。上海商务印书馆印行。胡暇，江田胡人，省之法政专门学校毕业，临海地方法院任书记官。

**《法律学丛谈》**

邱瞻恒撰。黄岩人。未刊。

# 农家类

**《农家事略》六卷**

〔唐〕王从德撰。黄岩人。（浙江通志、黄岩县志）。今佚。

**《经界弓量法》一卷**

〔宋〕王居安撰。黄岩人。（宋史艺文志、焦氏经籍志、黄岩县志）。
今佚。

**《普通植物学讲义》一册**

邱震编。黄岩人。（静观书舍藏书目）。震，字伯埙，日本宏文师范
学校毕业。是书系任台州府中学堂讲席时作，共五编。

**《农艺化学科教书》**

陈士干译述。黄岩人。日本农学博士泽村真著。（化学提要附录）。
未印。

**《农用分析化学讲义》**

陈敬衡编。黄岩人。（化学提要附录）。未印。

# 医家类

**《本草折衷》**

〔宋〕陈万卿撰。黄岩人。今佚。（石屏集县志）。戴石屏称其儒者能医，见宣春赵守盛称其医药之妙著，本草折衷可传。

**《药谱》一卷**

〔明〕陶宗仪撰。黄岩人。（千顷堂书目、光绪黄岩志）。载三续《百川学海》卷二十五。

**《医学狐解》六卷**

〔明〕王宸撰。黄岩人。（浙江通志、黄岩县志、台州府志）。今佚。

**《医理信述》六卷，《补遗》一卷**

〔清〕夏子俊撰。黄岩人。有刊本。（县志台州书目）。

**《医学指迷》一卷**

〔清〕李诚撰。黄岩人。有刊本。（县志）。

**《医学约钞》四卷**

〔清〕王维祺撰。黄岩人。（光绪府志）。未见。

**《最新生理卫生表解》一卷**

黄化宙编。黄岩人。化宙字志澄，日本早稻田大学师范科毕业，有排印本。

### 《痘疹秘录》一卷,《麻疹秘录》一卷

〔清〕夏子俊撰。黄岩人。(黄岩县志)。有刊本。

# 天文算法类

**《七政疑解》**

〔元〕孟梦恂撰。黄岩人。（元史，黄岩县志、浙江通志、入经部书类、千顷堂书目）。今佚。

**《日食测景漆室末仪》**

〔明〕张应魁撰。黄岩人。（浙江通志、台州府志、黄岩县志）。今佚。

**《天文纪要》八卷**

〔清〕阮培元撰。黄岩人。（台诗三录、黄岩县志）。今未见。

**《广五经算术》二卷**

〔清〕金鹰扬撰。黄岩人。（黄岩县志）。

**《勾股名义图解》一卷**

〔清〕朱煦撰。黄岩人。（光绪台州府志）。煦字葵苑，邑诸生，咸丰辛酉死于贼，今稿藏柔桥王子庄家。存图书馆。

**《羣经算学考一册》**

〔清〕黄方庆撰。黄岩人。（光绪台州府志、惺惺斋初稿、默庵集）。方庆字毅成，原名灏廪膳生，书存。

### 《火器新术》一卷

〔清〕黄方庆撰。黄岩人。（光绪台州府志、台州书目、涵养楼藏书目录）。光绪庚寅正月江数峯先生搜得，辛卯同县喻长霖为之序行。

### 《算问》二卷

〔清〕黄方庆撰。黄岩人。有钞本。（光绪台州府志、台州书目）。

### 《测图海镜术解》七卷，《勾股边角相求术解》二卷，《算学缉》十卷

〔清〕黄方庆撰。黄岩人。（光绪台州府志稿、惺惺斋稿作测圆海镜识别图解六卷）有稿本存。

### 《应用几何学》

陈士干。黄岩人。（化学提要附录）。译述原本法国埃麦纳非脱著。未印。

# 术数类

**《洪范皇极内篇》**

〔宋〕陈叙撰。黄岩人。（黄岩县志）。未见。

**《化学提要》**

陈士斡。黄岩人。译补原本日本外山修三编书。凡五章，首主要化学名词解释，次单体，第三章化合物，第四章化学计算，末章杂问试问。盖习化学者检查参考所用书也。甲寅印本。

**《化学计算法讲义最新近世化学教科书》**

陈士干。黄岩人。（化学提要附录）。译述前书，日本理学士池田清原著，后书日本理学士久田督平松晃合著，均未印。

**《高等有机化学讲义》**

陈教衡编。黄岩人。（化学提要附录）。未印。

**《天文书》四册**

〔清〕柯洽撰。黄岩人。（四库全书总目、黄岩县志）。洽夏卿之子，清初时人四库全书总目。

**《象纬质疑》**

〔清〕施桢撰。黄岩人。（三台诗录、黄岩县志）。未见。

## 《庶用稽疑》一卷

〔清〕李秉钧撰。黄岩人。（李诚撰行状、黄岩县志）。未见。

## 《皇极太素》五卷

〔清〕夏宝璜撰。黄岩人。（光绪台州府志稿、台州书目）。有自序，蔡箎序，黄玺题词。光绪戊子刊本。

# 艺术类


## 《书史会要》九卷,《补遗》一卷

〔明〕陶宗仪撰。黄岩人。(天台山方外志、绛云楼书目、明史艺文志、千顷堂书目、四库全书总目、简明目录、浙江采集遗书总录、天一阁书目、台州外书邑志、皕宋楼藏书志书目、答问善本书室藏书志、艺风藏书记、台州书目、山东日记、居易录、百川书志、浙江同志丛书举要、东里续集、松江府志)。有洪武崇祯刻本及三续百川学海本。

自序:伏羲则龙图而八卦之画著,苍颉象鸟迹而六书之义昭,造化不得秘其机,万物莫能逃其形,人文以立,世教以植大矣哉。书之用也,夫有卦画而后有古文,有古文而后有大篆。大篆变而为小篆,小篆变而为古隶,古隶立而分楷、行、草,与云:"穗、龙、虎、虫、鱼"之作,钟鼎、科斗欵识之文又纷然杂出乎。其间书之变有不可胜穷已,要亦勿能踰乎八卦之先,出乎六书之外也。周史籀、秦李斯、程邈、汉史游杜度姑足、蔡邕、魏钟繇、梁鹄各擅名家,晋宋齐梁陈隋代不乏人,而惟王羲之集厥大成。殴虞褚薛林立于唐室,米蔡苏黄驰骋于宋朝,邓鲜于蜚声,于有元。由古迄今二三千载,操觚之十岂止如前所云。虽时有隆污,艺有优劣,所以焕耀奎光粉饰,王度其为用心一也。宗仪爰自蚤岁,粗知六书之旨,凡遇名迹古刻,博览精研,靡有怠日。每读史传,以至百氏杂说,书录所记,善书姓名,捃摭殆徧,因以朝代分辑,而系六书诸例于其后,厘为九卷,题曰《书史会要》。噫,古者以六书教小学学童,讽籀史九千,试八体,乃得为吏。后世不用此法,有皓首而莫遑究之者。且汉魏以来,善书之人未有不通六书之义。六书之义不通,则文字之情不得,文字之情不得,则制作之故不审,授受之本不明,犹得为善书乎?

近者小者乃如此，则远者大者又能致其知，而由艺以进于道也。欤是编也，始以便讨阅，或有裨于初学。然遗缪特多，尚望博雅君子广而正之，庶几成一家之书尔。洪武丙辰春。

　　宋濂序：天台陶九成新著《书史会要》，成翰墨之家，竞欲观之，以眷钞之不易也。其锲诸梓，而以首简授予序。序曰：史以从道，持中为义，盖记事者也。黄帝时始立史官，而仓颉沮诵实居其职。仓颉制字之人也，自时厥后，史氏遂掌官书以赞治。至周宣王大史籀，复造字五十五篇以教童幼，所谓史者岂非僭也，宜也。九成本衣冠子，自青年即精究六书之法，备知文字相生之意，乃辨析古文篆籀，分隶行草诸家异同，并载其人而附见焉。先之以帝王，次之以名臣，又次之以材士大夫。起自三皇，迄于国朝。凡名一善者悉具录之，其事核其论，确而有征，皆遍采史传，及前修所著书，不复以异议参乎其间。书成厘为七卷，予尝取而观之，不觉喟然叹曰：夏殷而上，左史记言，右史记事。周则大史、小史、内史、外史、御史分掌其事，其任至重也。大则国家礼乐刑政，治忽善恶固无所不当纪。小则一事一物，该古今而资学问者，亦不可不明辨如此，而名之曰史，庶几可也。秾葩艳卉随春开落，何补于事。功陆佃集之，号为花史。砚虽适用，不过一石，何关于治教。米芾编之目为砚史，是则奚可哉，必也如吾九成，精究六书，直探皇颉史籀之本源。历代字体变化如浮云者皆可考。见致格物之学，似不为无功。苟称书史，孰谓非宜哉。抑予闻六书居六艺之一，周官保氏掌养，国子则教之。盖自圣人以书，契代结绳之治，实取诸夬，夬扬于王庭，其用最大，宜其下无不学，学之当无不至也。予又独嘅，近世以来徇末而忘本，濡毫行墨春蛇秋蚓之运，翩辄扬眉以骄人曰："此斯冰也，此右军大令也。有识者观之，曾不满夫一哂。读九成之书者，不知能一自警否乎？"九成，名宗仪，积学能文辞，尝览杂传记一千馀家，多士林所未见者。因傲曾糙类说，作《说郛》若干卷，曾所编者则略去之。君子谓其尤精博云。绛云楼书目：

此书乃广海岳名言，及待访录所未备，甚为杨文贞公所不取见。

### 《临池录》

〔明〕童悦撰。黄岩人。（东瀛遗稿、黄岩县志一作临池稿）。今佚。

### 《博古纪闻》

〔明〕陶宗仪撰。黄岩人。（光绪台州府志稿、松江府志）。载三续《百川学海》癸集。

### 《画诀》

〔明〕陶宗仪撰。黄岩人。（光绪台州府志，千顷堂书目，松江府志）。载三续《百川学海》第三十卷。

### 《印章考》

〔明〕陶宗仪撰。黄岩人。（光绪台州府志，千顷堂书目，松江府志）。载三续《百川学海》第二十四卷。

### 《院本名目》

〔明〕陶宗仪撰。黄岩人。（千顷堂书目，丛书举要）。载三续《百川学海》第二十八卷。

### 《琴笺图式》

〔明〕陶宗仪撰。黄岩人。（静观书舍藏数目，丛书举要）。载《说郛》欣赏编及瞿佑居家必备。

# 杂家类

## 《闲居录》

〔宋〕车似庆撰。黄岩人。（赤城新志、康熙府志、台州外书、黄岩县志、浙江通志入说家）。今佚。

杜范序：自中朝文物之盛，播于东南吾乡，俊秀能文之士在在不乏。幸而登上第，骋荣途者百不一二，不幸而陆沈，约处首白衣褐者可伛指枚数也。夫能不能才也，遇不遇命也。而闭门挟策隐几著书，矻矻穷年抱其所有曾不少，慨见者可胜慨哉。嘉熙改元之春，余归自中都，车君若水补其祖隘轩《闲居录》。访予于穷阁之下，既又得其小稿读之，得篑窗之序读之。于是隘轩之文叠卷累帙汇编，炳耀殆与插架，名编濯濯，争丽《闲居录》。盖公自志其平日所得，而若水又搜采旧闻，识饰而附益焉者也。其释经评史，榷古商今，不袭传记之旧说，简策之陈言，迥出新意，自成一家。议论亦尝孰阅而细考之，如邪正义利，雅俗之杂，与傲下谄上，凌弱畏势等语，诚不易之。确论至谓以僻异解，经当舆侮圣言，同科尤见，其所守条律断断严。甚然毋友不如己之说，昔在帝尧之说，尚书之说，若此之类则余所未解也。余距隘轩之居一舍，而近读其文想其人，乃昉乎！此因自恨余之甚陋，于文尤恨不及，见公质其所未解而终于陋也。昔王氏中说，其格言雅训可以上续七篇之书，而后世乃或致疑其间，谓独其家以为名，世人外人皆莫知之。李习之仅以比太公家教尔。至近世大儒以隐君子目之。而后千古之是非始定。嗟夫！立言之难也！若此盖其名位不列于仕，功状不登于史，道德不称于其徒，使福畤辈，不能收坠缉散阐而彰之，则所谓抱其所有不少概见终泯泯于汾曲而已。此固人之所同，慨其实宁不在为子若孙者耶，若水车氏之福畤也。

强请余序之，辞勿获，姑叙其略，以俟后之论定。隘轩名似庆，字石卿，其居黄岩邑西马家山云。台州外书：杜清献称其释经，评史，榷古商今，自成一家。言不袭传记之旧说，孙若水又搜采旧文而附益之，与五经论并行。陈耆卿序。

## 《石屏新语》二卷

〔宋〕戴复古撰。黄岩人。（四库全书总目、浙江采集遗书总录、黄岩邑志　台州外书作一卷）。是编以石屏新语为名，则当为复古所手著。乃编中惟录张询古五代新说，陈郁藏一腴话二种，而多所删节，当是后人依托其名抄撮成帙也。浙江采集遗书总录：小山堂写本，前有五代新说数十则，皆说前五代逸事，注云张询古，岂此书本张氏之说，而复古录之耶？后载杂说十八条。

## 《脚气集》二卷

〔宋〕车若水撰。黄岩人。（绛云楼书目、四库全书总目、简明目录、浙江采集遗书总录、天一阁书目、台州外书、丽宋楼藏书志、函雅堂集、黄岩邑志、台州书目）。有宝颜堂秘籍及黄岩令孙熹刻本，图书馆藏。

王咏霓书后：庚午仲冬，余客四明假榻陈氏旧雨草堂，检插架书，得宋车玉峰先生《脚气集》一卷，急转录以归。为书其后曰：玉峰先生之学出于杜清献公，为南湖再传弟子。又往来于鲁斋之门，得闻晦翁绪论。玉峰之曾大父敬斋先生，与南湖为同讲隘轩章，甫能世其家。至玉峰而大昌，又得胡思斋，王石潭为讲友，春山泉溪宝相骖靳，故其传为独盛。盛圣泉、潘柏峰、金叔明皆玉峰门人也。圣泉之学传于陈，两峰再传为伯贤。朱氏其在明初与潜溪子充并为朱门世嫡。盖其源之远而流之长如是。玉峰初受业于筼窗先生，实为水心再传之学，既师立斋而悔之，自以为求道之晚。考台人学于水心者，有王东谷、夏迪卿诸人，而筼窗为最高第。簠窗之学传于荆溪，再传为关风。舒氏之门人又有林处恭、戴剡源。自处恭殁后，吾台之学者无复水心之遗。明金氏一所述，台学源流遂挑永嘉一派。然永嘉功利之说，至水心始一洗之故，其学与朱陆称鼎足。水心既殁，而簠窗卓然为学者所宗，是未可以玉峰之言而轻弃之也。集中论格物，引玉篇广韵训为量度至为精当。玉峰不知字义之出处，按李善文选注，引仓颉篇格量度之也。此玉篇所自本礼记缁衣，言有物而行有格，与大学训同家语，五仪篇，口不吐训格之言，皆量度之义也。玉峰尝以知止，有定以下二条，合听讼章为格物之传，质于鲁斋，鲁斋惊喜，以为洞照千古，错简作大学沿革论以表之。按大学旧文，即以修身为知本，以知本为格物，此在甘泉念庵。近溪蕺山诸儒俱笃信而不疑，亦不必移听讼一章，以为致知格物之义也。然玉峰之所论著，鲁斋未尝不叹服其学力，则其于鲁斋亦在师友之间。黄黎州氏所谓知过其师方堪传授者欤。玉峰所著书，又有《道统录》，旧已不传世。运录《宇宙略纪》及冗稿十卷！据谢方石《赤城新志》尚有抄本，更历三百馀年，盖未之见，疑散佚久矣。其从父弟双峰先生深于礼学得木钟之传，有《内外服制通释》九卷，已著录四库书。他日拟更访之。四库全书总目：此书据其从子惟一跋，盖成于咸淳甲戌，因病脚气作书自娱，故名曰《脚气集》。书中论孟子集义章一条下有细字夹注云，此二章是癸酉八月所书，今录于此。则馀皆是冬所著也。若水少师事陈耆卿，学为古文，晚乃弃去，改师陈文蔚，刻意讲学，书中所谓簠窗先生者，耆卿号；克斋先生者，文蔚号也。故此书体例颇与语录相近，其论诗攻小序，论春秋主夏正，论礼记格系汉儒，皆坚持门户之见。论周礼冬官，讥命庭椿断定拨置，其说甚正。然必证以周官，尚存三百五十，谓冬官不亡，则仍留柯尚迁等割裂之根。论诗三百篇，谓汉儒所伪托，与王柏之说相同。论礼记之畏压溺以畏为疫气传染，尤为杜撰。其论史谓得诸葛亮之劝，取刘璋为申明大义。其论文谓李邕诸碑文不成文，理不成理，亦皆乖刺然。如论周礼载师，乃园廛之征，非田赋之制。驳苏洵说之误。论春秋蔑之盟主，程子盟誓结信，先王不禁之说，及宋人盟于宿士，公羊以及为与之说。宰咺归赗主，直书天王，而是非自见之说均有裨经，义于朱子《四书集注》，服膺甚至。惟谓大学格物难以训至，当从玉篇，旧训作比方思量之义。谓论语惟求则非邦也，与以后皆圣人之言，稍立异同，然大旨不殊。又谓诗集，传当于纲领之后，列诸家名氏，使之有传，此书不比论孟自和鸣，系别以下皆是取诸家见成言语，若不得前人先有此训，诗亦惨然，亦为公论。其他论蔡琰十八拍之伪，论白居易长恨歌非臣子立言之体，论文中子鼓烫之什为妄论。钱塘非吴境，不得有子胥之潮。论子胥鞭尸为大逆。谓王羲之帖不实，字皆凿然有理。论系壤为以杖系地。论应劭注汉书，误以夏姬为丹姬，皆足以备一说。论杜鹃生子百鸟巢一条虽未必果，确亦足以广异闻也。浙江采集遗书总录：杂论经籍间及时事。

### 《宇宙纪略》

〔宋〕车若水撰。黄岩人。（赤城新志、台州外书、三台诗录、黄岩邑志　千顷堂书目、浙江通志作宇宙略记）。明　谢介石谓其族孙教谕广家有钞本，今未见。

自序：凡形于天地之间者皆天也。万物有性，万事有理，循循整整不容以不然。天地亦物耳，日月往来，寒暑昼夜亦事耳。天且勿违而况于人乎。大人者先天而天弗违，后天而奉天时。先天者非能不为天也，先之而已矣。后天者非能为天也，后之而已矣。阴阳对待，奇耦倡和，本末咸通，真味附丽，尊卑大小，亲疏隆杀，是非曲直，无不先有至当之，则而后人为及之。民孕十月生子，子生五月而能言不至乎！孩而始惟，庄子以为人伪证天理也。物生必蒙，而喜怒哀恶不见其失正，岂人伪哉？是故天可以历，地可以井，人可以教，君臣父子、兄弟夫妇，朋友之可伦冠，婚丧祭之可纪，水火金木土榖之可修，耒耜弧矢舟车宫室之可制，赋可经用，兵可卫国，以至牛马之可服乘，鸡豚狗彘之可食，莫不有不容不然之道。圣作明述，文理大昌，后之人无以加焉。岂其不可加欤抑，又人事至天而止也？若水少服祖父之训，而先祖又传之曾祖，殆四世矣。才干志强，切切不进，杜清献公怜而收之，又服清献之训，则古人之学概乎。其或有闻也，而禀气素羸，疾病辛苦，十余年间旧闻日耗，曾未半百，齿脱毛凋。近得健忘之疾，读书不多改步，辄失自知，无以塞父师之责矣。宇宙之书，先儒论定，颇念散于诸家，无所统一，因萃为一书。阙者成之，私以自备，遗忘倘鸡肋可惜，侥幸有传，岂无助于幼学。至于采摭之疏，略评说之。卑舜有能，玉而成之，使不至为学者之误，则删涂其所愿焉。

王柏序：伏羲之世，上上古也。天机动而河图出。人文辟而八卦成，天何言哉？感伏羲之心，假伏羲之手，开千万世文明之治。伏羲亦何言哉？得于心引于手，而自有不可胜言之妙，不知其几千百年也。至文王系象，周公系爻，吾夫子又从而翼之词则费矣，图将隐矣！夫子忧其图之遂亡也，以四句十有八字纪之于大传，又不知其几千百年也。至我本朝，康节邵先生始得而传之。及朱子本义之书，作而先天，后天之图，于是粲然而大明矣。予往岁于康成求家，见一先天图，规制甚简，古云得于徐毅斋，心甚爱之。每疑其中，分一半若倒转，然于造化不合，耿耿久之。壬戌之冬，上蔡书院纳交于玉峰。车君首出此图示予，即向者之所见，其可疑者已正之矣。终日对之，如在伏羲之世甚矣。车君之能古其今也。上天下地，古往今来之纪，孰有大于此者乎？既而又出示巨编，曰《宇宙纪略》。凡几卷若干图，图之后有证、有考、有释、有论。至于干端坤倪、民彝物质、礼乐制度之详，经传义理之奥，莫不备载，皆经世之具也，富哉！言乎人见图与词之费也，而是不知所以然者，实隐乎其中。中庸曰："君子之道费而隐。"又曰："君子语大天下莫能载语，小天下莫能破。"是书有焉。车君名某，字某，黄岩人，有三世家传之渊源，有四方朋友之博雅，与予一见如平生。欢命为之序，予不敢辞，于是乎序。（台州外书）：凡数卷各为之图，图后有证、有考、有释，有论民物制度，灿然毕具，盖经世有用之学，可见之施行者。

### 《笔海杂录》五十卷

〔元〕孟梦恂撰。黄岩人。（元史本传、黄岩邑志、千顷堂书目、入别集类　浙江通志入说家类）。今佚。

### 《素经》

〔元〕黄佑老撰。黄岩人。（黄岩县志）。书佚。

### 《随笔》六卷

〔元〕邱世良撰。黄岩人。邱世良，字子正，随父从黄岩至钱塘。父早亡，跟母长大，幼时聪颖，读书过目不忘，家贫，教授市中，经史百家之言，研究尽深。出任海盐、杭州教授，仕松江府丞。（台州外书、黄岩县志　台州府志、万历钱塘县志作二卷）。今未见。

### 《烛光录》

〔明〕蔡余庆撰。黄岩人。（黄岩邑志）。今佚。

### 《石窗丛记》

〔明〕蔡余庆撰。黄岩人。（续台考）。今佚。

### 《公余录》

〔明〕徐庆亨撰。黄岩人。（黄岩邑志）。今佚。

### 《乍悟录》

〔明〕吴应期撰。黄岩人。（黄岩邑志）。今佚。

### 《感时赘录》

〔明〕蔡绍科撰。黄岩人。（千顷堂书目、黄岩邑志）。今佚。

### 《青林杂录》一卷

〔明〕王熏撰。黄岩人。（四库全书总目、浙江采集遗书总录、台州外书、黄岩邑志）。今存。详见《四库全书总目》。熏字简之，天台人。嘉靖中为黄岩县学生。是书盖其随笔记录之文，后人钞而传之者。如第五页中一条，上书一脀字，下注"实物于器之名"六字。别无他语。可以知其非著书也。中多讲学之语，亦多愤激之谈。如谓越有贵人操予夺之权，宠辱进退惟其所专制。有三人谒之：一翼之行举为邑，一为供仆隶之役，举为郡，一为奉溺器，遂举为郡邑。长小贱则小贵，大贱则大贵云云。虽寓言以鸣不平，亦失之大甚矣。《浙江采集遗书总录》：札记宋儒之说为多，中有十二卦配十二辰，气方位之图。

### 《蒙求经》一册

〔明〕蔡荣名撰。黄岩人。（黄岩邑志　浙江通志作太极经入易类）。光绪黄岩县志谓张茂才淦家有钞本。

### 《识墨》十二卷

〔明〕童洪仪辑。黄岩人。（柔桥文钞、光绪台州府志稿）。王棻家藏钞本，存图书馆。缺卷一卷二卷三。（王棻书后）；虞甥仲慎寅以所得旧钞本二册示余，其书名《识墨》，每卷题黄岩童洪仪辑。首论老寿，次署卷五论性命。又次论道义，兼及利欲。次论情怀，兼及世道。次论豫备虑微，次论用人观人，次论感雅毁誉，次论处世而及仕路，次论出处而及隐逸，皆不署卷数。总之凡存九卷，多录前人成文，亦间或出己意，分类琐屑，似明人所为。中称国朝圣祖大诰，尤其确据也。所引之人汉唐颇略。宋则三苏、欧阳、朱陆、吕东莱、蔡西山、陈止斋、洪景卢、义义山、谢叠山。明则方希占、薛义清、邱义壮、陈白沙、王阳明、王守溪、唐荆川、李空同、罗洪先、焦弱侯、王弇州、李沧溟、郭青螺、李九我、王百穀、屠赤水、侯一。元而宋景濂、刘伯温、则载其文而不著其名。考别怀一条。童为黄岩诸生，盖明季人也。其论学多杂二氏，明引释典，未为纯正。其论治则忧盛危明持盈保泰，以敬为主，以惧为本，粹然儒者之言也。盖童以诸生不第，发愤著书，冀有闻于后世，迄今将三百年，而沈埋蠹蚀，不类于世。邑志不载其名，长老未见其书，几于泯没无传焉，然则士苟不遇于世，而欲着书传后，以抵公卿之贵，岂不难哉！光绪戊戌上元日，书于柔桥隐居之轩。

### 《幼学宝训》

〔明〕管为国撰。黄岩人。（黄岩县志）。今佚。

### 《绳绳录》

〔明〕彭汝贤撰。黄岩人。（黄岩县志）。今佚。

### 《训子篇》一卷

〔明〕柯时遇撰。黄岩人。有钞本。（黄岩县志）。时遇夏卿父也，时以事获罪，因书此以寄其家，言教子之事，纤悉毕备，亦杨椒山遗属之类。

### 《涉古日钞》一卷

〔明〕柯夏卿撰。黄岩人。（浙江通志、黄岩县志、台州府志）。今未见。

### 《桐江随笔》五卷

〔明〕王瑞彬撰。黄岩人。（确山骈体文、台诗三录）。原名居敬，字畏斋，号薇道人。尝从张煌言，入海事败为僧，名超遁，讲学桐庐，故有此作。宋世荦有钞本，今未见。

宋世荦序：薇道人王瑞彬，原名居敬，黄岩人也。避地桐江，作随笔五卷。处流离之际写湮郁之情，意不专于著书，体祇居于小说，友人王澄圆孝廉若浩以抄本见寄，蠹馀仅辨蝇楷，细排手录，一通览循三叹。夫以明纲扫地，闯焰烧天，小人久化为虫沙，大室竟迁。夫龟鼎我国家。悯包胥之哭殣，寒浇之魂干宇，镜清坤舆斗戴。当夫顺流南下，破竹长驱，愍怀己出于青城，种姚井歼于朱镇。乃有蛙张箕怒，螳肆车当，并无半壁之支。浪作挥戈之想，斩竿揭木，人祇招自市中。蜓雨腥风，路已穷于海上。至于身栖绝岛，计竭丸泥，如张煌言者，其愚可嗤，其志亦可悯也。维时薇道人以书生之弱，预幕府之谋事，不可为死犹勿去，楼船何处空传，徐福为仙。玉弩全亡，尚傍田横作客泊乎，林猿不叫，穴鼠被熏，侍儿俯首以就擒，参军衔须而受缚，涂山后至终。戳防风平阴先鸣，卒歼郭最，而道人竟能设计自脱，入水不濡，始混迹于髡缁，旋反初而鱼服飚剑电予之梦，惨听虞歌海枯石烂以还。遂餐周粟，指严陵之濑，赁来马磨三间，傍皋羽之台拚付驴鸣一恸尔。乃绳床土锉藜杖楮冠，将军之树影模糊，国士之桥椿枭兀蓬随脚转。可怜张俭无家，橐剩舌存，谁识赵岐尚在。于是坐三家之塾，挑五夜之灯，惝恍旧游，依稀隔世。江花江草野老，但觉其悲，或泣或歌，旁人不解其故，庾子山伤心一赋："目断乡阎毛修之，亡命七年血销战。垒唾壶击缺望蓬，海而尘迷短剑斫，来销榆阴而棐握。"岁月既积，篇幅渐多，或拾旧闻，或抒新意，或断断于道学之派，或鳃鳃于治乱之原。虽持论间涉于拘，而大旨不离于正，抑且立言有体，措语知裁，不少悲殷之辞，绝无吠尧之失。此固乙库之偶遗，采掇而酉穴之，不媿珍臧者也。惟是推许煌言，一以为武侯，一以为信国，不无阿好，未免过情。然以艰难共历之私，生死相依之约，感深知我誓不负君。要自出于素心，初非爱而加膝，亦足见心迹之忠厚，宿诺之坚贞矣！所惜卷帙非繁，流传未广，尚拟谋诸桑梓，寿以枣梨留豹一斑，印鸿半爪，是用厘其讹字，弁以笺言如九原，其可作乎，知同心必有应者。

### 《尚志斋日钞》六卷

〔清〕蔡道规撰。黄岩人。（黄岩邑志）。取古代名人的名言道行编录为孝悌一卷，书信一卷，礼义一卷，廉耻一卷，未二卷为外集。康熙丁亥刻本，柯映荸为其序。

### 《容堂读书录》八卷

〔清〕柯浚撰。黄岩人。（三台诗录、黄岩邑志）。今未见。

### 《读书果》八卷

〔清〕柯浚撰。黄岩人。（枫山遗草、光绪黄岩邑志、黄岩旧志作柯时遇　撰）。

### 《陋室权》六卷

〔清〕柯浚撰。黄岩人。（黄岩邑志）。今佚。

### 《闲存录》二卷

〔清〕夏子俊撰。黄岩人。（黄岩邑志、光绪台州府志稿）。有刊本。

### 《家塾质语》四卷

〔清〕池宝玙撰。黄岩人。（黄岩县志）。今未见。

### 《擸擸集》十卷

〔清〕王诗撰。黄岩人。（黄岩县志）。诗号驹一，乾隆中恩贡，此书系馆太平戚学标家时所纂，今存。有自序。

## 《山窗觉梦》一卷

〔清〕叶舟撰。临海人。舟号梅溪，邑诸生，是书其孙刊印，王棻作序。图书馆有存本。

## 《映紫楼日摭》四卷

〔清〕王晋临撰。黄岩人。（黄岩邑志）。其书分平近通达四集，所采多考证之语。今存。

## 《增订教家箴》二卷

〔清〕梁苑辑。黄岩人。（黄岩邑志、环绿轩存稿）。字宛、宗炳，号朴斋，嘉庆丁卯举人。书存。

自序：易家八卦云："正家而天下定。大学言君子不出家，而成教于国。"信乎？家庭为起化之原，圣经贤传指归不二也顾。或者曰：诵而不解其义，稍解而又怖其难遂，视古人之言，若柄方圆凿之，不相入求其语，不尚文期于共晓理。取至近便于易行者，莫若新昌吕翁安世所辑《教家箴》一书，其言切于伦常日用，一一条分缕析，劝戒昭然，皆足以挽浇风而归淳朴。是不啻暮鼓晨钟发人深省也，不啻金科玉律作我龟鉴也，不啻济世之慈航能趋彼岸，救时之良药立起沈疴也。其书板藏外郡不少概见，余初过路桥蔡先生守昭家，偶得诸残箧中珍而藏之亦有年矣。一日与旧好应惠侯剧谈世事，有古人不相及之概。因出吕氏书以示鉴，展玩之馀共相击节，恨人人不得见是书也。爰思广为传播，永作楷模。间有繁冗者删之，缺略者补之，增辑成编，商诸林君公俊、蔡君希照，醵金付梓。虽化民成俗，端赖圣世之甄陶而览是编者，能因文思义，奉如蓍，蔡将父慈子孝、兄良弟悌、夫义妇听、长惠幼顺，正一身以正一家，正一家以正一国，有不同原而共惯哉。愿与诸君子共勉之，是为序。《黄岩县志》：是书因新昌吕安世旧本而增订之，分十四目：曰《端家范》，曰孝父母、曰训子孙、曰宜兄弟、曰修女则、曰御奴仆、曰联亲族、曰择交与、曰勤学业、曰慎宦业、曰力本业、曰崇俭约、曰存远虑、曰积阴德、末附清乐篇，皆采先儒成语，真而帛粟菽之言也。

## 《然藜子》三卷

〔清〕蔡涛撰。黄岩人。（然藜阁文集、黄岩集）。上卷言天道圣道，中卷言治道，下卷通论。天道、圣道、人道，曰然藜者取照读之意也。

自序：无不可知之天，无不可闻，无不可学之圣。自诿为不知、不闻、不学者愚也。自诩为已知、已闻、已学者，抑妄也。自孔孟没，而师道衰，学者昧所入手。汉唐之儒，务其小而忘其大。河洛之儒，求其体而蔽其用。嗟乎！圣道之不明，而治道愈流，为杂霸矣！余生也晚，伏处海滨，不获闻大人先生之明训，童而从师，惟工乎涉猎涂泽。壮而游学徒事乎！强记博闻，泊乎晚岁，流离颠沛，乃泛涉乎！阴阳之书，二氏之言，始而见其妙。继而苦其颐，终而病其穷，而始叹圣人之道，如此其不可易也。癸巳秋，贫病交迫，穷愁愈甚，伏而自省曰：吾之不遇，岂吾于诗文有未精耶？非诗文之过也！岂吾于百氏群书读之未博耶？非读书之过也！吾其背圣人之训，得罪名教而罪至不可逭耶。追念平生，汗下浃背。甲午春，遂陷囹圄，昔于定国于狱中，从夏侯胜受尚书。余无从受学，乃命家人取五经、四子书及性理大全，熟读而深思之，反复而融贯之。而后知余向者所学，皆皮毛糠秕。学之不醇，行之不端，茫昧而入于大僇也，不亦宜乎。仰而观天，俯而思圣，日记其所知所闻，并举生平所阅历与传习于师友者，条分缕析，凡六阅月而得三卷，上卷言天道圣道，中卷言治道，下卷通论。天道圣道人道名之曰然藜子。盖太乙老人然藜以照。刘向之读，余则以此书照凡学者之读也。乙未秋来秦萧寺，孤灯只影，自吊检箧中书稿，故在复取而酌其通。删繁举要，手录成篇，此书几成。呜呼，余岂敢谓所学之有当乎！庶几使后之阅者，知吾于天道圣道,略有理会。不至于盖棺后,徒以文人诗人相吊也!此余之大幸也!夫知之匪难,行之维难。余则勉勉,日从事焉,愈精思而务学焉。天假我年,进益不倦,一洗半生之过恶,而几于道焉。此又余小子之大幸也。是为序。

### 《真意斋杂纂》二卷

〔清〕王维祺撰。黄岩人。王维祺字梅庵,王棻父。书未见。俞樾撰先生墓志铭称为敦行不怠,古之君子。并赠有:奉显"真意斋中悬六篇家训,"梅庵先生影堂,光绪庚辰春日。"柔桥邨里式百世清风,"曲园俞樾谨记。

### 《焦尾阁脞录》二卷

〔清〕王维龄妻卢德仪撰。黄岩人。德仪字梅邻,太常王彦威之母,南汇张文虎称其通经义文史,在实为孝女。(王彦威撰行述)。书佚。

### 《双研斋笔记》一卷

〔清〕王维翰撰。黄岩人。王棻撰传。散载两浙輶轩续录中。

### 《希倪子》四卷

〔清〕王棻撰。黄岩人。(光绪台州府志、王氏默庵集作六卷)。稿藏黄岩图书馆。

### 《辨章》三卷

〔清〕王棻撰。黄岩人。(台州书目)。辨章学诚文史通义,校雠通义之失也。今有抄本,存黄岩图书馆,2010扬州古籍书店影印刊出。

**《日记》二卷**

〔清〕黄方庆撰。黄岩人。（王舟瑶撰传）。今未见。

**《秋灯课诗屋日记》**

〔清〕王彦威撰。黄岩人。（王舟瑶撰行状）。稿藏于家，今未见。

**《挈精覃思室日钞》**

王咏霓撰。黄岩人。（函雅堂藏稿）。有稿本。

**《敦书卮闻》一卷**

杨晨撰。黄岩人。（敬梓书舍藏书目）。有印本，又有《敬乡卮闻》《燕夏卮闻》，未梓。有自序存史册中。

**《说郛》一百二十卷**

〔明〕陶宗仪编。黄岩人。（明史艺文志、天台山方外志、四库全书总目、简明目录、台州外书、光绪黄岩县志、邵亭知见传本书目　水东日记焦竑经籍志、绛云楼书目、千顷堂书目、述古堂书目、俱作百卷，松江府志作一百三十卷）。

图书馆有刊本和钞本，宏治中上海郁文博仍补为一百卷。此本系姚安陶珽增编，顺治丁亥刊行。杨维桢序：孔子述土羵萍实于童谣。孟子证瞽瞍朝舜之语于齐东野人，则知琐语虞初之流，博古君子所不弃也。天台陶君九成取经史传记，下迄百氏杂说之书二千馀家，纂成一百卷。凡数万条，翦扬子语，名之曰《说郛》。征余叙引阅之，经月能补。余考索之遗，学者得是书，开所闻，扩所见者多矣。要其博古格物，可为张华路段。其核古文奇字，可为子云、许慎。其索异事，可为赞皇公。其知天穷数，可为淳风一行。其搜神怪，可为鬼董狐。其识虫鱼草木，可为尔雅。其记山川风土，可为九邱。其订古语，可为铃契。其究谚谈，可为稗官。其资谑浪调笑，可为轩渠子。昔应中远作风俗，通蔡伯，喈作《劝学篇》。史游作急就章犹皆传世，况是集之用，功深而资识者大乎，甚可传于世无疑也。虽然扬子谓天地万物郭也，五经众说郭也。是五经郭众说也，说不要诸圣经徒旁掺汛采，朝记千事，暮博千物，其于仲尼之道何如也。孟子曰："博学而详说之，将以反说约也。"约则要诸道也已，九成尚以斯言勉之。

郁文博序：《说郛》一百卷，乃元季寓吾松南村、天台陶九成取经史传记诸子百氏杂书之所编。予未尝见。成化辛丑予罢官归乡，于士人龚某家得借录之，遍阅其中所载，有足裨予考索之遗廓，予闻见之隘然。字多讹缺，兼有重出，与当并者未暇校正。继而屡为司牧部使者借去，分命人录，而所录之人不谨，遇有字误，虑对出被责，辄将予旧本字涂改相同，以掩其过。而字之讹缺者加多，予愤其人而无可奈何。迩年以来，借录者颇简，遂欲校正。复逼阅之，见其间编入百川学海中六十三事。学海近在锡山华会通先生家。翻刊铜板活字盛行，于世不宜存此，徒烦人录。于是以其编入并重出者书删去之，当并者并之。字之讹缺者，亦取诸载籍，逐一比对，讹者正之，缺者补之，无载籍者以义理正之。终岁手录仍编为一百卷。犹恐有未尽善，留俟后之君子重校而刊行焉。呜呼！九成先生之编是书，搜采万事万物备载无遗，有益后人。已见于会稽杨廉夫先生之叙矣。而予之校正，经历岁月，竭尽目力心思，不知有益。后人否乎？因赋一绝云："白头林下一耆儒，终岁楼中校《说郛》。目力心思俱竭尽，不知有益后人无。"予平生嗜书少，而从文官游江湖数年，壮而出仕四方，念九载耆老，而归休林下十四年，今年已七十有九，所收所录书积万余卷，贮之楼中，名其楼为万卷，以资暇日阅玩。惜乎！老耄无用，于时传诸子孙，而子孙不唯不能读，抑且不能守而散之，权豪若不叙其意以贻后。则予劳心苦思，校是书与素耽嗜书籍之志，何以表白于天下后世哉。故书实附于廉夫先生叙次，倘后之人怜予志为之重校刊行，则予虽老死亦无所憾矣。时宏治九年春二月初吉。水东日记．近闻陶九成说郛百卷尚存，其家有九成涂改去取处，不知如何，其亦未成之书欤。

四库全书总目：因树屋书影称南曲老寇四家有宗仪《说郛》全部，凡四巨橱。世所行者非完本。考杨维桢作是书序，称一百卷。孙作《沧螺集》，中有宗仪小传，亦称所辑《说郛》一百卷。二人同时友善，目睹其书，必无虚说，知书影所记妄也。盖宗仪是书实仿曾慥类说之例，每书略存大例，不必求全，亦有原本久亡，而从类书之中钞合。其文以备一种者，故其体例与左圭百川学海迥殊。后人见其目录所列数盈千百，遂妄意求其全帙，当必积案盈箱，不知按籍而求，多历代史志所不载，宗仪又何自得之乎？都卬三馀赘笔，又称《说郛》本七十卷，后三十卷乃松江人取百川学海诸书足之，与孙作、杨维桢所说又异。岂卬时原书残缺仅存七十卷耶？考宏治丙辰上海郁文博序，称与百川学海重出者三十六种，悉已删除。而今考百川学海，所有此本仍载又卷。首引黄平倩语称所录子家数则，自有全书经籍诸注，似无深味宜删此二卷。以盐官王氏所载，学庸古本数种冠之云云。今考此本已无子书经注，而开卷即为《大学石经》、《大学古本》、《中庸古本》三书，目录之下各注补字，是意用其说窜改旧本。盖郁文博所编百卷，已非宗仪之旧。此本百二十卷，为国朝顺治丁亥陶珽姚安所编，又非文博之旧矣，其中如春秋纬九种之后，又别出一春秋纬青琐，高议之外，又别出一青琐诗话，孔氏杂说之外，又别出一行璜新论。周密之武林旧事分题九部，段成式之酉阳杂俎别立三名。陈世崇之随隐笔记诡标二目，宗仪之谬，决不至斯。又王逵蠡海集其人虽在明初，而于宗仪为后辈。自商止稗海始误为宋之王逵。汉杂事秘辛出于杨慎伪撰。慎正德时人，又远在其后。仿其书并列集中，则不宗仪又为显证然。虽经窜乱崖略终存，古书之不传于今者，断简残编，往往而在佚文琐事，时有征焉。固亦考证之渊海也，所录凡一千二百九十二种。自三十二卷刘铼传载，以下有录无书七十六种。今仍其旧，原本卷字皆作弱。卷首引包衡之说谓弱者。周与轴同书影则谓弱音，缚并云出佛书，今亦仍之。上海县志：郁文博字文博，景泰五年进士。湖广副使致仕归居万卷楼，年七十有九。丹铅校核不去手注前志遗事。载文博家居校刊陶九成《说郛》一百二十卷。自赋诗云："白头林下一耆儒，终岁楼间校《说郛》。且力心思俱竭尽，不知有益后人无？"其风趣如此。书影：余幼时在金陵，闻南曲中老寇四家有《说郛》全部，以四大厨贮之。近见虎林刻本，总十六套。每一种为数少尚全。镌多者咸为逸去，甚至每一集有存不四五叶者，陶氏当时即有云取，未必如是之简。此刻未出时，博古之士多有就。寇氏钞录者及此刻出，不知者以为《说郛》尽于此，更不知求其全。余常主自刻本《说郛》出而《说郛》亡矣。邵亭知见传本书目：顺治丁亥，陶氏刊本又陶珽续《说郛》四十六卷入存目。路小洲云，坊中所旧五朝小说纪事一书，即用《说郛》原板移。次第改标行目，为之者又明人有书帕本，往往刷印此书中数种，即称某业书。余尝见唐宋业即是也。朱修伯曰：浙东有两书抄残尚是。南村原本刊本不足冯最多谬误。明人刊本有一百卷，校刊本不同。嘉定吴氏又一部藏常熟陈子正家，惜二书皆缺二口本。光绪黄岩县志按：九成原本祇六十卷。今写本尚存函雅堂王氏。有毛子晋手杖。朱字并跋语，与世所行本绝异，真秘及也。王子常曰余家所藏写本六十卷，第二十卷有毛斧季跋，语虞山冒屡手棱，小印盖汲古阁旧藏本也。自二十卷以后俱未校。窃疑此本为南村先生原书，明人增刻时，谓原本百卷殆未然也。王子莊曰：案杨维桢序，孙作所为传，俱称百卷。二人与南村同时，必非传闻之误。则此六十卷者非原书足本也。

### 《续说郛》四十六卷

〔明〕陶珽编。黄岩人。（明史艺文志、四库全书总目、千顷堂书目、黄岩县志、续云南通志稿）。珽字稺圭，万历庚戌进士，寄籍云南姚安九成远孙也。尝刻九成《说郛》，因傲其体续辑之，得五百二十七种。图书馆有存本。

### 《玩芳草堂丛书》七百二十七卷

〔清〕王棻撰。黄岩人。（默庵集，喻长霖柔桥文钞序作七百二十四卷）。凡经部七十五卷，史部四百二十二卷，子部一百九卷，集部一百二十卷，今未刊者尚二百九十二卷。稿存黄岩图书馆。

### 《台州丛书续编》一百二十四卷

〔清〕王棻、江青编。黄岩人。（江南图书馆书目、浙江图书馆书目）。凡《五经论》一卷，《内外服制通释》七卷，《周易爻变易蕴》四卷，《孝经述注》一卷，《参易发凡》一卷，俱翁长森刊。《东南防守利便》三卷，陈一精刊。《天台集》三卷，《别编》一卷，《续集》三卷，《别编》六卷，江颖、江长刊。《赤城新志》二十三卷，《伊洛渊源续录》六卷，周延祚刊。《赤城论谏录》十卷，郎廷谟刊。《赤城后集》三十三卷，管作霖刊。《万山纲目》二十一卷，陶祝华、陈树钧刊。与雠校者子庄。数峯以外则黄方庆、王舟瑶、杨晨、俞树唐及宁海章梴、章孚、余杭孙树义也。今版藏九峰名山阁，已佚，刊本藏图书馆。

### 《台州丛书后集》

杨晨编。黄岩人。（王舟瑶拟刊、台州丛书、三编例言、敬梓书舍书目）。凡《古体乐述临海记》、《临海异物志》，《尊乡录节要》。《二徐祠墓录》，《三国会要》，《台州艺文略》，《台州金石略》，《项子迁诗》，《任蕃小集》，《杨章安集》，《柯丹邱集》，《陶南村集》，《陈寒山年谱》，《孤忠遗稿》，《委羽居士集》，《赤城别集》等一十八种，有刊本藏黄岩图书馆。杨晨在乙卯秋自序中，对该书作了详细介绍。

# 类书类

### 《类事蒙求》三十卷

〔宋〕戴木撰。黄岩人。（台州外书、黄岩邑志 方城遗献作事类蒙求，浙江通志入小学蒙书类）。木字子荣，号渔村，与同邑王汶，俱出叶水心之门。书未见。有林昉跋存世。

昉少闻葛元诚兄弟谷口郑柬之渔村、戴子荣，皆师事水心叶公，学有根据。稍长见葛郑诗文为多，戴文特未之见。独见其悼子颜老之作，并将终自挽之章。又闻汇聚古今奇词异论，成《蒙求》一编，绝出唐宋类书之右。中年与其族子监四丈希尹少府，君方大游访寻是书，咸谓毁于德佑丙子之兵燹。有藏者私窃惜之。辛亥冬末过彦纶父高洋，田舍酒边出所谓《渔村类事蒙求》者三十卷。于是大慰，凤心阅之通夕，信有古人所未到者，作而叹曰："先生以此惠后学，博矣，抑坚甲利兵，林立郊野，将而用之存乎，其人梗楠山积而不能构一室，非匠之良者也然。则先生之志，要有寄于书之外者，岂独区区于此。自衍其所学之富也哉。台州外书：是书择取该备，条理井然。林昉跋称高出唐宋类书之右。

### 《全芳备祖前集》二十七卷，《后集》三十一卷

〔宋〕陈咏编。黄岩人。（澹生堂书目、文渊阁书目、绛云楼书目、千顷堂书目、浙江采集遗书总录、四库全书总目、简明目录、台州外书、三台诗录、平津馆鉴藏记、廉石居藏书记、邵亭知见传本书目、善本书室藏书志、铁琴铜剑楼书目、艺风藏书记、皕宋楼藏书志、天一阁书目作七卷当非足本）。建安祝穆订正。今有抄本，存图书馆。

### 《增广初学续记》

〔元〕黄宏撰。黄岩人。继徐坚初学记而作（金景辅撰、牟南轩行状、黄岩邑志）。今佚。

### 《韵海明珠》

〔元〕叶道滋撰。黄岩人。（浙江通志、黄岩邑志、台州府志）。今佚。

### 《古唐类苑》一百六十卷

〔明〕陶宗仪编。黄岩人。（季沧笔藏书目、黄岩县志）。今存，有黄承烈对此书评论。

### 《名物类求》六十卷

〔清〕李秉钧撰。黄岩人。（李诚撰行状、黄岩邑志）。《黄岩县志》载：此书取物反之，散见翠书者，分类编次，以便检寻，今未见。

### 《文典类要》一卷

〔清〕李秉钧撰。黄岩人。（黄岩邑志）。今未见。

# 说家类

**《文台笔谈四训十说》**

〔宋〕马木撰。黄岩人。（黄岩邑志  台州府志、浙江通志作东山笔谈）。今俱佚。

**《遯斋闲览》**

〔宋〕王兴瑾撰。黄岩人。（府志书目、浙江通志）。今未见。

**《笔谈》十卷**

〔宋〕黄超然撰。黄岩人。（浙江通志、赤城会通记）。今佚。

**《田间书》一卷**

〔元〕林昉撰。黄岩人。（方城遗献、台州外书、三台诗录、黄岩邑志、台州书目）。《黄岩县志》载：此书载《说郛》中仅数则，均格言名论。《方城遗献》载：林昉字仲昉，号晓庵，又号旦翁，宋末与吴大有、仇远、白珽辈遨游湖海，诗酒自娱。载陶宗仪说郛中，近温岭陈树钧重梓。

**《辍耕录》三十卷**

〔明〕陶宗仪撰。黄岩人。（汲古阁书目、天台山方外志、明史艺文志、赤城新志、澹生堂藏书目、水东日记、绛云楼书目、焦竑经籍志、述古堂书目、静志居诗话、四库全书总目、简明目录、台州外书、天一阁书目、文瑞楼书目、邵亭知见传本书目、善本书室藏书志、铁琴铜剑楼书目、丽宋楼藏书志、黄岩县志、艺风藏书记、书目答问、台州书目、浙江通志、

内阁书目　松江府志入类书类误）。有元至正丙午本，明成化本，玉兰草堂本，津逮秘书本，日本文政十年东京津逮堂本，光绪乙酉上海福瀛书局本。图书馆存有钞本和刊行本。

孙作序：余友天台陶君九成，避兵三吴间，有田一厘，家于松南。作劳之暇，每以笔墨自随，时时辍耕休于树阴，抱膝而叹，鼓腹而歌，遇事肯綮，摘叶书之，贮一破盎，去则埋于树根，人莫测焉。如是者十载，遂累盎之十数。一日尽发其藏，俾门人小子萃而录之，得凡若干条，合三十卷，题曰《南村辍耕录》。上兼六经百氏之旨，下及稗官小史之谈。昔之所未考，今之所未闻，其采摭之博，侈于白帖。研核之精，疑于洪笔。论议抑扬有伤今慨古之思，铺张盛美为忠臣孝子之劝。文章制度不辨而明，疑似根据可览而悉盖。唐宋以来专门史学之所未让，虽周室之藏，郯子之对，有不待环辙而后知，又岂抵掌谈笑，以求贤于优孟者哉。九成名宗仪，少工举，子业晚乃弃去，阖户著书。此其一云。至正丙午夏六月。

林克贤后序：成周职方氏掌天下之图，而小史外史实领外国四方之志。太师氏掌六诗，而观风使往采列国之风图以著地理。雄都巨邑，佳山胜水，废宫故苑，山花江草，皆所视履也。风以验治忽休声，仁闻颓纲弊政。忠臣孝子，异端正学，皆在纪载也。自夫苍姬讫箓，史失其职，而四方鄙野之事，闾巷之谣，不登于国史，于是稗官小说，野史异闻，诸子百氏之书，出于覉穷，畎亩寄怀寂寞者之为。若段成式酉阳杂俎，洪迈夷坚志，岳珂桯史之类是已。吾乡有陶九成先生，博学工文辞，宏肆充硕，尘虑消歇，飘然有超世之心。当前元板荡，越土驿骚，先生洁身避难，穷居野处，尝操舠远游，历南北大河之交，而流寓于吴淞，足迹半天下。观山川之形胜，对域之离合，古今之遗迹，风俗之变通，世道之污隆，文献之缺失，与凡坵陵坟陇台池，寺塔残碑，断碣荒烟，野磷鬼魅，巫觋之墟，无所不至。至则探幽吊古，徘徊怅望，随所见闻即为纪述。积累既富，汇为若干卷，题曰《南村辍耕录》。其感时触物，缘情寓言，可以验风俗之盛衰，见政治之得失，多有关于世教，非徒资学士大夫之口舌而已。是录也，其古四方之志，列国之风之遗意欤。惜乎去古已远，太史蒐闻尚幸，吾徒之好事者嘉其编摩，岁月之劳尽，夫人情物理之妙，竞相传录以流布。于人人传写不一，讹谬渐多，求其善本盖罕见也。克贤从兄少司寇，从故家宦族得是录，公馀亲自仇校精书以藏。天顺己卯述职北上，闲示所知今都御史张公亦模写一本。明年公至东广行濂泉书院，将梓行以广其传。此方多事未能速成，乃今承简命抚全闽而是刻毕工摹印寓至。距今十有六年，书始成，以终吾兄之志。则斯文显晦亦有，事机之会非偶然也。公以兄契家进克贤立庭下，俾序其所以于乎，某岂敢。毛晋跋：南村平生著书四种，《说郛》百卷未能卒业，《书史会要》不过广，《海岳名言待访》所未备，《四书补遗》又泯没无传，惟《辍耕》三十卷，上自庙廊实录，下逮村里肤言，诗话小说种种，错见其谱。靖节贞白世系，尤简韵可喜，意自负陶氏两公，后一人耶至若载发宋诸陵事，未免讹逸。已详见彭跋云。《赤城新志》云：有刻板在建阳书坊。《绛云楼书目》绛云楼书目三十卷，陈少章注《辍耕录》第十八卷，记宋宫殿一条，载元人杨奂汴故宫记。余谛观之，杨所记者，乃是金章宗南渡以后事耳。又汴梁宫人诗中有二后睢阳去，潜身泣到明，又北去迁沙漠，诚必畏从行，皆咏金亡时事。以为记，宋故宫殿者南村之误？

### 《杂评》一卷

〔明〕郭掼撰。黄岩人。（赤城新志、两浙儒林录、黄岩邑志）。今佚。

### 《永宁樵话》

〔明〕柯昌撰。黄岩人。（台郡识小、黄岩县志、台郡文献补）。今未见。

### 《西山杂言》

〔明〕余铎撰。黄岩人。（台州府志、浙江通志、黄岩邑志）。今佚。

**《灵感录》**

〔明〕施恕撰。黄岩人。（黄岩邑志）。今佚。

**《雷冈漫笔》**

〔明〕张世准撰。黄岩人。（侯二谷稿、黄岩邑志）。今佚。

**《墨林清话》**

〔明〕柯时遇撰。黄岩人。（浙江通志、黄岩邑志）。今未见。

**《娱老詹言》八卷**

〔明〕柯夏卿撰。黄岩人。（千顷堂书目、浙江通志俱入别集类，黄岩县志）。今佚。

**《清暑闲评》《浔园引睡篇》《水到渠成录》**

〔明〕叶昶撰。黄岩人。（黄岩邑志）。今佚。

**《藏山小品》**

〔清〕张一骢撰。黄岩人。（黄岩邑志）一骢字襄午，号二冻。邑诸生。书未见。

**《棘园小语》**

〔清〕叶光炼撰。黄岩人。（黄岩邑志）。今佚。

**《梓里甘闻》六卷，《卓拂查言》六卷**

〔清〕柯浚撰。黄岩人。（柯渐枫山遗草、黄岩邑志）。今佚。《枫山遗草》记耆旧轶事，可为美谈者。

**《耕余谈》**

〔清〕施礼嵩撰。黄岩人。（黄岩邑志）。今未见。

**《山海经类纂》**

〔清〕蔡人麟撰。黄岩人。（黄岩邑志）。今未见。

**《水镜新书婓尾》一卷**

〔清〕王谯撰。黄岩人。（黄岩邑志）。谯字学周，号韩楼，乾隆岁贡，与兄弟诗，并有文名，号"三王"。是书凡八千余条，有乾隆自序，今存。

**《增订儆信录》八卷，卷首一卷，附编四卷，卷末一卷**

〔清〕王培槐撰。黄岩人。（黄岩邑志）。字符乔，号蔚之，郡诸生。有丁卯陶如渊序，书存。

**《蕉窗十则广义》一卷，《雷火纪闻》一卷，《闻见实录》一卷，《医心奇验》一卷**

〔清〕朱廷简撰。黄岩人。（黄岩邑志）。今存，朱桥上街人，道光岁贡。

**《雅俗詹言》一卷**

〔清〕李飞英撰。黄岩人。（台州存目录、台州书目）。有钞本。

**《据我集》十卷**

〔清〕金崇梓撰。黄岩人。（王承弼听蝉楼诗稿序）。据王承弼曰：搜神诸本所言，皆乡里怪异之事。书佚。

**《醒睡录》**

邱瞻恒撰。黄岩人。有稿本。

# 释家类

《心经注》《金刚经注》《圆觉经注》《楞严经注》《四十二章经注》

〔宋〕张士特撰。黄岩人。（叶水心集、黄岩县志、台州外书）永嘉叶适题。

《金刚的旨宝琳和尚语录》

〔明〕释达珍撰。黄岩人。（黄岩集）。今未见。

《一彬语录》

〔清〕释一彬撰。黄岩人。（光绪台州府志稿）。今存。

《八识规矩颂讲义》一卷

释寂虚撰。黄岩人。载佛学丛报中。

《百法明门论讲义》一卷

释寂虚撰。黄岩人。载佛学丛报中。

《法相宗三自性要义》一卷

释寂虚撰。黄岩人。载佛学丛报中。

《湛然尊者始终心要解》一卷

释寂虚撰。黄岩人。载佛学丛报中。

《台宗三观》一卷

释寂虚撰。黄岩人。载佛学丛报中。

# 道家类

**《金丹密语》一卷**

〔明〕陶宗仪撰。黄岩人。（元史艺文志、天一阁书目、千顷堂书目、浙江通志、黄岩县志）。天一阁书目云：附元陈冲素南丹三要后，详见元史艺文志和明史艺文志。

**《南华意解》**

〔清〕金鹰扬撰。黄岩人。（黄岩县志）。今存。古载以易理解庄子说。有自序。

**《悟真新解》**

〔清〕金鹰扬撰。黄岩人。（黄岩县志）。今存，以易理解之。有自序。

**《金丹正讹篇》一卷**

〔清〕王凝阳撰。黄岩人。（黄岩县志）。今存，县志载书。有言集更及精运气，房解之泾乘，未解搬运法，惜以收放非足。

**《道德经证》二卷**

〔清〕朱游撰。黄岩人。（光绪台州府志）。有刻本。

**《庄子齐物论释》一卷**

〔清〕李绍衣撰。黄岩人。（光绪台州府志）。有刻本。

### 《青紫秘书》五卷

〔清〕黄浚校订。合紫阳真、《清华秘书》及《鹤曜子觉书》订正而成。道光甲申委羽山大有宫梓行，委羽山续志。书存。

经籍志·卷四
集部

# 别集类（一）

## 《求德夫文集》

〔宋〕求仲弓撰。黄岩人。（黄岩县志、赤城志、浙江通志作求仲弓文集）。仲弓字德夫，熙宁九年特科知乐清县，王介甫甚重之。赤城志云有文集藏于家，今佚。

## 《委羽居士集》

〔宋〕左纬撰。黄岩人。（赤城新志、千顷堂书目、风雅遗闻、仙居县志、台州书目、浙江通志作委羽集）。纬字经臣，号委羽居士，宣和靖康间以诗为名。书未见。同治甲戌邑人王棻拾各书得诗六十首为一卷，复采各书题跋评语为附录一卷，杨晨刻入台州丛书后集，今图书馆有藏本。

黄裳序曰：赤城之南有左氏子焉，不出仕常以诗自适。慕王维、杜甫之遗风，甚严而有法。自言每以意理趣。观古今诗，莫能出此三字。然考子之诗，每以意明物，不以物系其意。览者宛转而思之，卒归乎所赋，使人意虚而志远，此亦得诗之要者耶。然而援甫之诗，离三字以指其体，未能遂屈吾论，故为之说曰："意者理之所寓，趣者志之所向。"大抵诗人之作，感物以明志，运才而遗意，四者相须而后备，特其所好者异，其所造者有深浅远近尔。由是而之焉，乃各有趣，其为趣也，或之乎雅，乎正平淡，优游高远，或之乎清新俊逸，豪华险怪，各不同也。然而尚理与意物为之，感才为之，用不役于才不累于物，以人意抱天理。其为诗也，来自夷旷感忽之间，可以动天地，感鬼神，与三代风雅颂并列。而同奏此其至也，才出人性之良能使之有约，以文至理其为诗也，孰御不然恃才以造意，超中正傲平淡，以作险怪瑰奇之语，咀嚼少味，终不足以经世。惟杜甫兼数体似乎有道者。然而精爽神妙气焰三者，修真之士资以为道，而乃冥搜旁想，静与万物相逐于无穷，与物同尽，即使得名于世，不过一诗人尔。可胜惜哉！吾闻天上有白玉京之境，黄老之有道者常游乎其间，仙籍焉。子归而求之，上能奔逸绝尘立乎！万物之表，下而有感，所谓古今诗人百家之体，子当肆笔而兼得之，患弗为尔。区区三字不足以为子道。

延平陈璀跋曰：左经臣工于诗，而黄公序语乃专取存三守一之事，以为当学而谓尽力于诗者，为不足道也。经臣闻是，幡然将改所习。昔所留意悉弃弗吝，舍枝叶而趋本根，亦岂道家之所独贵乎？闻而随喜，因题其后。政和癸巳夏，延平陈璀书于丹邱宝城之南。又跋曰：余抵丹邱之三年，左经臣携黄公序见访，尝为跋其后，今又两年矣，复持以相示，余读经臣诗编，有招友人之句云，"一别又经无数日，百年能得几多时？"非特词意，清逸可玩味也。老于世幻逝景，迅速读此二语，能无警乎！序所谓使人意虚而志远，非溢言也。政和己未三月廿八日延平陈璀题。山阴石公弼题曰：观黄公之序，则知经臣之诗，六义之隽也。余谪居临海、黄岩，丞盛元叙录经臣诗数十百章示余，览之不释于手。及披黄福州序，因书其后。乙未三月廿五日山阴石公弼题。横塘许景衡云：泰山孙伯野，尝见经臣避寇诗，擎节称叹曰：此非今人之诗也，若置之杜集中，孰能辨别。余谓非避寇诸诗为然，大抵句法皆与少陵抗衡。如会侄一大篇，自天宝以后不闻此作矣。王棻书后：予尝考吾黄耆，旧之以诗鸣者实自左经。臣始而戴式之，继之乃戴集具存，而左集已佚，心窃惜之。爰检《赤城志》、《天台集》、《赤城诗集》、《三台文献》诸书，悉心捃拾，凡得古律绝诗六十首，断句二联，编为一卷。又取《赤城集》，《林下偶谈》诸书，题跋品评之语，及许朴塘、刘给事酬赠之作为附录一卷，虽存什一于千百，不能如《石屏集》之备然。其佳什流传实足与戴抗衡而无愧焉。后之人得是编而读之，庶知经臣之所以不朽者，盖亦非偶然也。吾辈才不逮古人，而学又未能自力，乃欲浮慕前修，妄希千古亮哉？其难之欤。录左诗既竟为之怃然。同治甲戌七月既望。玉照新志：天台左君与言委羽之诗裔名重一时，策名之后，吟咏诗句，清新妩丽。而乐府之词，好事者尤所争先觐。承平之日，钱唐幕府乐籍有名姝张芸女，名秾者色艺妙天下，君颇顾之，如盈盈秋水，淡淡春山，堆云剪水，滴粉搓酥，皆为秾作。当时都人有"晓风残月柳三变，滴粉搓酥左与言"之句。

### 《赵十朋文集》

〔宋〕赵占龟撰。黄岩人。（黄岩县志、清献集）。今佚。有杜范跋存，可见黄岩民国县志稿卷十四。

### 《药寮丛稿》二十卷

〔宋〕谢伋撰。黄岩人。（直斋书录解题、宋史艺文志、文献通考、焦竑经籍志、黄岩县志、赤城志作文集）。今佚。书详见宋史艺文志。伋字景思，官太常少卿。

叶适序：谢希孟示余大父《药寮丛稿》二十卷，崇观后，文字散坏，相矜以浮肆为险，肤无据之词，苟以荡心意，移耳目，取贵一时，雅道尽矣。谢公尚童子，脱卵髦，游太学，俊笔涌出，排迮老苍，而能不受俗学熏染。自汉魏根柢齐梁，波流上遡，经训夐涉传记，门枢户钥庭旅，陛列拨弃，组绣考擘金石洗削纤巧完备。大朴其药园小画记，盖谢灵运山居之约，言志洁而称物芳无忧，愤不堪之，情也。公讳伋，字景思，上蔡人。艰难时往来青城，毁容败服实佐其父奉传国玺走宋州。高宗知之，自用为祠曹郎，兼太常少卿，垂赐第掌诰命矣。会有秦氏之厄，槟落二十年，始稍外迁。而公死。嗟夫！穷达长短不足云！王笃言，未有七叶爵位相继，人人有集，如吾门者。按笃虽粗有文，而王氏七叶无以文名世者，王僧虔诚子侄，书可见也，安得因簪笏不坠，便欲文字并称乎？然亦恨其集不传，无以验工拙。今公稿藏已久，惧遂沦堕，使真能文者不见信于后，此希孟之责也。

### 《杂稿》

〔宋〕彭椿年撰。黄岩人。（赤城志、浙江通志、黄岩县志）。椿年字大老，绍兴二十七年进士。终右文殿修撰。稿佚。

### 《忠甫集》

〔宋〕于恕撰。黄岩人。（黄岩县志）。凡文集数十卷。今佚。

### 《徐季节文》一卷

〔宋〕徐庭筠撰。黄岩人。（杜清献集、黄岩县志）。杜范跋曰：余祖父及乡族先辈皆季节先生弟子。今佚。

### 《竹隐集》十一卷

〔宋〕徐似道撰。黄岩人。（黄岩县志、三台诗录　赤城志、浙江通志作竹隐文集）。似道字渊子，自号竹隐，干道二年进士，终朝散大夫。原书久佚，近江湖呈进本有其一卷，余姚黄氏录藏。

贵耳集：竹隐徐渊子，似道天台人。韵度清雅，买砚诗云："俸馀宜办买山钱，却买端册一砚砖。依旧被渠驱使出，买山之事定何年。"游庐山得蟹诗曰："不到庐山辜负目，不食螃蟹辜负腹。亦知二者古难并，到得九江吾事足。庐山偃蹇坐吾前，螃蟹郭索来酒边。持螯把酒与山对，世无此乐三百年。时人爱画陶靖节，菊绕东篱手亲折，何如更画我持螯，共对庐山作三绝。"渊子为小，逢朝闻弹疏坐以小舟，载昌蒲数盆翩而逝，道间争望若神仙然。鹤林玉露：刘改之贺徐直院启云，以载鹤之船，载书入觐之，清标如此，移买山之钱买砚，平生之雅好。可知渊子词清雅，余尤爱其夜泊庐山词。云："风整浪花生，蛟吼鼍鸣冢，人睡著，怕人惊。只有一翁，扪虱坐依约，三更雪又打残灯，欲暗还明，有谁知我此时情，独对梅花倾，一盏又诗成。"又徐渊子九日诗云："衰容不是秋容好，坐上谁怜老孟嘉。牢里乌纱莫吹郄，免教白发见黄花。一朝士和云，呼儿为我整乌纱，不是无心学孟嘉，要摘金英满头插，明朝还是过时花。"二诗兴致皆佳，未易优劣。癸辛什识：竹隐徐渊子，似道天台人，名士也。笔端轻俊，人品秀爽，初官为户曹。其长方以道学自高，每以轻锐目之，渊子积不能堪。适其长丁，母忧去官。渊子赋一剪梅云："道学从来不则声，行也东铭，坐也西铭。爷娘死后更伶仃。也不看经，也不斋僧。郄嗔渊子太狂生。行也轻轻，坐也轻轻，他年青史总无名。我也能亨，你也能亨。"梅间诗话：平园周益公在翰苑时，天台徐渊子似道投诗云："翰林帐下饮羊羔，客子骑驴渡灞桥。莫不似云鳌，笑浮蚁戴山负粟各逍遥。"后渊子仕亦至翰林直院。四朝闻见录：宁皇立皇子洵时，上春秋犹盛，竹隐徐似道行制词，内二句云："爰建神明之胄，以观天地之心。"其意味悠长矣。闲学纪闻：徐渊子上梁文云："林木翳然，便有濠濮，间想清风飒至，自谓羲皇上人。"为越教答项平甫云："正恐异时，风舞云之流不无，或者月离毕之间。"耆旧续闻：徐渊子贺谢相二子登科启云："三槐正位人瞻衮。绣之荣双桂联芳。天发阶庭之秀出。则告辰猷于虎拜。稽首之际入则训，义方于鲤趋过庭，之时沧海珠脱发。为朝采蓝田玉，种积有夜光。"又云：虽官职乃公家所自有，而世科岂人力之能为。谢以为讥已，亦不乐之。

## 《讷斋集》

〔宋〕赵师渊撰。黄岩人。（纲目凡例后语、黄岩县志）。今佚。

## 《乐全稿》

〔宋〕任琏撰。黄岩人。（三台诗录、黄岩县志）。今佚。

## 《谢希孟文集》

〔宋〕谢直撰。黄岩人。（黄岩县志）。今佚。

（三台诗录）初名希孟，字古民，黄岩人。淳熙十一年进士，丞相克家后人，出陆象山之门，有时名。伉直使气，与永康陈同甫交，为朱晦翁按唐仲友事，酒间与同父几失欢。晚节益蹇叶水心赠诗有，"白头趋幕府，早巳负平生"之句。希孟读之为怆然。

## 《方岩文集》十卷

〔宋〕王居安撰。黄岩人。（赤城新志、三台诗录、黄岩县志　浙江通志作方言集）。其子畴编《赤城新志》谓亡其半，今全佚。

昊子良序：丙寅冬，韩侂胄以弄权误国诛，着著作郎王公居安拜左司谏，抗疏，请明正宪典并陈自强。郭倪窜岭外，伸雪故大府丞吕祖俭承务郎于进，布衣，吕祖秦之冤，而褒其忠，究极治本乱阶，曰如此则治，否则乱。分别君子小人。曰：此不可以再误，再误是一侂胄死，一侂胄复生。亡几何，赵彦逾与诸贤同日召公，言侂胄之专，故相汝愚之死，咎实自彦逾，而可与诸贤偕来乎。疏已具，当路闻而劝止，弗之从。是夕迁左史兼崇政殿说书。公直前奏臣供谏职，未两旬无故而得美迁,岂非当路者,以臣欲劾彦逾耶？使彦逾再入。臣为善人忧，疏欲明日上，而今夜改他职，是蹈侂胄前辙。遏言路，涂圣聪，废台谏，纪纲饵。臣以好官而塞之口，臣甚恶焉，顾求去退。又杜门上章不朝谒。于是，中丞雷好友承风旨论公，越职夺一官罢。而王左史之直声撼海内矣。后赶家为郡守部使者。会柳寇猖獗，毒连江湖，招捕久无功，当路稍释憾，召权工部侍郎，帅隆兴付贼事。公奋不辞难，勉戎帅忠义，白吉守懦谩厚贼之降附，离贼之腹心李元砺、罗世传，寻授首江西湖南，次第平民家颂户祝之。然忌谗（言）复起，坐废踰十年，而公老矣。嗟夫，慷慨而立风节，谈笑而成功名，非具奇禀负杰气，讵能如此易易耶。自古养才如养木，木虽坚劲，耐岁寒要亦以培植而成，以摧拉而毁，干淳间培植而成者众，嘉定后摧拉而毁者多，如公之磊瑰卓持，当其拜司谏帅。隆兴时倘不以忌，谗去得直遂而迅。上所树立，岂在干淳人物之下哉？此可为浩叹者也。公之《子畴集遗文》十卷，属予序。予读之明白夷畅绝类其胸襟。诗尤圆妥旷远，尝有句云："高下水痕元自定，后先花信不须催"。公之于出处去，就此二语可以占矣。三台诗话：大溪王少保居安初名敬，字简卿。儿时即颖异。刘考题七月八日过其家，命赋八十诗，援笔即成，兼有诗致。刘惊拊其背曰：子异，日名位必过我。及长，登上第，以功名显而天才英敏。为诗文浩瀚如江海，叶水和其赠王孟同作。云：侍郎盖代豪，平蛮早垂名。览书五行下，授笔千人惊。推许可谓备至然，数为群小所阻。

### 《隘轩文集》

〔宋〕车似庆撰。黄岩人。（黄岩县志　浙江通志作隘轩先生文集）。今佚。

陈耆卿序：于是，隘轩年八十一，而《五经始论》后三年五月孙若水始袖畀予。又二月，始完领他述，盖予，郡补家需之。明年也初，若水来，予问尊翁寿几何，饮食起居若何，娱老以何。若水谓年及耄，匙饭不满掬，观书每薄夜半，倦剧引榻，天未鸡朗，吟《五经论》。一过曙即起，外是无穷娱嗣。予得论读之，绵深婉淡，文有汉风，内宿圣贤气象，易诗书尤迥迥，透轶前辈。非真见到者不到也。若水又谓，论既成，他述随以板，板二年印帙，甫三。一自畀，一大田，今一先生，我祖于此切矣。予观经论数千言，十不集中一，隘轩自叙独此介，介他述，冷莫挂语，疑不彼重。或不精。及层掀统玩意弗痕句，无镂古腴。天况大略，如江潭未波，而渊然之神固在。知非不重，不精，而精重有大彼者，圣人书、敬斋绪也。既大之，宜不老、不著、不人、不畀切著，则切畀矣。论如许他述可征也。隘轩车氏，名似庆，表石卿。敬斋其先人，大田其友人王德父之里。端平丙申三月朔。黄岩县志：合《五经论闻居录》为一书，凡生平著作皆在焉。今佚。按：《五经论》近有刻本。

### 《园亭杂咏》

〔宋〕项观古撰。黄岩人。（太平县志）。今佚。仅一首载项氏《遗芳集》及《台诗续录》。《台诗续录》载：项观古，字正巳，太平人，旧隶黄岩。淳熙二年特科仕袁州录事。

### 《温峤集》

〔宋〕丁朗撰。黄岩人。（黄岩县志）。今佚。黄岩县志载：朗字明仲，工诗，号温乔散人，故以名集然，《方城遗献》载：在绍兴年间朗游江湖有诗名。卒于钱塘，叶水心铭其墓。

### 《竹坡集》

〔宋〕丁世昌撰。黄岩人。（黄岩县志）。今佚。戴复古挽诗曰："潇洒复潇洒，是为丁竹坡，生涯浑草草，诗句自多多，恨不识是叟，悲哉作此歌，数篇遗稿在，不共葬烟萝。"

### 《梅岩文集》

〔宋〕丁希亮撰。黄岩人。（黄岩县志、太平县志　黄岩旧志作丁亮集）。希亮字少詹，号梅岩，师事朱晦翁，吕东莱、叶水心，淳熙初，中漕举。集佚。

叶适序：丁少詹死，子幼。家无相人，尤其且不立。既而自温岭，雁荡来者，累累言其庭宇，甚除疆畎，甚修宾祭，敬恭懂客，趋和尽如少詹在时。余极叹异。此不特其子能危庐凤成，自树不堕。亦繇少詹裕家之法，素定有以遵执而然也。今又楶其遗集以来，凡碎篇零简，收拾

皆在。念少詹平昔，益以沧然。夫衣食逸则知教，被服深则近雅。若因
以追先志，续成其业。庶几乎至其文辞，则余于铭墓论之矣。故不重评
焉。戴复古跋曰：梅岩少时不录，录勇于为义，不客吝千金。闾长邑胥，
势横莫能谁何。君白于牧，去之如拉朽，识者壮之，谓其有古烈士风。
既而折节问学，与一世宏硕相师友。而仅博一第抱负，终不大试于天下。
岂造物固啬于梅岩耶？君没踰四纪，其季子策始刻其遗稿，以传豊城。
剑气发越自今，梅岩其不死矣。嘉熙庚子重九后三日，石屏野客书。太
平县志：梅岩少跌荡不羁，为文亦好为警世语。从叶水心游，始就平实，
进学益锐，又就正于吕东莱、陈龙川。钱塘除夜，以诗呈东莱云：结得
先生灯火分，论文共守一更残。故晚所著卓然可传。其子策裒诗文若干
篇梓行，有水心序，戴石屏跋其后。

### 《文襄》五卷

〔宋〕王汶撰。黄岩人。（王周道墓志、黄岩县志）。

### 《东谷集》

〔宋〕王汶撰。黄岩人。（赤城新志、台州府志、浙江通志、黄岩县志、
三台诗录作蒙斋集）。今佚。戴作古读东谷王子文诗文有感，作曰："东
谷今何在，骑鲸去渺茫，荆花半零落，岩桂自芬芳。议论波澜阔，文章
气脉长。遗编犹可考，何必计存亡。"三台诗录：王汶字希道，号东谷。
太平人，旧属黄岩。叶水心，王成叟高弟也。有《蒙斋集》，宋诗纪事
误作汝阴人。

### 《方岩诗集》

〔宋〕于有声撰。黄岩人。（黄岩县志）。黄岩旧志称，其以诗自豪，
放浪江湖，持其《锦囊诗》一帙，王居安为题其集。今佚。

### 《东皋子诗集》一卷

〔宋〕戴敏撰。黄岩人。（千顷书目、三台诗录、黄岩县志、台州书目　绛云楼书目作东皋子集五卷，吕才序）。原本久佚，仅十首附刊石屏集首。陈昉跋：石屏戴复，以诗行四方，名人钜公皆乐与之游者，有忠益而无诌求，有谦和而无诞傲。所至怡怡如也。岁绍定之巳丑，复来闽中，携其先人遗稿，仅一篇一联耳。俾予题其后，予已窃敬。其事后十三年，复以书来，则又得十馀首，与复近诗合为卷矣。嗟呼！复于其先人之片言只字，访求甚苦，老而益切，惟恐失坠，其心将见之何哉？唐杜氏世为诗，至子美一饭不忘，君可谓忠矣。若复之一语不敢忘其父，可谓孝矣。是皆出于天性，且不负其所学，予故表之，以为知本者，劝读其诗者，当有取于斯。淳祐四年九月。倪祖义跋曰：诗和则欢，适雄则伟，丽新则清，拔远则闲暇。东皋子诗云：小园无事日徘徊，频报家人送酒来。欢适也。惜树不磨修月斧，爱花须筑避风台，伟丽也。引些渠水添池满。移个柴门傍竹开，清拔也。多谢有情双白鹭，暂时飞去又飞回，闲暇也。备是四体，一篇足矣。况鹤鸣子和清唳，彻九皋邪宝庆、丁亥长至前二日。赵以夫跋：勿以忘为适，腰适于带，足适于履，忘故也。东皋子一生嗜诗，工造妙境，而吟稿不存。脍炙而传者，仅十首。是真忘于诗，而适其所适者也，则其人之萧散洒落，可想象见，岂比夫世之刻削嚼蠹于一联半句间，沾沾自喜期以街，能夸富者哉。石屏以篇章零落不显为恨，人子之情然耳。似非东皋子志也。淳祐甲辰中夏望日。子复古跋：右先人十诗。先人讳敏，字敏才，号东皋子。平生酷好吟，身后遗稿不存。徐直院渊子竹隐先生常诵其小园一篇。及日落秫归啼，处山一联，续加搜访，共得此十篇。复古孤幼无知，使先人篇章零落。诗亦不显，不孝之罪不可赎也。谨录于石屏诗稿之前，庶几使人获见一班。复古忍泣敬书。风雅遗闻载：高参卿，斯得东皋子诗。序云：其诗风度雅远，旨趣和平，发言成章，不遐雕饰，盖庶几所谓落落穆穆然者。

### 《泽国八景诗》

〔宋〕郑瀛撰。黄岩人。（三台诗录、黄岩县志　方城遗献作丹崖八景诗）。瀛字子仙，泽庠人，绍熙元年监南岳庙诗，载《方城遗献》中。

### 《南湖先生文集》七卷

〔宋〕杜烨撰。黄岩人。（赤城新志、伊洛渊源续录、浙江通志、黄岩县志）。烨字良仲，没后稿散，其从曾孙为辑成七卷，今佚。有车若水序存。

### 《方山先生集》十五卷

〔宋〕杜知仁撰。黄岩人。（赵师夏撰圹志、黄岩县志　伊洛渊源续录、浙江通志作杜知仁诗文十五卷）。今佚。

黄岩旧志载：知仁少有俊才，为文操笔即惊人，又刻意为诗不奇不已。晚乃折节为学，有集十五卷。

### 《清献集》二十卷

〔宋〕杜范撰。黄岩人。（四库全书总目、简明目录、台州外书、带经堂书目、邵亭知见传本书目、皕宋楼藏书志、黄岩县志。宋史艺文志补、千顷堂书目作三十卷，赤城新志作杂文奏稿十三卷，文瑞楼书目作十九卷，浙江通志作古律诗歌杂文九卷，奏稿十卷，外制经筵讲义各三卷，菉竹堂书目作文集八卷，浙江采集遗书总录作十卷，知不足斋写本、邵亭知见传本书目嘉靖二十六年刊本台州书目作二十四卷，孙熹刊本天津图书馆书目，小天月山馆旧抄本）。清同治时王棻录泰州钱馨伯所藏明朝钞本，又增辑补遗一卷，附录一卷，校注一卷，邑令孙熹为之付梓。图书馆有存本。

陈仁玉序：开庆巳未冬，湖广蛮兴，仁玉自讲厦，受遣驰至太末。至城里许，见有表曰：孝弟里者，知为清献，赵公故所居也。题颜漫遗，门堄敧倾，惕然不自安顾，虽佺倦亟遗葺之。而以苏长公所书，扁刻之石，心乃少安。及边遽既息，颇诹公之遗文逸事，而故府无传焉。嘻，公为本朝第一流人，此郡自生民以来，亦未有如公之盛也。一言一行后来者当尊，奉以为标的，而可阙弗著乎。既乃访得章贡所刊集本，旁搜散轶以补足之刊成。盖序所以刊之意，仁玉窃惟天地之大，曰诚而已，诚则纯，纯则久，久则神，金石可开也。豚鱼可孚也，极而至于际天蟠地行乎？君臣、父子、兄弟、夫妇、朋友之间，甚通而顺，甚捷而疾。人见其妙用，无方不可以限量计。即而察之，则无以异于人也，曰诚而已，若公者，其知诚之所为乎。凡所行之质于天者，此也。凡所言质于君者，此也。人称其孝于亲，忠于君，清于身，其美不可胜赞，合而言之，此诚也。或曰：公之学多出于佛，及得濂溪为僚而有闻焉。宜于是焉变矣，而率不变。仁玉谓公之坚清超卓，可以离尘绝欲者，偶与佛氏合至，其发言制事，立朝治郡之迹，皆中度合则守常达变，非蔽于佛者之所为也。尝试考濂溪措诸，用者观之，有以异乎，盖自濂洛教法未大彰明。以前诸公，往往以其性之所近，而有得于佛者固多矣。不当以是议公也，因并著之。景定元年八月，郡守天台陈仁玉序。孙衣言后序：往岁予在杭州，为黄岩王子莊棻求杜清献集。几一年不可得，今春予与子莊先后至京师。而予同年御史钱樨庵桂森，富藏书，问以清献集有之，亟取以视子莊，子莊喜甚。既手录副本，因复求予书其后，曰清献当宋理宗之初，崎岖侵削之馀，民穷而财尽，兵弱而敌强，其势固无可为矣。而清献心疏贱新进为国昌言，凡宫府内外，是非邪正，知无不言，言无不尽，其忠肝古谊，若必欲使宋易危而为安，易亡而为存者。而当时史臣亦谓其三河之役，卒抗元兵，而边将孟琪等，亦皆洗心听命，则可谓用之而效矣。使理宗早听其计，而郑清之、史嵩之等辈小人，不相齮龁，宋亦未尝不可为也。然则国家之势，苟未至如南宋削弱之甚，顾一切置之弗为，或反恣肆酷烈，自速其祸，岂不可惜也哉。古今数千百年，乱亡之数可谓亟矣，

161

然其所以由治而至于乱，由乱而至于亡，则汉唐宋以来，未尝不如一辙。余读清献之书，所谓天命有德，而或滥于私予。天讨有罪，而或制于私情左右近习之言，或溺于私听土木无益之工，或侈于私费。至于言贿赂之弊以谓旁蹊曲径竞致，奔趋边方帅臣，黄金不行于反间，而以刺探朝廷，厚赐不优于士卒。而以交通势要，而论台谏之失职。则又以谓迎合时好，循默备位，自坏纪纲，徒涂耳目，其言当时祸败之由，若南宋为尤甚然。试由宋上推之，以至汉晋，由宋下推之，以迄辽金元，其标季溃败之政，盖未有不出于所言。岂天之将亡，人国则必先夺其鉴耶。抑人君狃于治安，习于淫佚，戒惧之心日少，嗜欲之蔽日深，其颠倒惑乱必至。于是耶呜呼，岂不可危也哉。然予以谓理宗之时，宋虽已危，而犹有骨鲠干略之臣，如清献者。感慨愤发，维持补救于其间。而理宗之于清献，虽其英断不足以用之，而始终敬信，亦诚有庸主所不及者，使后世岾危之际，遂无清献其人，成仅有之而摈弃摧抑惟恐不及，则其取祸更何如邪！呜呼！以清献之贤，当时之人至方之司马文正。而清献之自命亦实有不在文正下者。文正当哲宗初政，卒能以道辅成元佑之治。利泽在生民，威名震敌国。而清献当理宗之世，未能少究其用。至于为相仅八十日而薨。人才之幸、不幸不能相强，固如此耶。而犹幸其遗书之存，可以考见其深谋远虑，忠言苦口之大略。使后世之人主知当无可为之，时苟得其人未尝不可以有为。而独患一切置之，或恣肆酷烈以速其祸也。然则清献之书，岂独南宋一时之言也哉。同治戊辰瑞孙衣言书于京师。王棻跋：右杜清献公集十九卷，附录一卷，盖明人旧钞本，为泰州钱馨伯侍御所藏，而瑞安孙琴西师假以视余，亟录副本以归。凡三百八十页，云始余考吾乡先达之德业文章，未有如清献公之盛者。求其遗书二十馀年而未得见，今岁计偕入都槐市邺厨搜求殆遍，无能知其目者。既而礼闱报罢，方欲儌装南旋，骤见是书，如获异宝。遂淹留旬日，走笔趋书。复属同人分卷缮录，而卒业焉。旧本秕脱颇多，稍加校正，其无考者阙之。且将寿之梓。呜呼！以清献之德业文章，冠绝当代，至今才六百余年。而遗书之在天壤者，已不可多得。则夫今世一介之士，道德不积于躬，功业不被于乡，文章不及于古人名于天下。而欲以干禄之余，稍涉古书，略窥著作，辄抒一得，裒集成编，将以传播艺林，垂示来世，岂不难哉。夫文章者，道德之枝叶，功业之舆隶也。进德修业则斯文在兹矣。然业必因时德由自立，诚使今之学者明道立德，能如清献则功业为绪余，文章为土苴，其传不传固无藉乎此也。况其文亦必无传者也。若第求之于文，而以为若者足传，若者不足传，则如清献之文，渊茂条达，气体丰洁。而其奏议谆切恳到，忠诚溢于褚墨，尤有不可及者，乃传之六百年，遗集几于泯没，况乎文之不逮清献，而德业又无所表见者，余既录清献书，因书之以自警，且以告吾乡同志诸君子焉。同治七年闰四有望，识于京都杨梅竹斜街之寓舍。浙江采集遗书总录：卷首列史馆检校黄震戊辰修史稿中，丞相杜范传一篇。今本为崇祯间刻。四库全书总目史载：范所著古律诗五卷，今此本四卷，又杂文六卷，今此本亦四卷，又奏稿十卷，今此本十卷。又多书札一卷。又外制三卷，进故事五卷，经筵讲义三卷，今此本俱不载。而有行状本传祠记等一卷，列于卷首，共为二十卷。盖后人重辑之本，非其旧矣。范有公，辅才正色立朝议论鲠切，其为御史时，累劾李鸣复等行贿交结之罪，鸣复卒以去位。其守宁国还朝时，又极陈内忧外患之交迫，而劝理宗以屏声色，远邪佞，言多切挚。及其为相，前后所上五事及十二事，无不深中时弊，虽在位未久而没，不能大有所匡正，然奏疏之见于集者，大都悱恻恳到，足以征其爱之忧矣。风雅遗闻：清献诗规仿汉魏，出入阮公，言皆有物。

### 《外制集》三卷

〔宋〕杜范撰。黄岩人。（宋史本传、黄岩县志　浙江通志作杜右相外制三卷入制诰类）。今佚。

### 《东屿稿》十卷

〔宋〕丁木撰。黄岩人。(太平县志、黄岩县志、浙江通志无卷数)。今未见。撰太平县志，其子出版行世的《东屿诗》闻于全国。

### 《张之望文集》

〔宋〕张之望撰。黄岩人。(止斋文集、黄岩县志)。今佚。

### 《饭牛集》

〔宋〕郑大惠撰。黄岩人。(浙江通志、三台诗录、太平县志、黄岩县志)。今佚。

戴复古次谷口郑东子见寄诗："闭门觅句饭牛翁，囊有新诗不怕穷。十里梅花生眼底，九峰山色满胸中。"又云："吾乡自昔诗人少，委羽先生复有翁。坐客无毡君莫笑，云台有集继家风。"叶适题郑大惠诗卷曰："忆从草庐赴邻炊，涩雪揽筵糟涌糜。要当醺酣活肤奏，不许雕刻妨肝脾。何年儿孙锦棚裂，金涂门扉玉为切。吟中得眼元象通，浪吹狂歌总休歇。两家至住连墙读，书闻鸡夜相将经，明先入韦平室，句好还升李杜堂。"建安真德秀跋曰："予尝为豫章黄量题其诗卷云：'乾坤有清气，散入诗人脾。'"此唐贯休语也，天地间清明秀杰之气盘薄充塞，无处不有，顾受之者何如耳。诗曰：瑟彼玉瓒，黄流在中。玉瓒至宝也，黄流至洁也。夫必至宝之器，然后能受至洁之物。世人胸中扰扰，垢汗万端，如聚蜣蚍，如积粪壤，乾坤清气将焉从入哉，清气不入其中，则虽求片言之有味，且不可得，况能摹写大化，罗络万象，道人所不到者乎？黄生颇以予为知言。谷口郑君示予所谓饭牛集者，其诗清绝可爱，读之如咀冰雪，意必有得于此。故书以勉之。太平县志：谷口人物清高，诗文皆一洗时下庸腐之习，极为杜少傅范所重。真西山跋其集谓得乾坤清气，读之如阻冰雪。

### 《石屏集》十卷，《卷首》一卷

〔宋〕戴复古撰。黄岩人。（赤城新志、焦竑经籍志、千顷堂书目、浙江通志、浙江采集遗书总录、四库全书总目、简明目录、天一阁书目、台州外书、士礼居藏书题跋记、黄岩县志、铁琴铜剑楼书目、带经堂书目、邵亭知见传本书目、台州书目、文渊阁书目作戴石屏诗二册、绛云楼书目宋诗十一家本、菉竹堂书目作三册、善本书室藏书志九卷、皕宋楼藏书志　红药山房抄本诗集八卷附录二卷）。今存，刻入台州丛书中，图书馆有藏本。

楼钥跋：唐人以诗名家者众，近时文士多而诗人少，文犹可以发身，诗虽甚工反成屠龙之技，苟非深得其趣，谁能好之。黄岩戴君敏才，独能以诗自适，号东皋子，不肯作举子，业终穷而不悔。且死一子方襁褓中，语亲友曰：吾之病革矣！而子甚幼，诗遂无传乎。为之太息语不及他。与世异好乃如此？子既长，名曰复古，字式之。或告以遗言收拾残编，仅存一二，深切痛之。遂笃意古律，雪巢林监庙。景思竹隐徐直院。渊子皆丹邱名士，俱从之游。讲明句法，又登三山陆放翁之门，而诗益进。一日携大编访余，且言吾以此传父业。然亦以此而穷求一语，以书其志。余答之曰：夫诗能穷，人或谓惟穷。然后工笠泽之，论李长吉玉溪生言甚悲也。子惟能固穷，则诗愈昌矣。予之言顾何足为轩轾邪。尝闻戴安道善琴二字，勃颙并受琴于父。父没，所传之声不忍复奏，乃各造新弄。广陵上息之流皆与世异，其孝固可称然，似稍过，果尔则琴亦当废矣。式之岂其苗裔邪，而能以诗承先志，殆异于此，东皋子其不死矣。嘉定三年岁未尽三日。凌仪赵汝腾序曰：戴石屏之诗，有楼攻媿先生之序文，诸名公钜贤之，品题不患不传远也。赵嬾庵为选其尤者别为小集。乃命仆为此序。无乃以非人为赘耶。嬾庵于诗少许可韦陶之外，虽辋川《柳州集》犹有所择。今于石屏诗，取至百三十首，非其机有契合者乎。夫诗之传非以能多也，以能精也。精者不可多，唐诗数百家，精者才十数人。

就十数人中选其精者，才数十篇而已，惟少陵谪仙能多而能精，故为唐诗人巨擘也。盖艺之难精者，文也。文之难精者，诗也。运奇于斧凿者，少从容之，态受成于材具者，希汲取之功，豪逸者欠永惨淡者，乏脍炙取妍耳目者，兴未必高远寄吟性情者，词多至流荡凡是者，皆诗之瑜而瑕者也。石屏之诗平而尚理工，不求异雕锼，而气全英拔味远；玩之流丽，而情不肆；即之冲淡，而语多警。懒庵之选其旨深矣。虽然石屏自谓幼孤失学，胸中无千百字，书强课吟，笔如为商贾者，乏资本经不能致奇货也。又言作诗不可计迟；每一得句，或经年而成篇。仆曩在赣，见懒庵论作诗亦然。二公契合之机，岂不口口乎，石屏其所居山也，即为之号。其名复古，字式之，天台人，其姓字不待人拈出也。绍定二年三月，荆溪吴子良序曰：石屏戴式之，以诗鸣海内馀四十年。所搜猎点勘，自周汉至今，大编短什诡刻秘文遗事謏说。凡可资以为诗者，何啻数百千家。所游历登览东吴浙西襄汉北淮南越，凡乔岳巨浸灵洞珍苑空迥绝特之观，荒怪古僻之踪，可以拓诗之景，助诗之奇者，周遭何啻数千万里。所唱酬谥订或道义之师或文词之宗，或勋庸之杰，或表著郡邑之英，或山林里巷之秀，或耕钓酒侠之遗，凡以诗为师友者，何啻数十百人。是故其诗清苦而不困于瘦，丰融而不鬌于俗，豪杰而不役于粗，闳放而不流于漫，古澹而不死于枯，工巧而不露于斲。闻而争传，读而亟赏者，何啻数百千篇。盖尝论诗之意义贵雅正气象，贵和平标韵，贵高逸趣味，贵深远才力，贵雄浑音节，贵婉畅若石屏者，庶乎兼之矣。岂非其搜揽于古今者博邪，岂非其陶写于山水者奇邪，岂非其磨砻于师友者熟邪。虽然，此旧日石屏也，今则不类行，年七十七矣。焚香观化付断简于埃塵，隐凡闭关等一楼于宇宙，离群绝侣对烛影为宾朋。而时发于诗旷达，而益工不劳思而弥中的。然则诗固自性情发，石屏所造诣有在言语之外者，非世俗所能测也。淳佑三年六月。盱江包恢序曰：石屏以诗鸣东南半天下，其格律风韵之高处，见诸当世名公之所品题者，不可以有加矣。况予他日未尝学诗,又安能措一词。第尝私窃评之。古诗主乎理,而石屏自理中得古诗尚乎志,而石屏自志中来古诗,贵乎真。而石屏自真中发此三者,皆其源流之深远,有非他人之所及者。理备于经,经明则理明,尝闻有语石屏,以本朝诗不及唐者,石屏谓不然。本朝诗出于经,此人所未识。而石屏独心知之,故其为诗,正大醇雅多与理契,志之所至诗亦至焉。石屏痛念其先君子,平生不肯作举子业而颛以诗自适。临终以子在襁褓,而虑诗或遂无传。石屏长而有闻,深究心以传父业,显父名,是其志也。实继父志也。故其为诗,感慨激发多与志应。陶靖节言此中有真意,欲辨已忘言,故读书不求甚解,黄太史称杜诗无一字无来处。然杜无意用事,直意至而事自至耳。黄有意用事,未免少与杜异,不知四诗三百篇,用何古人事若语哉。石屏自谓少孤失学,胸中无千百字书。予谓其非无书也,殆不滞于书,与不多用故事耳,有靖节之意焉,果无古书,则有其诗故,其为诗但脑中流出多与真会三者备矣。其源流不甚深远矣乎。故诗有近体,有古体,以他人则近易工而不及古,在石屏则古尤工而过于近。以此视彼,其有效晚唐体。如刻褚剪缯,妆点粘缀,仅得一叶一花之近似,而自耀以为奇者。予惧其犹黄钟之于瓦釜也。此予所窃私自评者,亦未始为石屏道,今敢心是质之。请石屏自剖决,予也奚敢妄为若是决。淳祐壬寅孟夏四日。元贡师泰序曰:诗不读三百篇,不足以言诗。然多杂出于里巷,男女歌谣之辞,未必皆诗人作也。诗不尽作于诗人。而天下后世舍三百篇,则无以为,以为法者宜必有其故哉。诗一降而为楚、为汉,再降而为魏,为晋,宋下至陈隋,则气象萎荼,词语靡丽,风雅之变于是乎极矣。至唐杜子美,独能会众作,以上继三百篇之遗意,自是以来虽有作者不能过焉。宋三百年以诗名家者,岂无其人然,果有能入少陵之室者乎?当宋季世有戴石屏先生者。慨遗音之不作,恶蝇声之蝇,乃力学以追古人,而成一家之言。先生生于黄岩之南塘,负奇尚气,慷慨不羁,南游瓯闽,北窥吴越,上会稽,绝重江,浮彭蠡,泛洞庭,望匡庐五老九疑诸峰,然后放于淮泗，以归老于委羽之下。顾其游历既广闻见益多，而其为学益高深而奥密。故其为诗如逝波之鱼，走圹之兽，抟风之鹏，其机括妙运，殆不可以言喻者矣。然其大要悉本于杜，而未尝有一辞蹈袭之者。呜呼，此其所以为善学者乎！至于音韵格律之升降，则与时为盛衰，有非人力所能为者矣。今其诗传世已久，而又有八君子为之论著。予生也晚于先生，复何言哉。先生之诸孙，文瓛知所好，尚校旧本以图新刻益广其传，垂之永久。可谓能世其家者。予过天台文瓛间以序来谒，遂不敢以后学辞而书之首简。先生，讳复古，字式之，石屏其自号云。至正戊戌孟冬既望。明谢铎序曰：宋之南渡，吾台文献实称东南上郡。而诗人亦多有声江湖间。若石屏先生戴公式之，其一也。然当其时，台之人以科第发身致显融者，何限而石屏。独工于诗以穷，岂诗固能穷人哉，盖天之于富贵往往在所不惜，而于斯文之权恒若有所靳，而不易以予人何也？斯文天地精英之气，必间世而后得。富贵倘来之物，赵孟之所能贱者也。故一代之兴，起而为将相者，比肩接踵。而文章之士，或不能以一二数。幸而得之，必困折其身，拂郁其志，俾之穷极而后已。若汉之苏李，唐之李杜，宋之苏黄，其于诗也，皆出于颠沛放逐之馀而后得，以后享大名于后世。夫岂易而予之哉？虽然其视富贵之极，而泯泯无闻者，则不啻霄壤矣。是以古之君子，宁为麟踏无为鸥鸣，宁为玉碎无为瓦全。实亦有见乎。天之意其所重者，固在此，而不在彼也。于乎！亦岂独石屏一诗人然哉？三代以降以道致穷，虽上圣大贤如孔孟者，亦所不免，则夫石屏之以诗穷亦何足怪哉。石屏之诗，当宋绍定中，楼攻媿钥吴荆溪子良诸公尝序之，以行于世矣。宏治初，其裔孙广东参政豪将重刊之，未就而卒。今庐之六安学正镛，参政从父也，将毕参政之志，而未能以告于其守二。宋君克明，马君汝砺二君，素重斯文而乐于义举者，乃不阅月而功以告成焉。于乎石屏之没几三百年而诗又大行于世，石屏于是乎不穷矣。彼之营营以富贵为达者，诚恶足以知之。宏治十年夏四月。西充马金书后曰：天台布衣戴屏翁以诗鸣宋季，类多闵时忧国之作，同时赵蹈中选为石屏小集，袁广微选为续集，萧学易选为第三稿，李友山、姚希声选为第四稿上下卷，巩仲至仍为摘句，又有欲以其诗进御，而刊置郡齐者，虽其向上功夫未暇，深论其诗，已为世重而见于版行者，又皆诸名贤选摘序跋，具存可考也。今观陈昉氏跋语，谓其有忠益，而无谄求，有谦和，而无诞傲，希声谓其忠义根于天资，学问涪于诸老。方万里谓，自庆元以来，诗人为谒客者，相率成风。干求一二要路之书，副以诗篇动获千万缗，往往雌黄士大夫口吻可畏。至于望门倒屣，石屏为人则否，广坐中不谈世事。缙绅多之则翁之取重于世，岂直篇什之工哉。成化中家君入翰林，始得翁诗写本命金手录，每病其讹舛，未有以正也。后十有五年，金以郎吏倅庐罪戾之。馀时诵翁“一官不幸有奇祸，万事但求无愧心”之句以自厉。适六安学正镌出示家藏版本并诗抄一帙。版本较前写本颇详，然脱简尚多，字或漫灭不可读考之。晦庵先生答仲至书有云：黄岩老过访惠诗一篇甚佳，亦见刊行小集，冠以诚斋之诗。黄岩老盖指翁也，小集疑即蹈中所选者。夫以投赠大儒之诗，得经品题而集中不载，非独散轶为可恨，而窃重有感焉。盖自为童子时，仅见翁时一二于他本。逮今壮岁，宦游中外，旁搜博访，犹未获其全集。幸而存者，又讹缺如是。呜呼！亦难矣！乃于政暇，据二本之同异校，重加编次东皋子十诗，仍录集首诗抄，乃东野渔村、秋泉、充庵、樗巢、介轩诸君所作，附载于后。东皋翁之父东野，以下至学正君，皆其裔孙也。学正君拳拳于先世文献，有足尚者，又四年编成凡十卷。爰谋太守宋侯刻而传之，以成其志。因系予所感如此，俟嗣有所得续附焉。且以见台郡人物之盛，戴氏诗派之远，而读其诗者，又当论其人及其世云，宏治戊午孟夏。士礼居藏书题跋记：壬戌夏五月自都门归，世事皆淡，惟此几本破书尚有不能释然者。故每闻坊间新收故家书籍，彼以为无宋元旧刻不敢送观，而余必欲触热到彼，恣意寻觅。此戴石屏诗为璜川吴氏旧藏，收诸西山堂者也。避暑西山，日读一卷。卷中诗句多有与余趣，而适合者览之，颇为快意。其七言律中，访赵升卿一首，第五六句云：田园自乐陶元亮，乡里多称马少游。余拍案叫绝，此石屏先生为我晨钟之觉也。盖余幼时在我二人怀抱中，及有知识即见卧房中壁厨上有一联云：我爱陶元亮，人称马少游。今得此诗证之不啻。早示我以归宿之地矣，晚间解凉与儿子玉堂谈及此诗，证之可知人生境界于数十年前。已有定著，安能相强耶。右跋二通，在八卷本后，丙子上元家居无事，重录于此，全本上其避暑西斋云云。前系第一通跋，而摘录之者避暑西山云云。后系第二通跋，而全录之者尧圃主人书。

戴石屏诗集刻本，余于壬戌夏五月始得之，然止八卷石屏之诗，固完具也。然检藏书家书目，都云十卷。余所得刻本目录确有割补痕，初不解何故。往假香严周丈藏钞本，方知前有东皋子诗，后有附录诸诗，果十卷始全也。因钞与刻行欵不符，未经补录所谓刻本八卷，第存诸箧衍耳。及丁卯冬十月，得同郡蒋辛斋旧藏明刻全本，遂得补八卷中欠叶然后序第三叶，黄岩老云云，起至末皆失之，余又从周藏钞本，补其不足行欵，未能如旧矣。顷玄妙观宋闵师德堂，以故家散出书数种示余，余拣得二种，石屏诗集在焉。首尾完好，唯卷四第三十叶、廿叶仍属钞补。闻是书亦出蒋辛斋氏，或亦从前本钞足一明刻之书，至再至三而始得全本。岂不难哉，岂不幸哉！此书之直儗四番。余以蒋本与闵贾俾归他姓以取其直云。甲戌四月复翁。瀛奎律髓：石屏戴复古，字式之，天台人。早年不甚读书，中年以诗游诸公间，颇有声，寿至八十馀，以诗为生涯而成家。盖江湖游士多以星命相卜，挟中朝尺书，奔走阃台县糊口耳。庆元嘉定以来，乃有诗人为谒客者，龙州刘过改之之徒不一人，石屏亦其一也。相率成风至不务举子业，千求一二要路之书，为介谓之阃圉，副以诗篇，动获数千缗，以至万缗。如壶山宋谦父，自逊一谒贾似道，获楮币二十万缗，以造华居是也。钱塘湖山此曹什伯为羣。阮梅峰秀，实林可山，洪孙花翁季藩高菊磵九万，往往雌黄，士大夫口吻可畏。至于望门倒屣。石屏为人则否，每于广座中，口不谈世事，缙绅多之。（辍耕录）戴石屏先生未遇时，流寓江右武宁。有富家翁爱其才，以女妻之。

居二三年忽欲作归计。妻问其故，告以曾娶妻。白之父，父怒，妻婉转解释，尽以奁具赠夫，仍饯以词云："惜多才怜薄命，无计可留汝，揉碎花笺，忍写断肠句。道傍杨柳依依，千丝万缕，抵不住一分愁绪。捉月盟言，不是梦中语，后回君，若重来，不相忘处，把杯酒浇奴坟土。"夫既别遂赴水死，可谓贤烈也夫。归田诗话：戴式之尝见夕照映山，峰峦重叠。得句云夕阳山外山，自以为奇，欲以尘世梦中梦对之，而不惬意。复行邨中，春雨方霁，行潦纵横，得春水渡旁渡之句以对。上下始相称。然须实历其境，方见其奇妙。（娱书堂诗话）：严子陵钓台题咏尚矣。天台戴式之复古一绝云："万事无心一竹竿，三公不换此江山。平生误识刘文叔，惹起虚名满世间。"亦新意可喜。四库全书总目：复古尝登陆游之门，以诗鸣江湖间。所居有石屏山，因以为号，遂以名集。卷首载其父敏诗十首。盖复古幼孤，勉承家学，因搜访其先人遗稿以冠己集。昔黄庭坚山谷集后，附刻其父伐檀集。王楙野客丛书后，附刻其父野老纪闻。复古以父诗为数无多，不成卷帙，特升弁于简端，例虽小变，理乃较协矣。复古诗笔俊爽，极为作者所推。姚镛跋其诗，称其天然不费斧凿，处大似高三十五辈。晚唐诸子当让一面。方回跋其诗，亦称其清健轻快，自成一家。虽皆不免稍过其实，要其精思研刻，实自能独辟町畦。瞿佑归田诗话载复古，尝见夕照映山得句云，夕阳山外山，自以为奇，欲以尘世梦中梦对之，而不惬意。后行村中，春雨方霁，行潦纵横，得春水渡傍渡句以对。上下始称。其苦心搜索，即此可见一端。至集中严子陵钓台诗，所谓平生误识刘文叔，惹起虚名满世间者，赵与虤娱书堂诗话，极赏其新意可喜。而罗大经鹤林玉露又深以其议论为不然。盖意取翻新转致失之轻佻，在集中殊非上乘。与虤所云，固未足为定评矣。（黄岩县志）：其诗远宗少陵，近学剑南，刻意精研，而自有清远之致。同时浚仪赵汝谠选为石屏小集，仅百三十首。四明袁甫选为续集。小山萧泰来选为第三稿，昭武李贾剡姚镛选为第四稿。上下卷俱已版行。有赵汝腾、吴子良、楼钥、包恢序。赵以夫、赵汝谈、真德秀、王垫、倪祖义、赵蕃、姚镛、李贾巩、丰杨、汝明题跋。元至正戊戌，诸孙文瑄重刊。宣城贡师泰序。至明宏治丁巳，庐州府倅马金，以其家所得写本，与石屏裔孙六安学正，镛家藏板本雙校同异，重加编次，东皋子十诗仍录集首。又取镛所藏诗钞一帙，所录东野渔村秋泉介轩诸诗附载于后，定为十卷。州守阳城宋鉴为之刊行，谢铎序，马金书后，即今简明目录所载十卷本也。嘉庆丁丑，临海宋世荦，用鲍长塘鲍氏写本重刊，有序。

### 《戴石屏集》六卷

〔宋〕戴复古撰。黄岩人。（艺芸书舍书目、黄岩县志）。载明，潘是仁，宋元名家诗集。

### 《石屏续集》四卷

〔宋〕戴复古撰。黄岩人。（千顷堂书目、黄岩县志、铁琴铜剑楼书目、台郡文献补、善本书室藏书志）。卷后有临安府棚北大街陈宅书籍铺刊行二行，丁松生谓当为袁广微所选，陈芸居所刻。其诗十之八九皆已刻入宋氏台州丛书本。通行有陈思南、宋羣贤小集、顾修读画斋丛书本。两宋名贤小集：戴复古字式之，宋黄岩人，居南塘石屏山，因自号焉。负奇尚气慷慨不露。少孤，痛父东皋子遗言，收拾残稿遂笃志于诗。从雪巢林景，思竹隐徐渊子讲明句法，复登放翁之门，而诗益进。南游瓯闽，北窥吴越，逾梅岭，穷桂林，上会稽，绝重江，浮彭蠡，泛洞庭，望匡庐五老九嶷诸峰。然后放于淮泗，归老委羽之下。游历既广，闻见益多，为学益高深而奥密，以诗鸣江湖五十年。

### 《东野农歌集》五卷

〔宋〕戴昺撰。黄岩人。（四库全书总目、简明目录、风雅遗闻、三台诗录、邵亭知见传本书目、黄岩县志，宋元名家诗集作戴东垫集，千顷堂书目作东埜诗集一卷，平津馆书目作十卷，太平县志、浙江通志不分卷）。书附石屏集后，昺号东埜，嘉定十二年进士，授赣州法曹参军。

自跋：余效官秋浦公馀，弗暇他问，独未能忘情于吟。凡得出山川之登览，景物之感触，宾友之应酬，率于五七寄之，虽草根嘤嘤，柳梢嘒嘒，视鸣高冈，唳九皋声韵，遐乎不侔，而发乎情。情则一也抖擞，破囊凡百篇，辄忘其丑，录以备，或者枫落吴江之问。宝佑改元癸丑修禊日。四库全书总目：其诗，世有二本，一为两淮所进题曰戴东埜诗，祇一卷，卷首又题曰：石屏诗集附录。盖本缀复古诗后以行者，一为浙江所进分为五卷，其编次稍有条理，而诗视两淮本较少数篇。今以浙江本为主，据两淮本增入诗十一首，又据宋诗钞，增入诗三首。凡百有馀篇，考卷内有宝佑改元癸丑修禊日。昺自跋曰：抖擞破囊凡百篇录之，则昺所自编，不过此数可以称足本矣，昺少工吟咏，为复古所称，有不学晚唐体，曾闻大雅音之句，今观此作五言如："眼明千树底，春入数花中。秋沐梧叶雨，晓袂竹林风。清池涵竹色，老树蚀藤阴。草润蛬声滑，松凉鹤梦清。"七言如："野水倒涵天影动，海云平压雁行低，杨柳轻风寒忽暖，催花小雨泾还晴。"格虽不高而皆清婉可讽，亦颇具石屏家法也。台郡识小：孙观察星衍平津馆书目载：《东埜集》十卷，天台国材序。又有舒岳祥赠诗一首，明嘉靖丙戌秦禾用国氏本翻刻，盖即宁海国之才也。三台诗录：诗格纯正遒劲，石屏所谓本学晚唐体，曾闻大雅音也。风雅遗闻：《东野农歌集》五卷，大抵天然神韵不费雕饰，五七言佳句，可诵者尤多。杨万里序称，集中答妄论，宋唐诗体者一章，知比可与论诗。台州外书：余所见曲阜孔氏写本，有《农歌集》，又有《农歌续集》诸本，较备。尝手录以付戴氏后人。

### 《渔村集》五卷

〔宋〕戴木撰。黄岩人。（黄岩县志　台州府志、浙江通志作渔歌集）。木字子荣，出叶水心门。集佚。

## 《竹岩诗稿》

〔宋〕戴汝白撰。黄岩人。（黄岩县志　太平县志作戴君玉稿）。今佚。

杜范跋：君玉，携诗卷示余。余不能诗，且不暇，姑读数阕。见其斲词抉意，严而舒癯而腴，时有馈西湖霜螯者，风味近是。为之命酒长吟浩然一醉，恨坡公尝江珧柱，而未尝此也，昔人谓诗能穷人，又谓诗穷乃工，君之穷，其诗之为耶，戴之诗其穷之为耶，或谓诗得穷，又将以疗穷抑。信然否，因醉而书。淳佑癸卯九日。太平县志：君玉与东野、子荣，俱石屏诸孙，其诗工斲削似癯，而腴得石屏之一鳞片甲。

## 《宓斋集》

〔宋〕戴飞撰。黄岩人。（浙江通志）。今佚。

## 《戴颜老文稿》

〔宋〕戴颜老撰。黄岩人。（清献集、黄岩县志）。颜老，木之子，早夭。稿佚。杜范跋存世。

## 《春山杂稿》

〔宋〕蔡希点撰。黄岩人。（浙江通志、太平县志、黄岩县志）。稿佚。希点字子唯，叶水心尝赠诗云：蔡家五千卷，藏向石庵中。其学问该博可知矣。晚迁罗屿。稿佚。

## 《级兰集》五卷

〔宋〕李桂老撰。黄岩人。（台州府志、浙江通志）。

## 《怀仙杂咏》

〔宋〕项诜撰。黄岩人。（方城遗献、三台诗录、黄岩县志、项氏传芳集）。今佚。诜字宜父，与戴景明、王深道善，刘太常漫塘称其拟古诗意，格高超无规仿形迹，共百馀首，今佚。三台诗话：吾乡方岩有仙人田，项宜文、诜家，其下于屋之西筑亭，疏治杂莳花木，为娱奉寿母之地，著怀仙杂咏百首，一时名士赓和。及留题甚多，大抵驰情物外，托想云霞。

### 《东山诗文选》十卷

〔宋〕葛绍体撰。黄岩人。（赵希弁读书附志、黄岩县志　焦竑经籍志、浙江通志俱作东山集箓、竹堂书目作三册）。赵大酉、应繇序，叶梦鼎跋，赵希弁谓至明中叶而亡。

### 《东山诗选》二卷

〔宋〕葛绍体撰。黄岩人。（四库全书总目、简明目录、黄岩县志、皕宋楼藏书志）。近太平陈树钧重梓。

四库全书总目：案东山诗选，散见永乐大典中，皆题葛元承撰，而不著时代爵里。今考集中早发诗云："天台今日去，步步紫云乡。"又新昌道中诗云："明朝行几里，应近赤城西。"则当为天台人矣。谢铎《赤城续志》载：有葛绍体，字元承，家于黄岩，尝师事永嘉叶适，得其指授。赵希弁读书附志亦载：有葛绍体《东山诗文选》十卷。则此集即绍体所撰，旧本偶题其字耳。惟读书附志称诗文选。而永乐大典所载乃有诗无文，或文不足录，为编纂者所删欤。希弁又称，家大酉应繇为之序，叶梦鼎跋其后，及及行状，墓志，原附集中，今并佚。不存其事迹，则无可考见矣。叶适水心集，有赠绍体诗云："数年之留能浩浩，一日之别还草草。念子身名两未遂，今我衰病无一好。"又云："不愁好龙龙不下，只愁爱玉酬石价。"殆亦潦倒场屋士。集中有与赵师秀翁卷酬赠之作，故其诗颇近四灵。盖永嘉一派以四灵为宗主，当时风气如是也。厉鹗撰宋诗纪事，独不载绍体之名，知集佚已久。今据永乐大典所录，分体厘订编为二卷，以存其概。绍体所著，又有四书述见，于朱彝尊经义考注曰已佚，然有此已足以传绍体矣。王棻跋略。

### 《梧坡集》

〔宋〕葛应龙撰。黄岩人。（台州府志、浙江通志、黄岩县志）。应龙字元直，绍体弟也。今佚。

### 《镂冰集》

〔宋〕车安行撰。黄岩人。（台州府志、浙江通志、黄岩县志）。鹤林吴泳序，称其宽平雅淡，不与近世诗人较圭角，而自得清修之趣。今佚。

### 《大雷山民集》

〔宋〕柯大春撰。黄岩人。（黄岩县志）。

大春从叶水心、林浩斋游，肆力古文，有集十余卷，谢慎斋直得其书，谓为理到之文。今佚。

### 《忧釜吟》三卷

〔宋〕胡常撰。黄岩人。（尊乡录详节、浙江通志、黄岩县志）。今佚。

### 《玉峰冗稿》

〔宋〕车若水撰。黄岩人。（赤城新志、尊乡录详节、黄岩县志　千顷堂书目作十卷）。明时尚有钞本。今未见。

自序：若水少事篑窗先生学古文。是时，荆溪吴明辅为同门士，有三年之长，声誉方峻，诸彦皆颖脱，若水最为晚钝。先生存引而伸之，早夜自喜，文致语言排闻架缀，音响一时翕然。先祖隘轩不悦也。年逾八十，妄意吾祖衰矣，诸老凋谢，孤坐数年，忽觉自疑。清献立斋先生自御史归来，往拜之，亲其谈议，始悔穷年埼摭，不但去道日远，而古文亦不如是。删焚殆尽，遂并疏笔研然。又有偶得于管见之微，而勉于人情之不得不为者，久复成编，未知能进与否。至于《宇宙纪略》之书，虽不足以窥天造地，化圣贤制作世运污隆之。万一他日君子或有取焉，岂敢弄文墨也。胡常后序：隘轩先生之声犹远矣，其孙清臣。自少能古文，貌癯而野，口讷不能言。嘉熙初，予始纳交焉。即之既熟回视，胸中狭者宽，窒者通，陋者广，真益友也，真隘轩之孙也。闲以所作示予，复取去曰：未可出也。故予虽熟交，而得其诗文亦不多。如箕窗之所延誉者，且删不留。惟有关扃守残经一诗耳。立斋尝谓之曰：韩退之杂咏古体有三百篇，气象子更涵养意思，充积而发，不患其不近。予以质于谷口，谷口曰：才力开拓其源，当出退之。清臣闻之曰：吾安能学退之前辈，谓退之不能诗。吾方知与其俱不入诗家耳。蓋其以古文名高，不在诗也。予得其诗文虽不多，最爱之时为人假去辄刻诸梓。贫不能以多刻，清臣之作未艾也。姑开其端。

### 《东谷遗稿》

〔宋〕李森撰。黄岩人。（台州府志、浙江通志、三台诗录、黄岩县志）。森一名彬，字景文。以字行，理宗时与弟景传同发解，人称二李。稿佚。

### 《百丈草堂集》二卷

〔宋〕陈钥撰。黄岩人。（台州府志、浙江通志、黄岩县志）。钥居百丈岩下，故以名集。今佚。

### 《泉溪集》

〔宋〕戴良齐撰。黄岩人。（赤城新志、台州府志、浙江通志　太平县志、黄岩县志）。明时，林亚卿家有钞本。今未见。

太平县志：少监以古文鸣理宗朝，尤精性命之学。所著理经辨，吴文正公师其说。此集，嘉靖时其裔希光犹守之，其建白于朝，如崇德辨惑疏，分四目，口：惩奸劝贤，保民理财无虑。数千言皆切中时弊，家食时，复以便宜白于守士之官，如经界，水利，社仓，赋税，俱国计民隐所关，非但学优，实有用之才也。

### 《泽畔行吟集》

〔宋〕阮景芳撰。黄岩人。（黄岩县志）。今佚。

### 《委羽续集》

〔宋〕左瀛撰。黄岩人。（浙江通志、黄岩县志）。瀛字桂庭，纬之元孙。集佚。

自序：《委羽续集》者，委羽元孙瀛。以诗继其祖，又自为之序曰：孔子删取三百篇，其大要存美，刺关教化，皆质直之辞也。汉魏而下，则日趋于绮靡然，见于梁昭明所选者，犹古体也。逮李唐之盛，沈佺期、宋之问之流又创为律诗，既工于对偶，且拘于用韵，体制之变，必入于雕巧，其势然也。以杜工部之雄杰，亦不能免。如绿垂风折，笋红、绽雨、肥梅之类，已近乎雕巧。特其体兼众妙，不得不尔。至晚唐未尝不佳，议者以为气运卑弱，其极则有鱼跃练江抛玉尺，莺穿丝柳织金棱。自常情论之，固为藻丽。然刻琢之功，不遗余力。斧凿之痕，孰云可掩。而骚雅之士，有不屑矣。维时淳熙间，东莱吕太史奉诏编纂皇朝文鉴，至七言律诗，有取曹翰一篇，以战功平反，侧归环卫。一日内宴侍臣，皆赋诗，翰以武臣独不预乃，陈曰：臣少亦学诗，乞应制。太宗以武臣命刀字韵。奏云："三十年前学六韬，英名尝得预时髦。曾因国难披金甲，不为家贫卖宝刀。臂健尚嫌弓力软，眼明犹识阵云高。庭前昨夜秋风起，羞对团花旧战袍。"太宗为迁数官。且本朝作者何可胜数，翰非有闻望之人。虽一时称旨，岂能出辈公之右。而太史特取者，谓其造语浑全，不事雕巧，有补于诗道也。或者乃谓诗家之后,置其祖而述,曹氏岂外家鸡,而爱野鸡耶?答曰:大抵流俗之见,贵耳贱目。惟太史不以人而废言,所以为高也。瀛之家世以儒雅有声旧矣。今后裔汩没闇然无闻,故稍出其末,技托于《委羽续集》,以示文种之不绝,实不敢以艳藻之词自负。而随所感遇,亦窃存劝戒。虽未能仿佛三百篇之精。方之积案盈箱,惟风云月露则有闻矣。

## 《樗隐吟草》

〔宋〕杨耆老撰。黄岩人。(黄岩县志)。车玉峰序,今佚。"樗"字不确切。

## 《金鳌诗卷》

〔宋〕聂蟾撰。黄岩人。(台州府志、黄岩县志)。蟾字少明,号金鳌,为诗多有真趣,车玉峰为题云:向见邱木居言聂君诗句,雄爽在后生为可畏。今殆三十年走江湖……。稿佚。

## 《胡子明诗集》

〔宋〕胡及隆撰。黄岩人。(黄岩县志)。今佚。

## 《如愚集》

〔宋〕陈应璧撰。黄岩人。(黄岩县志)。今佚。

## 《清在丛稿编年杂著击缶吟》

〔宋〕徐升撰。黄岩人。(浙江通志、黄岩县志)。今佚。

## 《瓦缶鸣集》

〔清〕方来著。黄岩人。北京叶志翔刻印。钤印方通良印。黄岩罗氏上云阁藏书。

**《彝经堂集》**

〔清〕工维翰撰。光绪七年黄岩梅梨小隐半兰园木刻本，工菜序。全八卷，二册，黄岩喻武军藏。

**《长匆匆斋诗集》五卷**

〔清〕王葆桢著。黄岩人。民国黄岩友成书局铅印。全二册。

王葆桢（1872—1929）清末黄岩人。南社诗人。黄岩罗氏上云阁藏书。

**《警樨庵诗文集》**

〔清〕许容垣著。黄岩人。民国二十六许蟠云跋于镇江，黄岩友成书局刊，全一册。黄岩罗氏上云阁藏书。

**《适庐诗集》**

〔清〕刘春熙著。黄岩人。刘祖舜、牟思补校。民国二十三年武汉印书馆代印现存黄岩罗氏上云阁藏书。刘春熙（1863—1919）黄岩澄江余屿人，贡生，能诗善画。

**《月河诗钟社吟草》**

任重等编。黄岩人。现存黄岩罗氏上云阁藏书。

民国二十三年路桥王天成石印，月河诗钟社社员分年诗集。上云阁藏有四集四册：第一帙第三帙第四帙第五帙，钤印义甬。

**《雁荡杂咏》**

柯骍威著。黄岩人。丁己年石印本。全一册。现存黄岩罗氏上云阁藏书。

### 《清献中学三台中学备课本》

民国许耀勋手写本。黄岩人。录梁启超文章等,清末民初清献中学堂,三台中学堂历。

### 《侯樵存稿》五卷,《感遇歌》

〔宋〕方仪撰。黄岩人。(浙江通志、黄岩县志)。今佚。

### 《九峰集》

〔宋〕陈夬撰。黄岩人。(黄岩县志)。今佚。夬字子敬,号九峰,博洽能文,有集传于世。

### 《南峰集》四卷

〔宋〕王所撰。黄岩人。(台州府志、浙江通志、黄岩县志)。今佚。有叶萝鼎序存,现略。

### 《寿云集》

〔宋〕黄超然撰。黄岩人。(赤城新志、台州府志、浙江通志、黄岩县志)。明时有钞本。今未见。

### 《西清文集》八卷

〔宋〕黄超然撰。黄岩人。(赤城会通记、台州府志、黄岩县志)。今佚。

### 《乐在稿》三卷

〔宋〕牟及撰。黄岩人。(台州府志、浙江通志、黄岩县志)。今佚。
自序:余非能诗者也,景物之旁触人事之絓牵,有不能嘿嘿,遂髣髴音响,时作韵语。曾不留稿,丙子兵戈,脱万死于榛棘。弟与儿无一存，茕然在困撦关自遗族子辈有拾其覆瓿之馀，因编一卷录之。近有所作，将随录于后。夫诗以言志。三百篇有出于田夫野老之语，圣人未尝删去，盖欲存一时所言之志，以观风耳。乌得如后世搜胃招肾，工一字可擅名终身者，然后为诗也。余生欢逸之，惊视忧愁，顿踣十不能一二。晚年尤堕恶境中，穷者欲达其言，劳者须歌其事，自是人之常情。诗云乎哉。醉馀支枕仰卧，偶取一阅，平生技痒尽在困围，良亦可叹。因思昔人论渊明诗。切于事情而不文，余又不文于渊明见者。宁不发大方之笑。谩书此以备解嘲云。三台诗录：字功，一号乐在，黄岩人，咸淳四年进士，官福州司户参军。元诗人，台州宗人牟大昌乡兵与抗兵败。公二弟一子皆与难，为诗哭之。有"何日鹤鸰还并影，旧时豚犬已成空"之句。遂屏迹山林，终身蓑麻不复出。

### 《湖山汗漫集》

〔宋〕赵孟侗撰。黄岩人。（元史艺文志、浙江通志、黄岩县志、本一禅院志、松江府志）。今佚。元史和县志有载史迹可查阅。

### 《柏峯居士文集》

〔宋〕潘希宗撰。黄岩人。（浙江通志、黄岩县志）。希宗宋之遗民。集佚。

以上别集类（一）。（宋以前七十三部）

# 别集类（二）

## 《圣泉文集》

〔元〕盛家翁撰。黄岩人。（赤城新志、黄岩县志）今佚。

## 《丹邱小稿（稿一作集）》,《半山文集》

〔元〕林昉撰。黄岩人。（赤城后集、浙江通志、三台诗录、黄岩县志、太平县志）。今佚。

林半山文集序:(陆修正号草屋,黄岩人)。余往岁,由乡贡计偕京师,乡人林伯云,由胄监诸生访余于邸,因出其从曾祖晓庵先生所撰《乳柑记》文一首见示,余得诵之。再过作而曰:此文叙事,绝类西汉,当与东坡表忠观碑同称。伯云应声曰:今太史宋公亦云然。翼日余谒公于遣中,因语及公曰:非具眼不能识也。余尝识其言,而未忘。越三十馀年,始克见先生全集,得遍阅之。如谷梁等辩可羽翼正道矣。为春秋者不可不知也。如震雷月食等说,深得程子传易之旨。如天地大五行论,又非区区论阴阳者所能言也。使先生之文得表而出之可补诸传之未发者。世无欧阳公识先生者其谁与? 于乎惜哉! 虽然丰城之剑,尚有待而试也。余谓先生之文亦然。先生讳某,字某晓庵,其别号也。世居黄岩半岭。代以家学称云。

## 《庭翠集》

〔元〕吴在初撰。黄岩人。（三台诗录、黄岩县志）。今佚。字景达,宋进景山从弟。元初婺州教授,转池州知事,有《庭翠集》。

### 《山中樵稿》

〔元〕陈国琥撰。黄岩人。（浙江通志、方城遗献、二台诗录、太平县志、黄岩县志）。今佚。其母戴石屏女孙。诗法有传授，近体高出赵天乐。

### 《双溪集》

〔元〕潘奕撰。黄岩人。（浙江通志、黄岩县志）。集佚。奕，字景大，大澧人，元初福州教授。

### 《黄岩八景诗》

〔元〕潘士骥撰。黄岩人。（黄岩县志）。士骥字用德，号愚谷。诗存。

### 《谷城稿》

〔元〕黄宏撰。黄岩人。（赤城新志、浙江通志、黄岩县志　台州外书作谷城集　台州府志二书并载）。今佚。宏字子约，寿云从子。寿云殚思理奥，子约务博涉工词赋，世谓寿云学人，子约则才人之文。

### 《忧忧集》

〔元〕邱应辰撰。黄岩人。（赤城新志、台州府志、浙江通志、黄岩县志、方城遗献）。赤城新志谓其家有钞本，今佚。

郭公葵序曰：予观邱君咏性所著文曰《忧忧集》，末尝不深悲其志也。夫邱君身不登王官，一命之贵，家不占野外一夫之受。穷居求志，婴患末疾，支离呻吟，舍其一己之忧而忧，其天下之大，凡一物之失，所一政之或疵，则必义形于色，否则戚戚若不能以生。又否则将忘其力之所不得为，而为之规画改错。盖其禀性刚烈，疾恶过甚。不如是不足以泄其志之所郁，虽于圣贤处世之道不求皆合，其视世之汲，汲自为知有己而。不知有人者远万万也。至正乙巳余始识其孙叔廉，出此集相示。嗟叹，不足用题其下。陈德永跋：邱君咏性没垂十五年，而所著论说，记志书，疏诗歌等文，不得遂泯其传。盖识其大者言，虽质而粹于理行，虽危而充于气，亦少伦焉。如破阴阳祸福之拘，以闵亲丧之不葬，斥老佛淫祠之非，以伤世教之不振。至论原盗、除淫祠、恤酋伤、均食监，皆有功于民生之言，续明妃曲以一身安边戎，托礼情于声乐，问尤出人意外。虽晚年卧疾家居。闻州里有官使之贤，辄投书抗论、惟恐政不及施，民罹其患。有古君子忧世之意。夫自三代之政废，有力在位。能以岂弟德被其民人者几希，往往惟自肆于临政治人之闲而号称能吏，然有讲学负成材，沈而在下，不能无所著论，代有之矣。黄岩改州六十馀年，以儒佐政才三人焉。木轩林公志道、张公仲亨、张公宜咏性之隐忧，不忍见闻之及而释于言也。其子文鼎独知父志，持其文示余。呜呼！言有系于世，其可泯耶。求其子孙之贤，必征诸父兄云。太平县志：咏性慨元政不纲。州县吏贪逐，不胜漆室之忧，着论多愤时悯俗，有功名教。其续明妃曲，寄托深远，尤出人意表。郭翰林为序，亟称之。本失不传，存者正正异上下，论复井田论。传录亦多鱼鲁。方城遗献：字咏圣，号心泉，泉溪人，元贞间，举青田教谕不就，著有《忧忧集》。

### 《梯云集》六卷

〔元〕邱世良撰。黄岩人。（万历钱塘县志、浙江通志、台州外书，台州府志作悌云误）。今佚。

### 《方石诗集》

〔元〕叶嗣孙撰。黄岩人。（黄岩县志　浙江通志作叶本初诗集）。以赋方石得名，故以名集。今佚。

**《最闲集》**

〔元〕于初翁撰。黄岩人。（浙江通志、三台诗录、黄岩县志）。集佚。

**《野趣什》一卷**

〔元〕陈应润撰。黄岩人。（文渊阁书目、黄岩县志）。今佚。

**《咏史什》一卷**

〔元〕陈应润撰。黄岩人。（黄岩县志）。黄潜称，美善刺恶，一出至公。今佚。三台诗录：应润有咏史作，极为袁伯长所称。

**《思斋稿》**

〔元〕翁德修撰。黄岩人。（黄岩县志、赤城新志、浙江通志俱作忍斋稿）。今佚。

**《松岩集》十卷**

〔元〕王毅撰。黄岩人。（台州府志、浙江通志、黄岩县志）。毅字伯宏，一字元宏，至治间福州教授与达兼善，友善其集，兼善为序。今佚。王棻曾从丁仲容八仟楼抄录一本，现存九峰图书馆。

**《東斋集》**

〔元〕张鸣则撰。黄岩人。（黄岩县志）。稿佚。

**《彝仲集》**

〔元〕毛南翰撰。黄岩人。（黄岩县志）。集佚。

**《两峰惭草》一卷**

〔元〕陈德永撰。黄岩人。（赤城新志、元诗三选、台州外书、三台诗录、台州述闻、黄岩县志、浙江通志两误作雨）。仅诗四十余首，载元诗三选。

书史会要：德望清重，书宗李北海。元诗选：陈德永字叔夏，号两峰，黄岩人。自幼歧嶷从林纮斋，盛圣泉游，得王柏鲁斋之学。台省辟为和靖书院山长，历官江浙儒学提举。清江杜本伯原称其文章似欧阳子，尤长于理，所著有《两峰惭草》。三台诗录：所著有《两峰惭草》，诗格清新，与李五峰孝光游雁山，从一僮袄被。其宿岩下，聊吟至半夜不已争胜，称一时韩孟。

### 《八台咏》

〔元〕林彦华撰。黄岩人。（方城遗献、三台诗录、太平县志、黄岩县志）。载三台诗录、彦华号城南，才气卓荦、锋利无前。三十余卒，有八台泳传于世。

### 《达业稿》十卷

〔元〕杨文会撰。黄岩人。（台州府志、浙江通志）。文会字建文，号蠢庵。稿未见。

### 《击瓯吟》

〔元〕牟若畯撰。黄岩人。（浙江通志、三台诗录、黄岩县志）。字子南，号南轩，又号青荣子，黄岩人，博学工文，以明经累，应举不利，遂专意吟咏，黄巳斋尝答书云近诗进甚如仆，老懒亦不老相逼，当退过重关三十里也。著有《嗤聆集》《擎瓯吟》。

### 《覆瓿集》

〔元〕牟若畯撰。黄岩人。（浙江通志、黄岩县志）。

## 《啸聆集》

〔元〕牟若峻撰。黄岩人。(三台诗录、黄岩县志)。今佚。

## 《谔轩集》

〔元〕郭公蒉撰。黄岩人。(浙江通志、三台诗录、台州外书、黄岩县志)。

朱右序：诗以言志也。志之所向，言亦随之，古今不易也。三百篇自删定以后，体裁屡变，而导易规讽，犹有三代遗意。俚嗟诞谩之辞不与焉。是故，屈宋之贞，其言也恳。李苏之别，其言也恨。扬马多材，其言也雄。曹刘多思，其言也丽。六朝志靡，则言荡而去古远矣。唐人以诗名家不下千数，其间忧喜怀思，放情感兴，或清而婉，或丽而葩，或跌宕而环奇，艰深而刻苦，亦皆各极其志而致其辞焉。故未可以世之嗜好论优劣也。天台郭公蒉，少负才气，积学缵言，笃志不倦。予弱冠时，辱托交好，相与刮劘，切偲上下，言论于河洛卦范之原，无极性命之蕴，悉指授剖析，所得为多。元统乙亥同贡，有司而罢举之令适下，予行四方，求天下士而师友之，君复徙家钱塘，往还尤密。凡天文秘奥、疆域图籍、家国兴废之故，史记传志、诸子百氏之言，日钞夜诵，考见得失，思所以措诸事业，其志可谓勤矣。暇时登临眺啸，肆情山水，吟咏陶寫，以乐天真。遇喜谔忧思，题赠讽咏，一发于诗，自标曰《谔轩集》。时至酣醉，则对客长歌，泠泠馀韵，人争喜前听君之诗。古雅和婉，悠扬清越，一唱三叹而有遗音，诚可尚也。君每抽思骋辞，不为庸常。语较之世习好尚殆相什百。故独为知音者。传语云千人诺诺，不如一士之谔谔。岂其然欤。翰林承旨张公蜕庵尝评君之文整密高古，君之诗雅趣绝俗，有风人深致。进士唐肃谓君诗清若元酒，雅若朱纮。当时以为知言。戊申之岁，予同以前朝故官寓临濠，旦暮共出处，得君所为诗三百八十馀首。门分朋类，乃君之友柴季通诠次，手钞其命题，往往多与予同赋者。今予稿以兵燹不存，慨然兴怀俛仰，四十年已。君以疾卒濠上，予每阅其编，即挥涕不忍读，而又不忍舍去。嗟乎！人莫不饮食也，鲜能知味也。予于诗也，虽非知味，而君之英华精粹，隽永有余，尤使人咀嚼弗能释。传之后人沾丐未已，予知君之志，不尽施君之言，尤足可法，遂序其编云。台州外书：元黄岩郭秉心，字公葵，以字行。明初以元故官徙临濠卒。其友柴季通诠次遗诗，得三百馀首。朱右叙而传之。三台诗录：唐肃尝有诗云："我昔居秀州，有友徐一夔。好为古文章。自矜少所推。每论其乡人，屈指一二希。云有善诗者，郭姓字公葵，不习时所好，刻意追古词。前后数百篇，一一皆珠玑。"其为名流推重如此。二诗清迥绝俗，固见一斑，或未尽全豹也。风雅遗闻云：张承旨蜕庵评其文高古整栗，诗雅趣绝俗，有风人深致。会稽唐处敬又谓其诗清若元酒，雅若朱丝，至今问诗体专趋妖艳，独先生不泊于时好。故一时名士皆推服之。

### 《基勤集》

〔元〕李子才撰。黄岩人。（方城遗献、三台诗录、黄岩县志）。子才字懋叔，至元间辟授河间学正。集佚。

### 《松崖集》

〔元〕潘孟翔撰。黄岩人。（太平县志、浙江通志、黄岩县志、方城遗献）。孟翔字晋之，号松崖，至正间本州学正。书佚。

### 《松溪集》

〔元〕潘从善撰。黄岩人。（赤城新志、浙江通志、太平县志、黄岩县志）。太平县志：从善博学高才，诗精对仗，如"已有豚鱼孚国信，不烦鹅鸭乱军声"之句。名警不减义山，至今人传诵。

### 《澄南稿》

〔元〕赵蔺撰。黄岩人。（三台诗录、黄岩县志　台州府志、浙江通志作赵友蔺撰)。今佚。

《辍耕录》载:江浙士子非程文有云,黄岩赵蔺,得家兄为帘外之官,瑞安高明托馆主有堂上之契,此亦一时毁誉之口。澄南固葩藻秀发。高字则诚即作琵琶记者,岂无才辈乎。(黄岩旧志):蔺字廉友,号澄南,澄江人。幼聪慧,长从陈绍大、周仁荣学士,终浙江提举。

### 《羽庭集》六卷

〔元〕刘仁本撰。黄岩人。(千顷堂书目、四库全书总目、简明目录、爱日精庐藏书志、黄岩县志、皕宋楼藏书志、善本书室藏书志、铁琴铜剑楼书目、清吟阁书目、清学部图书馆善本书目、台州书目、元史艺文志云十卷今存六卷绛云楼书目作羽庭稿 浙江通志作羽庭诗稿)。有钞本。

自序:至正癸卯之冬十月,余被戎事过上虞主胡斯德氏有柳生泰者,谒求柳庄诗,遂口占授之。既而朱君伯贤曰:生能致鬼神,为文词多奇绝。即挟入密室,请赋白云巢篇。余方与客詹国器、陈惟敬、刘垣之、僧震雷隐昱大明,及胡生琏立谈,顷伯贤亟出曰:若有降灵冯于物者,自称为韩愈氏,即轩辕弥明,书诸几曰:闻羽庭公能文章,敢请见教。邀余及众客入室。余辞以无与似者,大明取余近制守拙斋记一篇质诸神,神使诵之,若有听焉。既终诵乃书曰:善则善矣,独中间熙字误。此吾淮西碑中语也,当作嬉。众皆惊愕。又书曰:羽庭公近著亦立集,吾请为之序可乎?凝神入思顷刻附笔立就,辞语绝类韩子体制。因忆向在庚子正月间,梦偕士友论文,俄而见巍冠博带者,凭虚陟降谓余曰:吾昌黎韩愈也。授以片褚,褚中有云:文以载道,道有显晦。文亦为之低昂,道在日用间。文贵平畅,则道自然明白。文犹掣衣也,絜其领而襭之,理斯顺矣。觉而记忆,尝以语卓君习之。宋君无逸今序中乃曰:吾尝即其人而语之矣,斯言似有胐合乎前者噫?苏文忠公作昌黎潮州庙碑,谓公之神在天下。如水之在地中,无所往而不在。又谓不依形而立,不恃力而行，不待生而存，不随死而亡者，诚哉言也。岂余亦尝信之，深思之，至焄蒿凄怆，若或见之邪！故不得遗置，辄录诸编，左以备观览，幸勿迓其迂诞焉。是年月既望。宋无逸序：天山之山尽东海者，曰黄岩。其别峰走旷原而走者，曰委羽。委山之人有刘德玄者，颀然而清，黝然而玄，飘然有遗世之念。自壮时爱读扬子书，所为文往往有类而或过之，后陟艰棘履险厄而作，又益进。其雄篇也浩浩焉不可端倪，其小章也幽幽焉又不可破裂，噫非玄微之理存于心，其所发者能如是欤。余尝即其人，舆之语矣。因疑其山川之气，清淑者尽萃其身，而又能养之，全守之，固而益充。故其文山立而水行云，兴而霆击，星辰之布列，雨露霜雪之滋悴，鬼神之冥显，人物之胎焕，有若天地之所以化生万汇，而非人力之可及。文之玄，果若是否乎。玄之理在其身，有非他人之侧识者，或谓扬子云行有所不逮，又非后进所能拟是，则所著太玄经果玄乎，果非玄乎？德玄果知之乎？余岂得而议之。今辑所为号，曰亦玄。孰曰不可不然？后世有刘德玄者，必好之矣。轩辕弥明，自衡山来，爱其文也，故冯物而序之。重为歌曰：悠悠太虚孰可冯，我欲冯之气所乘。坎壈窒鳌纷不成，精明纯白道自宁，天台半路黄山青，山中老人刘羽庭。吟诗作赋如建瓴，轩辕道士来相迎。袖中出我亦玄经，起伏万状不得名。为歌此曲山月明。宋无逸序。朱右序：古诗三百篇以风雅颂为三经，赋比兴为三纬，其音节体制概考也。后之作者固蔑以复加，而后之作者舍是亦无以为法。自夫王泽下衰，雅颂不继，王官失职，巡狩不陈，而诗乐之教不行于天下尚矣。东周以还，郢骚之怨慕，扬马之浸衍，晋宋之荡靡，古意弥失，而音节体制亦与时下，乌在其能复乎。唐兴，以诗文鸣者千余家，足以名后世而表见者，惟李白、杜甫、韩愈而已。诗其可以言哉，何则李近于风，杜近于雅，韩虽以文显，而其诗正大从容，亦仿佛古颂之遗意，以故传诵后世，而人宗师之。予为是说久矣，顾材气不足，充其见闻学问，不足阐其微蕴，不敢以闻于人。今年来获观德玄君所著

《羽庭稿》若干卷，读之而有感焉。其性情所发，指意所归，皆有唐人法律。长诗宗韩，短诗宗杜，乐府歌曲有李风度，而四言诗又当不在魏晋下，等而上之，则三百篇风雅颂之遗，将无所失其有不传也哉。刘君世以儒显，少习经术，尝以进士业中乙科宪府，举其才试吏于闽所，至佐上官，有政绩，今为浙江省左右司郎中。公退之暇，手不释卷，旁及诸史，百氏阴阳卜技名法，靡不研通，而尤工于诗歌，积而成篇，其徒将梓以传，以予知最久嘱弁其编端。予因次第其说为序引。列朝诗集小传：刘左司仁本，字德玄，天台人。以进士业中乙科试，吏于闽，历官江浙省左右司郎中。朱右羽庭诗稿序云：侯以经济之才，当艰阨之运，为国家安辑海隅，以通运道。国史实录云：朱亮祖克温州，获其员外郎刘仁本。方谷真本传云：谷真兄弟目不知书，同邑刘仁本、张本仁等佐其谋。议以诸书参考之，谷真海运输燕，仁本实司其事。仁本之为省郎，盖元官也。或谷真请庆，朝而授之也。国史云：获其员外郎，则直以仁本为方氏之官矣。淮张及庆元幕府，辟授略仿有唐藩镇承制故事，而国史考之详也。方氏盛时招延士大夫，折节好文，与中吴争胜，文人遗老如林斌萨都刺辈，咸往依焉，至今庚子。仁本治师会稽之余，姚州作雾咏亭于龙泉左麓，仿佛蕊亭景物，集名士赵俶谢理朱右，天台僧白云，以下四十二人修契赋诗，仁本自为叙。又僧恕中记，仁本刻诗成，取明州佛藏糊为书衣，揭去经文装潢其诗，吴元年取明州，朝廷数仁本之罪，鞭其背溃烂现肝脏乃死。

### 《羽庭诗稿》

〔元〕刘仁本撰。黄岩人。（台州府志、台州外书、黄岩县志 文渊阁书目、菉竹堂书目作刘羽庭诗二册。浙江通志庭作亭。玩斋集稿作集）。载钱谦益《列朝诗集》。《台州外书》。载略。

### 《潘先生集》五卷

〔元〕潘伯修撰。黄岩人。（赤城新志、千顷堂书目、黄岩县志）。今佚。

叶良佩序：《潘省元文集》五卷，旧无刻本，予世父东野君，得写本于其先师。缪守谦氏曰：《潘先生文集》闲以视予，俾序之先曰：先生胜国时人也，以先文鸣东南，而尤长于诗。夫谈胜国之诗者，必曰虞杨范揭。其在吾浙，则杨铁崖廉夫其尤也。铁崖序两浙作者集，于吾台收二人焉，曰丁复、仲容，项炯、可立。嗣后选刻元诗者，台独取陈孚刚，中而皆不及先生，予不知其何说。或谓先生宦游未甚显，当路诸公皆莫之省识，噫其然乎！往予闻诸先辈元一代之诗，要当以刘静修、虞邵菴为称首，其次则杨廉夫在伯载德机之间，揭曼硕殆弗如也。乃若吾台，则当以先生为最云。先生古诗长短句，有李谪仙骑鲸之气，其序记碑铭则模范昌黎，顾其才力又骎骎乎！足以远之也，惜乎！遽死于方国珍之难，犹未见其止尔。初，国珍寇海上，胜国即行省，命将合数郡兵讨之不能下，或曰非潘先生不可。于是礼请先生款其门，说以逆顺语，寇即日敛戈甲受命于朝。会方氏之党郭仁本辈，素不乐于先生，遂相与谗之国珍，使盗待诸隘而害之。士林懊恨焉。或以先生处无道之世不能括囊沈几，以自蹈于难，为先生病，予独谓不然。昔稽康之在魏晋也，盖尝鬏严岫以避之矣，而竟为司马氏所杀。要之正人在野，固奸雄之所不便也。然则先生之遭害于方氏，固命也，又岂智者之所能同防，而豫免之也哉。善乎，先达林公辅之论曰：潘先生莫邪大剑也，其光芒上逼星斗，而不能保其无缺，折之患，虽然不害，其为千金之实也。此可以为知言矣。先生名伯修，字省中，黄岩大澧人，尝三举于乡，为省元。已而试于春官辄不利，死时年四十三云。

三台诗录：字省中，太平人，旧隶黄岩，博学高才，尝三中省试，为达兼善所重，每事咨访。朵儿只班统兵欲屠海上民，省中挺身说，以乱者止，方氏百姓何罪？乡里得全。后又欲以言说国珍反正。国珍纳枢密郭仁本，之窥于其归，使人杀之于途，谢方石待隘盗乐府，为省中而作也。有《江滥集》行于世。元末诗专尚词采绮丽，有馀中无真气，独省中忧时念乱，忠爱勃发，虽不废华藻，而语出至性，实以义山之才华，兼少陵之忠孝，七律沈雄壮激冠绝。元代《方石录》，《赤城集》多者不过十数首，省中独有四十一篇，其欣赏之至矣！太平县志：叶良佩序称集五卷，刻本世父东垫君，得寫本于其师。缪守谦氏曰：《潘先生集》其古诗长短错综，有李谪仙骑鲸之气，叙记碑铭，则模范昌黎才力，又骎骎乎、足以达之。

### 《江槛集》一卷

潘伯修撰。黄岩人。（元史艺文志，赤城诗集、方城遗献，浙江通志，台州外书分贤事略、黄岩县志、台州书目）。载元诗二选。近温岭林丙恭，爵铭重编排印。

赵佩茳序：南去治五十里，曰：淋头聚族而居者，诸潘为独盛，皆元省中先生后也。先生尝谓文章不阅世教，虽工无益，故其生平忠烈之操、至死而不移。所著有《江槛集》。诗，戚志称其文俱已梓行，今以问其子若孙无知者，而邑之藏书家又无其本，盖已失其传矣。先生墓在泉溪之花山，与程成趣先生墓相望，去余家仅里许，耳慕有庵九老所因，而社吟者林君爵铭既葺，九老诗存，因而推其屋乌之爱于先生之诗，宜也乃广搜《元诗选》《赤城集》《三台诗录》《潘氏谱牒》，及乡先正集，得其遗诗若干首，文若干篇，都为一卷，曰：拾遗者林君之心，若憾其不传，矜而重之，以为爱惜之至也，独慨先生以德行道义为世所推重，卒死国难，亦云穷矣。然使恍恍大集流布人间，则于人心世道不为无裨，先生之心，亦因而少慰，胡为至今不传耶。叶郎中海峰序：先生文云步武昌黎，骎骎乎及之则不专工于诗，可知又谓其长短句得谪仙骑鲸之气，则不专于诗，而其诗之足传，又可知乃未千年诗则亡失，莫稽而其文之存者亦寥寥数篇，先生平日之所云云者亦第得之人，而不获寓之目，先生之不幸，亦后起者之不幸也。甲辰岁余方与林子仲岩陈子义，补议建九老祠，以复梅社之旧，林君以诗来请，以旧社为祠祀先生，等谓先生业已附乡贤祠，可不必而欲演花山之诗派，自当以先生为祖祠辄九老，不得不传先生也。故以林君嘱，序而归之，且因而进之曰，先生之文若诗纪目于通志及郡邑志者，炳炳如此，海峰叶郎中之序之也。又啧啧如彼，以吾子之悉心搜讨，全璧必将复见，尝得之速以归，我俾得朗诵数过，以发吾埋鬱之志而快。吾愿见之情，是则吾之厚幸也夫。

陈树钧跋：友《江槛集》一卷，元乡正潘省中先生所撰也，往余读叶郎中海峰堂稿，见有序潘先生集，文言先生有集五卷，求之十余年，惟顾嗣《元诗选》本中《江槛集》一卷，诗四十首，与谢方石《赤城诗集》所选略互异者仅三首，疑元诗选，即据《赤城诗集》为蓝本，其五卷本卒不获。今春先生之裔孙，余友子周茂才，继清重修宗谱，因余素留心桑梓文献，向索先生文集。余以久佚，对茂才惘然者久之，余悯其志，乃命次男卫以《赤城诗集》元诗选为本，参以《韵语外编》《三台文献》《方城遗献》诸书重为搜辑，得诗五十七章，文四篇，分类编次，仍以叶序弁首，末加附录六条、俾先生之行实略见一二。夫以先生，生丁元季，正谷珍作乱海上之日，参政孕儿只班统兵至，将尽屠边海居民，先生独挺身而说当道，归罪方氏，吾台孑遗之民不至同归于尽者，实拜其赐。厥后，先生虽卒、罗于难，而潘氏子孙、至今繁衍食报正自不爽。若夫先生之诗文类多，悯时病俗，有功名教樽酒行诸篇、前人至称其笔俗之豪纵，逼肖太白，若昌黎尚少，此盛气也可谓得其要矣。吉光片羽读是集者，自能知而实之钞，既竟因辍数语以识之。宣统二年太岁庚戌端阳日。

赤城新志：潘伯修，字省中，黄岩人，尝三举于乡，至春官辄不偶，遂决志隐居教授以著书为事。旁通天文地理律历之学，为诗文皆寓微意，曰文章不关世教，虽工无益也。方谷珍寇海上，浙江政朵儿只班总兵至，将尽屠边海之民，伯修挺身率父老诣军前，力争之曰：倡乱者独谷珍，尔吾民无罪也。乃得免。后竟为谷珍所害。黄云泉有言：潘先生莫邪大剑也，其光铄然足以动星斗，其锋锷然足以破坚珉，而不保其缺折之患。虽然，不害其为千金之宝也。可谓深得其为人者也。

元诗选：潘省元，字省中，黄岩人，元至正间尝三中省试。方谷珍乱，刮之海上欲官之，不从，遂死于难。应梦虎作诗吊之，有嵇康未必。轻铏会，黄祖何尝识祢衡之句。今读其诗，缠绵感慨，多出入于二李之间，如燕山秋望丙申元旦诸诗，则忠君爱国之心，固蔼然溢于言外也。

## 《翠屏闲稿》

〔元〕阮贵常撰。黄岩人。（黄岩县志　浙江通志无闲字）。今佚。

黄岩县志：贵常字性之，号翠屏，杜村人，能诗，与潘伯修、李禹鼎为友。著翠屏闻稿。

## 《龟峯集》

〔元〕叶道滋撰。黄岩人。（嘉靖太平县志　浙江通志、黄岩县志）。今佚。

## 《观澜集》

〔元〕金辅撰。黄岩人。（浙江通志　黄岩县志）。今佚。

## 《水南稿》

〔元〕金道源撰。黄岩人。（赤城新志、浙江通志、黄岩县志）。今佚。

## 《有邻稿》

〔元〕鲍德贤撰。黄岩人。（太平县志、方城遗献、浙江通志、黄岩县志）。今佚。德贤筑室龙井，署曰"有邻居"，遂以名集。

### 《乔云樵唱稿》

〔元〕戴璿撰。黄岩人。（黄岩县志）。璿字文几，号松涧，博览群书，尤精于医，稿佚。仅石屏集附载诗三首。

### 《草虫集》

〔元〕戴琏撰。黄岩人。（黄岩县志）。琏字尚重，号恬隐，集佚，仅石屏集载诗二首。

### 《庵山樵稿》

〔元〕陈舜炯撰。黄岩人。（方城遗献、三台诗录、黄岩县志）。炯字邦辅，博闻强记，行不苟。今佚。

### 《归田稿》

〔元〕陈元善撰。黄岩人。（浙江通志）。今佚。

### 《无谓稿》

〔元〕童一鹗撰。黄岩人。（赤城新志、浙江通志、黄岩县志）。号无谓散人，故以名集。今佚。

### 《蚓鸣稿》

〔元〕潘骙撰。黄岩人。（赤城新志、浙江通志、台诗续录）。字季渊，号桧轩，黄岩人，赵澄南高足，有文行，终于布衣。今佚。

### 《守愚稿》

〔元〕张士用撰。黄岩人。（赤城新志、浙江通志、黄岩县志）。今佚。

### 《药所稿》

〔元〕李公敏撰。黄岩人。（浙江通志）。未见。

### 《蛙鸣稿》八卷

〔元〕应虞撰。黄岩人。（台州府志、浙江通志）。字维舜，号舜夫，至正间，任兰亭山长。未见。

### 《东轩集》

〔元〕方行撰。黄岩人。（焦竑经籍志、列朝诗集、元诗选、明诗综、千顷堂书目、浙江通志、台州外书、风雅遗闻、台州述闻、黄岩县志）。载列朝诗集，元诗三选。

宋濂序：《东轩集》者，天台方君明敏之所作也。明敏仕于元，尝参知政事，于江浙行中书，襟韵萧丽，而气岸伟，如发于声诗，往往出人意表。其弟明则缮钞成帙，同予学子桂慎请予评之，余曰：古诗俊逸超羣，如王子晋鹤背吹笙，随风抑扬，声在云外，律诗清丽婉切，譬犹长安少年饮酒百华场中，莺歌蝶拍，春风煦然扑人，终日传杯而醉色不起，诗人之趣至是亦可谓之不凡矣。明则曰：请为之序以传何如。余曰：宝剑藴于丰城，而紫气上浮于天末，猗兰生于幽谷，而秋声播于九卫，诗佳矣，不必籍序以传也。曰：此固然矣，原卒以言之曰：诗之古者莫三百篇若也，篇首各有小序，所以序作者之意，而非后世通为之序也。汉魏以降作者鲜自白其意，读之者不能知乃私自臆度，此为某事而发，此为某时而叹，使若人不死，即而叩之。恐其未必尔也，故予尝有言作诗，必自序非他人之可与，闻此言似不可忽也。曰：固哉吾子之为诗也。可以序，可以无序，之将何伤焉。余无以辞，因取所评者书之，于首简云明敏于书，无所不读、最善谈名理。与人交，煦煦有恩、意君子贤之，其所长者不特能诗而已也。

三台诗录：字明敏，黄岩人，国珍子，尝从父克太仓，授分省参政，调江西归附。后徙濠上，又徙滇。沐景颐沧海遗珠多载其诗。有《东轩集》，宋濂序，称为人襟度潇洒善谈名理，于书无不读，古诗后逸超羣，律诗婉丽清切，倾倒可谓至矣。国珍犹子明谦亦工诗，与秦御史凯唱和，应志和赤城丛录，及无名氏台考诗目，并载其名，惜无一见所作也。

## 《郑蒙泉诗集》

〔元〕郑守仁撰。黄岩人。（风雅遗闻）。今佚。

三台诗录：号蒙泉，黄岩人，延佑间游京师。寓蓬莱坊之崇真宫，大雪闭门偃卧，不与士夫接，时称为独冷先生。至正间主白鹤观，与达兼善，乃金台危太朴，诸公为诗友。

## 《松石稿》

〔元〕释朴庵撰。黄岩人。（梧溪集、光绪黄岩县志　黄岩旧志作赵朴庵稿）。今未见。

黄岩旧志：元赵惇，字朴庵，宋宗室裔。居黄岩，少从胡石塘先生游、性介洁、不乐茹腥血，遂祝髪为沙门，壮游金陵，与五峰，李孝光，并受梁王知遇。一日惇引柯九思见，柯以写竹，遂得亲幸王即位、独召用柯、李，后送惇还山，云：月行天中央，天高如屋极。中有雪色兔，下土人不识。我会摩其须，仙吏睨我侧。世人乞毫光，密如雾雨塞。蹴踏河汉摇，汹涌若秋汐。是谁知此奇，南有弥天释。去去不复念，令人泪横臆。盖李亦不能无慨也。惇以寿终。其徒智升以所遗《松石稿》示王逢，逢称惇雨主，名刹退老，云闲心易笔史，有山林宿儒气，所习佛业师行、称于名缁。稿若干篇，于金陵时事无一及者，荣念盖灰如也。为述大略，并和李韵云世殊老复至怀，贤思弥极静观惇公诗，"岩姿恍会识盖茅，白云奥结轸彤邸。侧酥略味殊珍蔚，茆饥可塞脩脩双，履迈古渡几潮汐，松偃石动泉对月，卷忍释大鹏世亦无，山鸡街文臆见王。"原吉梧溪集，盖朴菴亦高隐也。

### 《南村诗集》四卷

〔明〕陶宗仪撰。黄岩人。（汲古阁书目、明史艺文志、千顷堂书目、浙江通志、四库全书总目、简明目录、浙江采集遗书总录、台州外书、文瑞楼书目、邵亭知见传本书目、黄岩县志、台州书目、松江府志）。近其邑杨晨刊入台州丛书后集，图书馆有存本。

明诗综：唐士纲云，公以黍离麦秀之馀，而有骏发蹈厉之气，抚羁窃沦落之景，而无危苦愤激之词，足以见其所存矣！静志居诗话：南村练习掌故，元朝野旧事藉《辍耕录》以存，其馀若《草莽私乘》，《游志续编》《书史会要》皆有裨史学。入明，自称其居为小栗里，虽好爵未縻然，其集中诗，如乙卯人日云："天子居大宝，念民日孜孜，上帝昭圣心，报锡以雍熙。"纪行诗云："弭棹中和桥，僦舍千步廊，报名谒鸿胪，会朝造鹓行，国安四方静，君明六卿良，圣德满湛汪，灭庆祚衍灵长。"入都门诗云："虎踞龙幡真圣主，天开地设古神州。"早朝诗："甫座正中天咫尺，叩头丹陛益凌兢，"闻皇太孙即位诗云："先帝逍遥游碧落，神孙端拱坐明堂，九重统握乾坤大，万国恩沾雨露香，动植飞潜滋德化，都俞吁咈庆明良，老臣抃舞南村底，笑对儿孙两鬓苍。"窃谓此等诗，可以不作，可以不作而作之，宜录入明诗矣。

四库全书总目曰：是编毛晋尝刻入十元人集，刘体仁七颂堂集，有与张实水尺牍称，读史不载陶南村，窃谓此君靖节一流人。今考十元人集，内如倪瓒顾阿瑛，亦皆亲见新朝，然瓒遁迹江湖，阿瑛随子谪徙，未沾明录，自可附朱子纲目陶潜书晋之例。宗仪则身已仕明。孙作《沧螺集》中有陶九成小传可证。晋仍列之元人，非事实矣。观集中洪武三十一年皇太孙即位诗曰："老臣抃舞南村底，笑对儿孙两鬓霜。"则宗仪臣明，原不自讳。又集中三月朔日至都门、二日早朝、三日率诸生赴礼部考试、十日给赏、十一日谢恩诸诗，即明史本传所谓洪武二十九年率诸生赴礼部试时作也。是又岂东篱采菊之人所肯为之事，又何必曲相假借，强使与栗里同称乎。是集不知何人所编，考其题中年月，及诗中词意，入明所作十之九，惟饶歌鼓吹曲诸篇，似为元时作耳。其编次年月，颇为无绪，殆什收遗稿而录之，未遑诠次，又顾阿瑛玉山草堂雅集所载，激怀楼七律一首，送殊上人七律一首，皆不见收，知非宗仪自编也。毛晋品其诗，如疏林早秋，殊不甚似，然格力遒健，实虞杨范揭之后劲，非元末靡靡之音，其在明初固屹然一巨手矣。六研斋笔记：元人有西字韵七言律诗，作于虚充赖而诸公和之，惟陶南村洒落雄迈，笔亦遒古，有李泰和云麾帖意。九成陶隐君，品望绝高，与云林惟寅辈名重一时，其南村别墅最著人耳目。

### 《沧浪棹歌》一卷

〔明〕陶宗仪撰。黄岩人。（绛云楼书目、千顷堂书目、浙江通志、浙江采集遗书总录、四库全书总目、台州外书、黄岩县志、松江府志）。顾修刻入读画斋丛书。

四库全书总目：是编诗词合为一卷，前有正德丁丑松江唐锦序，称其集不传，惟得此一卷为宗仪所自编。今考其中诗词皆已载南村集中，惟题卞庄子刺虎图七言古诗一首、题岳王庙七言长律十四韵一首，为南村集所未载耳。又对月七言律诗，甘旨未能娱彩侍句，南村集作娱彩服，疑此本为误。南浦词序中，一水并九山南过村外以入于海句，南村集作一水兼九山，则南村集误也。

### 《梅南别墅稿》

〔明〕林鸣善撰。黄岩人。（黄岩县志）。明善在洪武初，任摄郡学教授。今佚。

### 《纪怀诗》

〔明〕吴澄撰。黄岩人。（浙江通志、黄岩县志）。今佚。

（黄岩县志）：字清叔，三童人，举贤良，方正辰州学录

## 《介石稿》

〔明〕许伯旅撰。黄岩人。（赤城新志、千顷堂书目、浙江通志、黄岩县志、台州书目　一作介石堂集）。伯旅，字廷慎，号介石，洪武初官刑科给事中。集久佚。今温岭金嗣献，重辑，载入赤城遗书汇刊。

林公辅序：杜子曰：文章千古事，得失寸心知。夫文心之所出也，心无所得，又乌知得失之所在，得失所不知而曰：能得乎文，吾不信也。古之圣贤，千言万语皆写心之所得，故其大通天地，小入毫末，妙入鬼神。人得一窍之微，为终身之用不穷。至荀卿、贾谊、董仲舒、杜子美、韩退之、欧阳永叔诸公，揆诸圣贤，虽时惑有倍而其涵茫不测变，流不滞，亦非自外而至，故其言犹为世尊雄何也！言发于心，心之所得，虽未如圣贤，而其发也，亦非率尔而妄言者矣。此天下后世，亦莫得而废之也。若扬雄王通之才，不足以及此，识不足以知此，始以钻刻为功，取圣贤之言，章模句笵传于天下。其曰太元经者以配易，其曰元经者以配春秋，其曰中说者以配论语。其意谓圣人天下之所宗也，冀天下之人相谓曰彼乃与圣人配则其高可知矣，是假圣人以惑天下侥幸于一传，呜呼！是犹聚土以状人，其形面手足人也，其神气则无矣，抱童子远而视之，犹曰：人也，近而视之亦知其非矣，雄、通之言是欺童之远也，将传于天下可乎哉。吾是以知有得而言其言也，虽少犹为世贵无得，而言虽致多累千万亦徒劳尔。故孟子曰："君子深造之以道，欲其自得之也。自得之、则居之安；居之安，则资之深；资之深，则取之左右逢其源。"尚何模范为事哉？以模范为事者，皆无得者也！世之能知此其惟我友许君廷慎乎。廷慎少业科试，会有成，曰兹不足以发明成业，遂取六经及圣贤之文读之，数年不觉胸中浩浩理融，意析渊澄藏积吐吞，呼吸力不可得而制也，事不可得而泄也，于是触时遇物，肆而成章。至于纵横上下颠倒欹正，翕

散之际，莫不如其意之所欲，为世之吟风弄月，为至煦煦草木情思为工者，皆不瑕顾也。故其诗名隆隆振远，迩此岂得于口耳之浅哉，要其心之所得又不自知其至矣。呜呼！吾少时与廷慎同学，廷慎长予一岁，日与廷慎戏为笑乐，乌知其至此。而余也愚，日倍譬如盛盆盎待秋雨之一溉而不可得其视，廷慎寗不恔然于中心乎。吾知无能及矣，故书此于篇端，为异日岁月之考云。

林公辅后序：廷慎在凤阳时尝读杜诗，忽然悟曰：古人之高乃在是矣，遂敛其平日所作向火焚之。自是历半年不作一诗，惟夜诵想，几至忘食寝。人或以事问之，皆不知所以答，骙骙似偶人。一日呼童子研墨甚急，大书所作感兴诸诗，极其闳壮。时江西刘先生子宪，以诗自负，见之叹曰：是子且来逼人矣。余因取观之，诚非近代人语言也，问其得何法而然。廷慎曰：法可言也，意不可言也，上士用法，得法之意，中士守法，得法之似，吾诗几用法矣。如是而起，如是而终，如是而为开阖，如是而为抑扬顿挫，如是而为轻重高下，意之所至，词必与俱。固未尝囿乎，法亦未尝废乎。法也古之艺人如庖丁辈，千变万化皆随其心手所出，无他焉，亦惟善用其法耳。由是而观，天下之术，未有不能用法，而神者也。余虽知其言之美，而不能用其言者矣，会别归廷慎诗日有名。及去年相见秦淮上，探敞囊中得钱二百酤市中酒相饮寓舍，廷慎执酒诵梦予诗，其首数语曰："时结交友怅怅长，忆君何期夜来梦，复接平生亲，握手步芸阁"示我，高世文浑雄脱，凡近要妙几通真。予叹曰：吾岂文士也邪。廷慎曰：子非文士，岂有经济才如古豪杰者乎。曰：吾虽非豪杰、亦不愿为文士也。廷慎笑曰：吾别林生久，不意其狂態复发而已。又曰：子虽狂，大丈夫立志当如是也，拘拘文字之未抑，可悲夫。时夜已二鼓，各拥衾而卧。明日散去，俱伯于所职，虽时时会竟不能如此时之欵接矣。未期月，廷慎得疾死，将死曰：吾以稿累子。予谨藏诸箧中，未尝敢易出也，出则必大哭失声。思少时与廷慎同在邑庠，廷慎顾悟绝行辈，独奇余可交交，抵其死时十有四年，中别去者惟二年尔，然有以书相问也，语相通也，岂如今竟不可复见乎。是以思其居处，思其笑语犹足以起人哀慕，况其手泽之所存者乎。呜呼！廷慎已矣，间虽恍忽见于梦寐，觉视四枕，惟月露凄然而已，岂不哀也夫，岂不可感也夫。

金嗣献跋：右介石稿一卷，邑先正许廷慎先生所撰也。先生名伯旅，洪武初由选贡授刑科给事中，其诗盛为方逊志，林公辅所称，林尝叙其诗集。又有后序，盖前序，当许生存时所作，后序则作于殁后也。其集据赤城新志云有钞本，然明史艺文志及诸家书目皆未著录，惟千顷堂书目一见，然亦不言其卷数，则佚久矣。余因检《赤城诗集》《三台文献韵语外编》《明诗综》等书，悉心拾得诗六十二首。编为一卷，又取《赤城新志》《明诗综》《静志居诗话》所记及方逊志、许士修酬赠之作为附录。虽所得寥寥，而吉光片羽弥足实贵。昔徐子元言廷慎，如天台岩宕雄踞东南，不愧小杜之称，今观集中诸作，沈郁忼壮，寄托不凡，徐氏之言，信而有征矣。甲寅夏月。

三台诗录：廷慎在凤阳日读杜诗，忽悟曰：古人之高，乃在于是，遂尽焚所作书，夜诵想至忘寝食。一日呼童子研墨甚急，大书所作感兴诸篇。时江西刘子宪方以诗自负，见之叹曰：是子且来逼人矣。其论诗谓上士得法之意，下士得法之句。吾诗意之所至，词必与俱，固未尝囿乎法，亦未尝废乎法也。静志居诗话：论诗具有深旨，宜当时有小杜之目，惜其集不传。

## 《石门集》

〔明〕陈铿翁撰。黄岩人。(千顷堂书目、浙江通志、太平县志、黄岩县志)。

太平县志：宋濂，叙称石门之学，得朱考亭之支流，人品学问推重海内，为诗气充词畅，浑厚精醇，大雅奏而黄钟鸣，非求工于一言双若苍蝇之声，与出于蚯蚓之窍者也。又称，至正朝起征辟任平阳教授，则石门实以元故官不仕，获罪钞没，前志载洪武征辟为误。此又关先生生平出处大节，附载于此，以俟考焉。

黄岩县志：案赤城新志，陈铿翁洪武中平阳教授，考温州府志，则明时平阳为县，有教谕，训导，而无教授。惟元自元贞年升州，后志载教授十九人，铿翁与焉。又载陈高学田记，作陈铿翁，此系字误、实一人也，铿翁之后，尚有赵仪，孔泾二人。则其为至正间任审矣，《赤城新志》纪其官为教授，不误言。洪武中则误也。

### 《介轩集》

〔明〕戴奎撰。黄岩人。（千顷堂书目、明诗综、浙江通志、太平县志、黄岩县志）。

三台诗录：文祥自以经事前朝，不顾仕进，决计散髪林下。诗中多寓此意。黄岩县志载：奎，字文祥，号介轩，元末钱录事，明初徙濠上薦起为齐河县主簿。太平志谓其集失传，惟曹学佺，石仓十二代诗选录，其诗三十首，附王止仲后。朱太史竹垞摘其警句，入静志居诗话。今案石屏集附录，凡五十四首。盖曹选所本，鹤泉岂偶未之见欤。

### 《直正斋集》

〔明〕郑涤撰。黄岩人。（千顷堂书目、三台诗录、太平县志、黄岩县志）。涤字起深，洪武时乐清训导，集未见。明诗综载：广文诗多不传，跌宕自喜。

太平县志载：多雁山纪游作。按起深客夜诗，戚鹤泉称其极力摹杜，明诗别裁作黄裳作，误也。

### 《静斋集》

〔明〕徐宗实撰。黄岩人。（赤城新志、千顷堂书目、浙江通志、黄岩县志）。今佚。

### 《明月集》

〔明〕徐宗显撰。黄岩人。（赤城后集、黄岩县志）。宗实从弟，官礼部主事。集佚。

### 《使西集》

〔明〕黄斌撰。黄岩人。（赤城新志、千顷堂书目、浙江通志、三台诗录、黄岩县志）。今佚。

三台诗录：字宪章，号松云，子洪武中官户部主事，左迁句容县丞，尝使蜀。有使西集。黄岩县志：尝奉勅使蜀，此集盖录其道途之作也。

### 《畅轩集》

〔明〕郭樻撰。黄岩人。（赤城新志、尊乡录详节、千顷堂书目、浙江通志）。赤城新志谓，其孙端朝，家有钞本。今佚。

### 《郭元亮诗文集》五卷

〔明〕郭元亮撰。黄岩人。（赤城新志、千顷堂书目、浙江通志、光绪黄岩县志 黄岩旧志无诗字）。今佚。

### 《苍山集》

〔明〕王文启撰。黄岩人。（千顷堂书目、浙江通志、黄岩县志）。今佚。

### 《止轩集》

〔明〕王谏撰。黄岩人。（方城遗献、黄岩县志）。谏字元贞，洪武辛亥进士。书佚。

《松石集》

〔明〕戴宗涣撰。黄岩人。（方城遗献、黄岩县志）。宗涣字原怡，石屏六代孙。集佚。

《金陵集》

〔明〕赵文昂撰。黄岩人。（三台诗录、黄岩县志）。集佚。

《西清遗稿》一卷

〔明〕郑元益撰。黄岩人。（三台诗录、黄岩县志、台书存目录）。元益，字西清，明初由通州文学言事，擢广东东阳县令。今太平陈襄臣有藏本。

《续寒山诗稿》

〔明〕释达珍撰。黄岩人。今存。

《石盘集》

〔明〕陈元用撰。黄岩人。（三台诗录、太平县志　黄岩县志陈作郑误）。今佚。元用字楚宾，号石盘，洪武中荐起为泗州学政，后升任为教授。以楷书名。

《素轩集》

〔明〕陈元翊撰。黄岩人。（三台诗录、黄岩县志）。今佚。
元翊字廷翰元用从弟，洪武中，以孝悌力田，荐授尉氏，升南部令。

《讷斋蛙吟》十卷

〔明〕余尚则撰。黄岩人。（千顷堂书目、台州府志、黄岩县志、浙江通志　光绪黄岩县志作蛙吟集）。今佚。名郁，号讷斋，洪武中运司副使。

### 《禽言集》

〔明〕牟制撰。黄岩人。（三台诗录、黄岩县志）。今佚。

字志成，号庶儿，黄岩人，精诗文，尤工丹青。洪武中，辟为郁林大使，著有《禽言集》。

### 《云中生诗集》

〔明〕许弼撰。黄岩人。（黄岩县志）。集佚。弼字廷佐，洪武庚戌乡科，集佚。

### 《草屋先生集》

〔明〕陆修正撰。黄岩人。（黄岩县志）。今佚。

### 《香奁八咏》

〔明〕卢宪撰。黄岩人。（台诗续录、黄岩县志）。今未见。

字廷刚，号省盖，洪武初谷府长史。戚鹤泉谓有《香奁八咏》传世。

### 《采兰集》

〔明〕金础撰。黄岩人。（赤城新志、千顷堂书目、台州府志、黄岩县志　黄岩旧志作采兰稿误列元）。今佚。字庭器。道源子。太平府鱼官，革除初以忧愤卒。遗集朱右为序。

### 《澹庵稿》

〔明〕金茂撰。黄岩人。（千顷堂书目、台州府志、浙江通志、光绪黄岩县志　黄岩旧志误列元）。稿佚。茂字敬绪，道源从子，天台训导。

### 《翠屏稿》《登瀛稿》

〔明〕黄友谊撰。黄岩人。（千顷堂书目、太平县志、浙江通志、黄岩县志）。俱佚。

### 《药所集》

〔明〕李毓撰。黄岩人。（赤城新志、千顷堂书目、太平县志、黄岩县志、浙江通志、复载一入元，一入明）。集未见。毓一名公毓，字长民，隐居不仕。集中多与翠易子往来诗，不知其何人也。

### 《愚斋稿》

〔明〕何明远撰。黄岩人。（台州外书、黄岩县志）。今佚。

明远，字文仪。泉溪人，通春秋，元末两征不起。洪武初召，对试御边安民策，授四明市舶提举，嫌身在利薮，引疾归里。居讲学论道，后进化之著，有《愚斋稿》。

### 《静学文集》二卷

〔明〕王叔英撰。黄岩人。（明史艺文志、台州府志、黄岩县志、四库全书总目、简明目录、善本书室藏书志、台州书目、千顷堂书目、文瑞楼书目作静学斋稿二卷　台州外书云一卷，风雅遗闻云：静学诗文集衡州守刘定之所梓，邵亭知见传本。书目云：成化中谢世修刊本，胡心耘有旧抄本六卷、附录一卷）。近有王棻辑本凡三卷。图书馆有藏本。

林公辅序：天之与人，富贵名寿，皆不甚惜，至于文章，则甚惜之，何也。一代之兴，位列上公，土封大国，名满天下。而年至上寿者，不可指数。而文章之士，不过三数人。三数人之中，能使天下后世宝其文而传之者无几。人以天下之大，能者又不过三数人；以万世之远，而传之者又不过几人。非天所甚惜乎！不然何生于世，若是之寥寥也。呜呼！我知之矣，文章之士深造化之原，穷圣贤之理，究古今人事之得失，推有于无、生无于有，世之显者，可使之没；世之沈沦者，可使之显，驰骋所至，虽英雄不可得而议。鬼神不可得而知。浩浩乎与天地争功，能盖天地，非聚夫至精，至纯之气不足以生斯。人于世、虽欲不惜之，不可得也。生之也难，故惜之也甚，惜之也甚，故生之于世也少。理数然也。今夫生数百万于天下者，何损天地之气，而天地之气，必因文人而泄，将欲不惜之可乎。世之能文章之士不知天所甚惜之意，一处草莽，则号呼于人，见夫豪官势人甘于奔走不暇，殊不思彼可尊我，可贱我也。天何生彼之多生我之少，则我尊于彼也多矣，虽在饥寒之间，犹为可贵而乃为彼屈抑，何不自惜之。甚哉。余观古今文人，其不屈者鲜矣，虽韩文公之贤，犹不免此，是以未尝不为之太息也。王君原采之文，其岩重也，如大儒之执礼周旋，必中矩度；其知通也，如巧夫呈技敛散，反复机括转移之间，又非在己者求之于世，如原采者无几人。原采尝言赵孟之贵，非吾所原；陶朱之富，非吾所慕。使吾文如古圣贤是吾心也，其气节庚庚不为势家所屈，疾风破屋敛衾而坐诵犹不止，采岂无人心哉，盖天所以与我者甚重，而我不得自重也然，所以自重者非恃吾所有以骄慢人世，乃所以重乎天也。昔传钦之欲见陈后山，知后山之贫，怀金往见，一谈之顷，金竟不敢出。甚矣，钦之知人，后山之能自处其身也。故今诵后山之文不衰，原采其后山乎。何王氏之多贤也。于乎世习日下，士不以文章自重，皆挟以为取富贵之资而已。尔得如原采者，尚友之，岂非吾之愿哉，故叙其文以见其可重者，在此而不在彼也。谢省后序：昔欧阳文忠公谓众人之与草木鸟兽之死同一归于腐坏泯灭，独圣贤于其间，异于众人、草木鸟兽虽死而不朽，逾久而弥存也。若吾静学王先生国朝仕至翰林修撰，西江杨文贞公实先生之所举者。壬午岁不病而客死于广德。逮今壬辰七十有一年矣，生气犹凛凛不朽而存，非得圣贤之道能之乎。省为邑人，于先生死后二十年生，又二十年，喜从长老谈先生节义事，始知先生之所以死，而内阃安人死于干，二女同死于井，臣死于君，妻死于夫，子死于父，非道充于身、行于家能之乎。先生尤善于文章，省恨不得一览。去年冬，从吾台守阮公必成得是集读之。无一言不本于仁义之所发。其送友人应荐诗，有曰："吾观石豪士，道在身可捐。与其不义生，有愧于皇天。宁令就义死，含笑归黄泉，"数语当时不知先生者，訑不以为夸词，后先生卒践。其实可见死生素定于胸中，而自处处人同一心也。林先生公辅，吾台名儒。序先生之文，称其气节庚庚，略不为势家所屈。先生之生如此，则能如此死不难矣。林先生所序之文弃散不存，此则十之一二。省恐久而亡失，谋吾衡守徐公定之，斥俸钱绣梓，布传四方。使大夫士读之，见先生之行不违其言，实有得于圣贤之道。所以异众人草木鸟兽之死不朽而存者，虽千万世犹一日也。先生名叔英，字原采，静学其别号，黄岩人，墓在广德，无子孙以世其家，惜哉。

郭镇邦序：粤稽往古有人，以文传者、有文以人传者，皆足昭重于后世，读其文可以想见其为人，虽时移代易，久而弥彰，莫能泯没者乎。予以甲申冬，钦奉简命协守，兹土于整理时务之暇，访求邑之人物文献，以资治理邑之绅士诸君子，不以予不敏出。明翰林王静学先生文集一册示予，且虑此集之原板湮没，欲商重付刻以广其传，平邑绅士景仰前贤可窥一班矣！愀然改容曰：静学先生当逊国之馀，臣死君、妻死夫、女死父，一家纲维成仁取义。曩会读其靖难之绝命词，其品行节义历今凛凛犹有生气，又安在以文而始传其人也耶。一日相与溯先生之故里，先生之断碣残碑已土覆矣，殉难之井址已迷塞矣，而东郊俎豆先生之忠节祠，亦倾圮数椽不蔽风雨矣，世事沧桑，世久人湮。而先生之文集，又安可听其同于断碣残碑。不亟谋之同志以广其传耶。况文如其人，字字心印圣贤，从性灵中发出，可以感天地，泣鬼神，虽其人不必以文传，而读其文，想见其为人，而人又不益以文传耶。幸邑侯竟陵徐公学博，西泠沈公、古越林公，皆欣然有同志，谨录元集登之梓，前后序跋，年月姓氏悉皆载入，以不泯从前阐述之意。而先生故里之贞珉，与夫俎豆之祠宇咸次第修葺，并访其后裔之贤者奉祀，庶忠节名臣得与霄壤同垂不朽云。时康熙乙酉岁一阳月，赐进士出身，协镇台州府太平县参将，梅溪郭镇邦顿首拜撰。

裘琏序：文章者士之枝叶也，然有德者必有言，何哉！浩然之气充于中，沛然之机溢于外，以理则正，以辞则醇，有不知其然而然者，非可强而致也。黄岩王静学先生居于其意之太平乡，后割其地为县，今遂称太平人。洪武中以征召累官至修撰。当北平兵起，先生时家居募兵，勤王至广德，闻难知事不可为，题绝命辞，自经于祠山道士所。当是时，宁海正学方公，被召草诏，公衰经拥拔，痛哭斥骂见杀，至夷十族，自古死忠之惨，未有甚于公者。而先生少同学，长同仕，方公柄政时，先生屡致书忠告辅其不逮。盖先生之学，粹而识优，仿佛方公，特以方公死节于朝，诛惨祸大，故遐方僻坏妇人小子，无不知有方公者。而先生时不任事，殉身于外，故虽儒生学士，地近居亲者，亦不能尽知先生，此其可为歎息流涕，而为自古忠臣义士泯没不彰者惜也。然夫人则毙于狱，二女则宝于井，一子则死于患难流离。贞烈之操，殚其一门，忠义之报，斩及后裔。天之丧于先生安在，不如方公，而又何必致憾人知之众与寡也哉。余甫至太平，辄仰先生名，思表其里居，新其祠宇。而同城参戎郭君好学景贤，与余同志，遂立碣故里以表识之，而又于暇日，觅得其文集若干卷，惜其零落遗妄，而传世者少也，屡欲正校误谬，斥俸锓之，而猝猝未遑。今得与二三绅士竭蹶是役。虽先生无籍于文章，而文章之可传者又如此也。先生之文不修华采，不袭蹊径，若无意于文者而理明辞足，经术盎然，较之方公，公以肆、先生以醇、公以博、先生以约，公善于谈事，先生善于谈理，虽一多一寡，总同日月之经天，江河之行地，非后生末学所敢长短而工拙之者也。孔子曰：有德者必有言，仁者必有勇。于先生之忠，知先生勇于先生之文，知先生之德，读是集者能无慨然而兴也哉。四库全书总目：叔英事迹具明史本传，乾隆四十一年赐谥忠节。史称叔英在建文朝尝上资治八策，又称方孝孺欲行井田，叔英贻之书曰：事有行于古，亦可行于今者，夏时周冕之类是也；有行于古，而不可行于今者，井田封建之类是也。可行者行，则人之从之也易，而民受其利，难行者行，则人之从之也难，而民受其患云云。今是集三十篇，仅存序记二体，而所上八策及贻孝孺书并无之案。徐敬孚跋称杨士奇尝欲纂集叔英之文，求无完本，深悼惜之。成化年有谢世修者欲募刻以广其传，盖搜葺重编，非其旧本，卷首林佑序，作于洪武中者，乃后人所录入，非即为此本作也。叔英尝自云：赵孟之贵非所慕，陶朱之富非所原，使吾文如圣贤，是吾心也。今观是集，大抵皆规模昌黎，稍失之拘而简朴有度，非漫无裁制者，比所存虽少已可以见其生平矣。前有黄绾所为传，称其文章有原本，知时述势为用世之儒，盖不诬云。

台州书目：集凡二卷，初刻于成化壬辰，邑人谢省为后序，徐孚为跋。谢氏《赤城新志》云：静学集有版，即此本，再刻于万历丙子，太平令翁仲益为叙，益以汉阳求雨文三篇及黄绾所为传。三刻于康熙乙酉，太平参将郭振邦有叙。四刻于嘉庆甲子，邑人项调阳有叙。近王氏棨复据赤城论谏录补资治策八首，并序一首，厘为三卷，附序跋传记等十六首，并吊谒诗七首为首末二卷。是本二卷系嘉庆四刻本，今拟用王氏辑本补录重印。潘氏三之斋藏有影钞，宛陵汤以化刻本二卷，首有翁仲益林公辅序，未有朱捷岸先识，郭镇邦等三十四人校订。

### 《恕庵集》

〔明〕鲍仁济撰。黄岩人。（赤城新志、千顷堂书目、浙江通志、太平县志、黄岩县志　一作恕斋稿）。谢文肃谓有抄本。今未见。字原宏，号恕奄，洪武间授乐清训导。

### 《邬教授诗集》

〔明〕邬望撰。黄岩人。（黄岩县志）。字允瞻，天长人，永乐初谷府教授。工诗，有诗集藏于家。今佚。

## 《石盘晚翠稿》

〔明〕林铭可撰。黄岩人。（太平县志、黄岩县志　浙江通志作石盘稿　方城遗献、三台诗录作晚翠稿）。字仍达，号石盘，晚始应辟官司训。今佚。

## 《兰台稿》

〔明〕曹阊撰。黄岩人。（赤城新志、千顷堂书目、台州府志、黄岩旧志、浙江通志、三台诗录）。字冀成，江夏籍，永乐丙戌进士，监察御史。集佚。

## 《湫西集》

〔明〕张由益撰。黄岩人。（千顷堂书目、台州府志、浙江通志　黄岩县志作淑西集）。今佚。

## 《居恒稿》二卷

〔明〕林原缙撰。黄岩人。（花山九老诗存）。今佚。

万城遗献载：字居恒，一字彦恭，泉溪人，诗酒优，不乐仕进。永乐二年正月与同里邱慎馀，何东阁等九人，会于里之花山，修白香山故事，称花山九老。有唱和诗，王听竹为序，今梅花庵其故址也。（花山九老诗存）：所著《居恒稿》上下二卷，被毁无存。

## 《听竹集》

〔明〕王崧撰。黄岩人。（花山九老诗存）。今佚。

（三台诗录）载：字谷礼，号听竹，在花山九老中年最少。（花山九老诗存）：自幼读书举口成诵，授笔成文，长遂博通经史，厌习学子业，喜游名山大川，海内高士，占盍簪焉。

### 《鱼渊腾稿》三卷

〔明〕翁晟撰。黄岩人。（花山九老诗存）。今佚。

字子桓，号鱼渊，别号实斋，有才德，隐居不仕，与林斋民和长民兄弟以学行相砥厉，晚岁于大泉村筑屋数椽，读书咏诗，以乐其志。曾入九老会，寿七十馀岁。著有《鱼渊腾稿》三卷。今佚。按：花山九老诗，存载实斋诗仅一首，方城遗献谓九老中，惟翁子实诗失传，殆未见此也。

### 《邱蓬屋集》四卷

〔明〕邱谭撰。黄岩人。（花山九老诗存）。谭字叔卫，号蓬屋，有《孝行集》已佚，集佚。林学正赠诗有"圣门至孝推会子，商岭高年羡绮围"句。修撰王叔英为传其事，上于朝诏旌表之生平，讲明理学私淑朱紫阳，按：花山九老诗存，谭作铎误。

### 《慎余稿》

〔明〕邱海撰。黄岩人。（方城遗献、台州府志、浙江通志、黄岩县志、花山九老诗存）。今存诗十六首，载花山九老诗存。

三台诗录载：字朝宗，号慎馀，黄岩人。张士诚专使征聘不就，教授松之孙，隐居不仕，享高寿，与九老会。按方城遗献，三台诗录皆录赤壁矶阻雨和文益先生韵二首，馀诗当时想未之见。

### 《双槐室吟草》

〔明〕何及撰。黄岩人。（花山九老诗存）。今佚。

三台诗录：字德韶，号双槐、明远子。与侄东阁，永乐二年并与花山会。有大小阮之称。花山九老诗存：终身不治生产，专意属文赋诗。

### 《东阁集》

〔明〕何愚撰。黄岩人。（尊乡录、黄岩县志、花山九老诗存）。今存十三首，载《花山九老诗存》。

方城遗献载：字起直，号东阁，复菴从孙，自少以文学知名，许介石甚敬之。花山九老诗存：自少敏捷磊落不羁，涉猎群书过目不忘，与李长民、林学民、养民、斋民友善。讲明出处大节，以古豪杰自期，慨然有安全天下之志，其文学为许给谏介石所重。（按：《方城遗献》作何永愚）。

### 《常斋稿》

〔明〕狄景常撰。黄岩人。（花山九老诗存）。稿佚。

景常字公宪，号独松，于格物致知之要，多所发明。稿佚。

花山九老诗存载：晚岁与会花山，参九老之列，诗格清新，步开府庚公之后尘。（按：花山九老，惟程德充先生著作莫考）。

### 《先德遗音》一卷

〔明〕谢本立撰。黄岩人。（方城遗献、三台诗录、黄岩县志）。今佚。字原参，号泉石翁，以行谊闻，翁遗诗不多，其孙员外郎，省装为先德遗音卷。

### 《存省稿》

〔明〕李茂宏撰。黄岩人。（赤城新志、浙江通志、黄岩县志）。谢文肃谓有钞本，今佚。茂宏字井受，号有省，太平人，隶黄岩。

### 《介轩诗文集》，二卷《附赠言》一卷

〔明〕郑洪范撰。黄岩人。（台州书目）。今温岭莘山金嗣献，有钞本。原名贵谟，号介轩，西清子，永乐甲午，乙未联捷。官监察御史，以言事谪外。

### 《退庵集》

〔明〕余吉祥撰。黄岩人。（赤城新志、千顷堂书目、台州府志、浙江通志、黄岩县志）。吉祥字大昌，号退庵，由岁贡永乐中官礼部主事，其题萧翼赚兰亭图戚鹤泉称其立议正大，笔力健举。集佚。

### 《掬清稿》四卷

〔明〕张羽撰。黄岩人。（赤城新志、千顷堂书目、台州府志、浙江通志、黄岩县志、台州书目、台书存目录、静观书舍藏书目 稿一作集）。书存。羽字孝翊，号羽南，黄岩人。该稿温岑谢省编，今金嗣献重编，载入赤城遗书，有王舟瑶序。

### 《兰雪诗集》

〔明〕包彝古撰。黄岩人。（黄岩县志）。今佚。彝古名昶以字行，号兰雪，有诗集。

### 《画峯集》

〔明〕蔡智撰。黄岩人。（赤城新志、千顷堂书目、黄岩县志 浙江通志误作黄智撰）。今佚。

### 《撷古稿》

〔明〕张粹撰。黄岩人。（赤城新志、黄岩县志 一作撷古堂稿）。此书明时有钞本，今佚。字存粹，永乐癸卯乡科国子学录。

### 《鸣缶集》

〔明〕张粹撰。黄岩人。（千顷堂书目、台州府志、浙江通志、黄岩县志）。书佚。

### 《梅花百咏》

〔明〕孙元肃撰。黄岩人。(浙江通志、黄岩县志)。今佚。

### 《石云稿》

〔明〕叶永传撰。黄岩人。(方城遗献、三台诗录、黄岩县志)。(字士充，永乐间由太学生授训导)。稿佚。

### 《一犁春意》《丁村人咏》

〔明〕丁彦俊撰。黄岩人。(兰圃文稿)。前书今佚。

### 《溪南稿》

〔明〕应祥撰。黄岩人。(赤城新志、台州府志、黄岩县志)。谢文肃谓有钞本。今佚。三台诗录载：一名宗祥，字尚履，号溪南，黄岩人。博学彊记，厌为科举，文摛屋丰，川上，左图，右史，欣然自得。平日游迹，尝一抵金陵，再游钱塘，皆有纪行之作。朋旧在显位者荐剡交，至俱以疾辞。卒后，门人私谥曰：文贞先生。黄少保准称其诗劲丽古雅，不自贬以趋世好。

### 《公余清兴稿》

〔明〕林灏撰。黄岩人。(赤城新志、浙江通志、黄岩县志)。宣德八年进士，刑部郎中。稿佚。

### 《瓮山稿》

〔明〕陈士族撰。黄岩人。(台诗续录、黄岩县志)。稿佚。字洪派。

### 《汗颜稿》

〔明〕徐妍撰。黄岩人。（台郡识小、黄岩县志）。今佚。永新刘定之序：往年余试士南京教谕，徐君来为同考，相与处弥月，见其老练重厚，有文而不伐，心甚重之，间发于诗章倡和，虽未尽识其底蕴，然尝鼎一脔旨可知矣。今集中内帘赏月古体是也。别后踰年，予以诗寄君，君次韵见答者，再语益奇。今集中元字韵长律是也。今年君官满至凉，始得阅其全稿。盖近时为师儒于庠序，通经训为时文，之外能学古作以出入诸子百氏，广其波澜，而深其渊源，不孤陋浅滞者鲜矣，若君者岂易得哉。君家世儒宦会，祖仕元枢密院经历，祖为院都事，世父实仕皇朝，为兵部侍郎，父茂由乡书发身，历官侍讲经筵。因堕马折齿，语音讹谬，出任教职，父子兄弟之间联芳袭美，如此君，所以能然，非无所自而得之也。君始以儒得官，以母老求便地得教谕新昌，今母犹在也。而君年犹未及休致，即谢事归养，盖其行若此，则又岂特其诗文足称而已哉。前此除夕述怀诗有云：投笔固云惭志气，挂冠底用叹头颅。又云：皓首慈闱兼喜濯，青年愚息要扶携。此君之素心所存也，观此固与夫言行不相袭者殊科矣。夫学不徒以徇今，而欲古之希言不徒以藉，口而实行之，顾此予于君之集所以为之序也。君名妍，字廷温，黄岩人，是集自题曰："汗颜稿"，诗若干卷，文若干卷云。台郡识小：妍字廷温，宗茂之子，官新昌教谕。性简淡，未及年即，谢事归，曾为南京同考官，与主考刘文安定之倡和。后文寄以长律，廷温又次韵和之。

### 《漫兴稿》《待芟稿》

〔明〕徐潭撰。黄岩人。（方城遗献、三台诗录、黄岩县志）。今佚。字升甫，号北野，居后峰，与沈巢云，汪敦义，陈听泉结为东瓯诗社，有《漫兴》《待芟》二稿。

### 《得一诗文集》

〔明〕牟文光撰。黄岩人。（三台诗录、黄岩县志）。书佚。字尚韬，号狮峰，永宣间屡试不第，侨居杨川，教授生徒及门生多贵显。书佚。

### 《茸茸草》

〔明〕金文钺撰。黄岩人。（方城遗献、台诗续录、黄岩县志）。字如镆，号樸斋。从叶出讷游。稿佚。

### 《野趣集》

〔明〕金文鉼撰。黄岩人。（三台诗录、黄岩县志，赤城新志作野处集）。谢文肃谓集有刊本，今佚。字如瑁，号野趣，与兄文钺，并从叶拙讷游。

### 《风瓢松响》

〔明〕蔡阡撰。黄岩人。（千顷堂书目、台州府志、浙江通志、黄岩县志）。阡字尚明，一字永阡，号俟轩。诗也。今佚。

### 《怀痴子集》

〔明〕童瑝撰。黄岩人。（千顷堂书目、浙江通志、黄岩县志）。字琴堂，有隐德。集佚。

### 《约斋集》

章陬撰。黄岩人。（赤城新志、千顷堂书目、黄岩县志 浙江通志作约斋稿）。明谢文肃谓有钞本。今佚。

### 《一枝集》《北游集》

〔明〕林璧撰。黄岩人。（赤城新志、浙江通志、千顷堂书目、太平县志、黄岩县志）。谢文肃谓有钞本。今并佚。

三台诗录：字贵璧，号无逸，太平人，旧归黄岩。初从乡先生戴友南及族父艮斋学，又从同郡陈检讨克庵受诗为文，浩瀚奔放成。正统元年丙辰进士，少傅杨公荣延请教其孙，除礼部主事，历仕至南吏部考功郎中。在职二十年。

## 《职方集》

〔明〕黄彦俊撰。黄岩人。（嘉靖太平县志、千顷堂书目、浙江通志、黄岩县志）。今佚。当官、职方主事，故以名集。

夏鍭书后：某读慎斋先生黄公表状等文而知，黄氏之盛于乎，其有自然也。夫在人之福录，苟有以取之而未尽享得之。以其所未尽者，将必待其子与孙而偿焉，不足而补，固天道然也。，前日王氏之三槐，非其事，证耶公忠孝才德以至于此，而位止六品，年缺五旬。则其子孙之盛，岂不宜然，但孤陋小子，偶未之尝闻也。公善为诗，出入唐宋诸家，不以崖壁自峻而坦然由之，以至其处，以此论公之诗，公之诗并其手迹犹有存者。其子孙既袭而谨藏之，又将被诸梓以傅，未梓之前，某得而读之，因其诗以求其人，求其人而得黄氏之所为盛者，因并书之卷端，使后之人知公之大者，不独在于诗也。

三台诗录：字昌瑜，号慎斋，太平人，旧隶黄岩。正统丙辰进士，职方司主事，用邝尚书荐选兵四川助征麓贼，所过名胜皆有纪咏，归示所知曰：吾行川蜀，私所得，尽在是。陈相国循，称其为诗文成之不难，然非沉思众日，痛有所削不足，以满其意，宜其傅之久也。

## 《宦游集》

〔明〕陈钝撰。黄岩人。（千顷堂书目、玉环志、光绪台州府志）。明正统元年进士。集未见。

**《全归集》**

〔明〕陈钝撰。黄岩人。(玉环志、太平县志)。未见。

**《黄门遗稿》**

〔明〕徐简撰。黄岩人。(千顷堂书目、浙江通志、黄岩县志)。今佚。

**《勉斋稿》**

〔明〕章唐撰。黄岩人。(赤城新志、千顷堂书目、浙江通志、黄岩县志)。今佚。

**《南行稿》, 《缶鸣集》**

〔明〕蔡坚撰。黄岩人。(千顷堂书目、台州府志、浙江通志、黄岩县志)。今佚。

**《慎斋稿》**

〔明〕赵珂撰。黄岩人。(黎阳赵公墓碑、赤城新志、千顷堂书目、浙江通志)。今佚。

**《乐古遗稿》**

〔明〕童玘撰。黄岩人。(黄岩县志)。稿佚。字牧之，由监生中式，历任安东教谕。所至有造士功，寻致仕归。以诗文自娱。稿佚。

**《沈川稿》**

〔明〕林凤撰。黄岩人。(三台诗录、黄岩县志)。稿佚。凤字克祥，正统丁卯举人，尤溪教谕。

## 《退庵稿》

〔明〕高瑛撰。黄岩人。（方城遗献、三台诗录、千顷堂书目、浙江通志、黄岩县志）。稿佚。瑛字廷璧。

## 《复庵存稿》

〔明〕应志和撰。黄岩人。（赤城新志、千顷堂书目、台州府志、浙江通志、太平县志、黄岩县志）。谢文肃谓其家有钞本，今未见。太平县志：谢文肃称其诗温雅深粹，视世之盘摺鹿硬务为奇崛，颓堕溃烂而漫无精彩者，大不侔。尝闻牧牛词，东湖纪兴，诸作脍炙人口，今皆不见，岂世所谓大好者，乃先生所大不得意者耶。

谢铎读《复庵存稿》曰：予尝续编《赤城诗集》，溯自永乐，以迄于今，亡虑五六十人，而其卓然可传者，则又不过数人而已。若复庵先生应公盖其一也，于乎诗之传，其亦甚难矣哉。先生之诗温雅深粹，类其为人，其视世之盘折丽硬务为奇崛，颓坠溃烂而漫无精彩者，大不侔矣。此稿实先生之子，纪教谕君所编，合古律绝句，凡若干首。予少时尝闻先生《牧牛词》《东湖纪兴》诸作，往往脍炙人口，而今皆不复见，岂世之所谓大好者，乃先生之所大不得意邪。不然先生自入仕以至归老后，先几四五十年，其感时触物，发而为诗者，何限而何其存什一于千百，若是其寥寥也。先生诗学远有端绪，族祖梅魂诗尝为虞邵庵诸公所称赏。季父溪南翁，则又永嘉黄文简公之所推重者也。先生虽蚤有誉于诗，及其再荐而起，未老而休。静退之操，盖尤有先民长者之遗风焉，然则先生之所可传者，又独以其诗也哉，教谕君世笃家学而益思，所以光大于其后。应氏诗书之泽，君子于是乎知其不可涯矣，通守袁公政治之暇，乃独首访先生之诗，将刻之以传，亦有见于此闻其风而兴起者乎。先生名律，字志和，正统中，以经明行修起家，为台州府学训导，累官番阳教谕，致仕以归，几二十年，年八十有四而卒。今祀乡贤祠。

**《颐庵集》**

〔明〕葛希济撰。黄岩人。（千顷堂书目、浙江通志、黄岩县志）。谢铎序，今佚。

**《颐轩集》**

〔明〕林宗斐撰。黄岩人。（黄岩县志）。斐字居佐，艮斋子。集佚。

**《顾轩存稿》**

〔明〕赵慥撰。黄岩人。（千顷堂书目、浙江通志、黄岩县志）。字允孚。稿佚。

**《四留遗稿》**

〔明〕应钦撰。黄岩人。（黄岩县志）。字志钦，号四留，锷之子。景泰二年进士，监察御史，屡疏政务，皆切于时，出任江西按察佥事，终广东按察副使。今佚。

**《锦轩集》**

〔明〕应璧撰。黄岩人。（千顷堂书目、台州府志、浙江通志）。今未见。

**《筠石遗稿》**

〔明〕郭端明撰。黄岩人。（赤城新志、黄岩县志）。一名铮，号筠石，玿之弟。此书谢文肃谓有钞本今佚。

**《龟山前稿》**

〔明〕罗伦撰。黄岩人。（黄岩县志）。伦字从理，天顺六年举人。书佚。

## 《东川稿》

〔明〕余泰撰。黄岩人。（黄岩县志）。字定中，天顺中贡，博学工诗。今佚。

## 《鸣蛙集》

〔明〕李庸撰。黄岩人。（方城遗献、三台诗录、黄岩县志）。字崇思（黄岩县志作字崇恩），号豫轩，天顺间贡。集佚。

## 《居闲稿》

〔明〕余选撰。黄岩人。（黄岩县志）。余选号继轩，吉祥之孙。

## 《秋厓集》

〔明〕余德撰。黄岩人。（台考，黄岩县志）。今佚。此集与原稿有误。号宏德，字存敬，罗洋人，宏治中谢文肃修《赤城新志》，发现此书。

## 《偶然稿》

〔明〕陈阔撰。黄岩人。（千顷堂书目、浙江通志、黄岩县志）。今佚。阔字允旭，予九峰，东门人。

## 《花萼集》

〔明〕陈谟撰。黄岩人。（浙江通志、黄岩县志）。书佚。陈谟号牧菴，阔之弟。

## 《双砚集》

〔明〕陈勉撰。黄岩人。（黄岩县志）。今佚。（三台诗录）：陈勉字希勉，号双砚，黄岩人，成化戊子乡科仕，终知太平府，清节自励，人以比包孝肃。

### 《隐操集》

〔明〕王煊撰。黄岩人。（乾隆黄岩县志）。今佚。

### 《南郭集》十卷

〔明〕王弼撰。黄岩人。（台州府志、台州外书、黄岩县志、两浙名贤录、焦竑经籍志、千顷堂书目作八卷）。书未见。台州外书：南郭诗本韶秀继厌甜俗，务为奇、崛、清、拗处往往类山谷，盖其诗之变境，文体则始终明畅，未尝矜异。三台诗录：字存敬，号南郭，黄岩人，成化乙未进士，知溧水县，内升刑部郎中，出守兴化。沉潜有才度，尝言，吾读书意不在学作文字，初年为诗，才思豪逸，后师山谷，多拗句，造思颇苦，自谓不如是不足以远甜俗一派，林见素亦以奇崛清劲霜之。有《南郭集》行世。

### 《王南郭诗集》五卷

〔明〕王弼撰。黄岩人。（见素文集）。列朝诗集及台考载其诗三十余首，未见。

林俊序：诗抒性灵，而补裨风教者也，感遇可以观化讽喻，可以观情托兴，可以观物关睢鹊巢，见王化之盛，其衰也，黍离扬之水作焉，旄丘斥其臣，北门归诸天，诗人忠厚如此，而樸状鸣羽骚，皇草木鸟兽之名，其可胜道耶。然其始也，多出里巷之歌谣，要其归，非贤人，君子莫能作也。虞夏而降，汉魏腾声，苏、李、颜、谢，按音节而谐风雅，迨沈宋律体盛而诗一大变李唐时也。朱夫子欲集汉魏与景纯元亮为一编。真西山诗选不及唐律，可谓树古诗之赤，帜然亦未之有改焉尔。国朝参集诸体作者益盛，成化间，刑部属称小翰林，王南郭存敬尤号奇崛，逸才横发，壮思雄飞，泉地出而星空流，主盟云物以尽泄桃源山川之气，陈思之风骨，少陵之体裁，出入韦柳，苏黄，宋節，唐响，通其正变，意所诣极，将欲自附名家者，流而未见其止也。公于是乎有遗音矣。吏事精绝；自起进士，宰溧阳；聿发清敏之声，由郎署出守吾莆，褫奸剔窳，冥然以靖赤子父母之病，为祷殁葬其衣冠尸祝之。公于是乎有遗泽矣。夫诗名吏望尝相掩者也，公独不然；文与行恒弩违者也，公又不然。柄授方属中身而委其化，斯公之不能为造物独争者也。然由莆之绩，前无其始亦无后。以蹑其蹤丰碑峨峨名宦，血食重以诗篇之流，布天壤俱敝可也，其得终讪之哉。公族人金宪胡器梓其粹，以行方石翁为题其略，予披读挥涕序。交游事也、书语其子进士坊。予意著秽佛首，既愧既怯，及是逾十年，病以老矣，前诺义在终酬，遂饮痛书之，以慰公冥冥之属。噫，文乎哉。列朝诗集曰：存敬律身端洁，仿古循吏教化式乡人。刘闳之庐旌，其节孝延至郡庭，设宾榻，尊礼之行之，期年郡中大治。旦日视事，日中则郡无留人。坐公堂读书竟日，而已病作，民争走祷哭甚哀。立祠祀之，请衣冠葬焉。台郡识小：台考录其诗至三十餘首，如古意云：莫作河中水，愿为水上舟，舟行有返棹，水去无回流。蜘蛛结网疏，春蠶成密织，密织不上身，网疏常得食。可谓戛戛独造。

### 《全隐稿》《鼓缶遗音》

〔明〕蔡敦撰。黄岩人。（东瀛遗稿、黄岩县志）。郭字元实，阡之子，成化中贡。书并佚。

王启序：《鼓缶遗音》者，予姻友蔡君瘦石示予，尊甫封君全隐公，年跻九十，自寿自咏之音也。其声淡以简，其调沉以古，有乐天知命之意，有耄荒儆戒之心，观之者一唱之不足，乃咏叹之。咏叹之不足，乃赓载歌之，赓歌不已，遂成累牍，累牍不已，乃分成帙，曰赓歌，曰鼓缶，互出异名与无怀氏，葛天氏之民同趣，与击壤之歌同音。南渠王太仆序其赓歌卷，谓有卫武抑戒之义，可谓知公矣。瘦石复请予序其鼓缶者，予谓鼓缶者，器质声俚不具五音者也，其称名也，盖取诸离，虽若自谦，而其进德修业老而不倦者，于此可见。固将与卫武同传不朽矣！

### 《新斋稿》

〔明〕施盘撰。黄岩人。（千顷堂书目、台州府志、浙江通志、黄岩县志）。盘字彦器。书佚。

### 《方麓集》

〔明〕黄俌撰。黄岩人。（台州外书本传、光绪黄岩县志）。今佚。

### 《闭门稿》《归来稿》

〔明〕管蓝撰。黄岩人。（黄岩县志）。今佚。

### 《秋海集》

〔明〕王从鼎撰。黄岩人。（黄岩县志）。今佚。

从鼎字朝器，徐山人，成化丁酉举人，授济南同知，多惠政。会大同墩堡圮边泛告急，特擢山西按察金事以司，捍卫绩著，赐彩币。改四川金事。颖敏工诗文，著有《秋海集》。

### 《确庵稿》

〔明〕柯昌撰。黄岩人。（千顷堂书目、浙江通志、黄岩县志）。昌字廷言。书佚。

### 《玉山惭稿》

〔明〕应纪撰。黄岩人。（叶良佩七先生传）。今佚。

### 《石田惭稿》

〔明〕徐鹗撰。黄岩人。（千顷堂书目、浙江通志、黄岩县志）。鹗字良举，明成化二十三年进士。书佚。

《瘦石亭稿》

〔明〕蔡余庆撰。黄岩人。(千顷堂书目、台州府志、浙江通志、三台诗录、黄岩县志)。余庆字从善,明成化二十三年进士,山东参政。书佚。

《东瀛遗稿》

〔明〕王启撰。黄岩人。(黄岩县志)。凡十余卷,今存九卷十卷十一卷,都一百十二首。黄岩县志:今所见者,仅三卷,凡书四十八首,序五十二首,墓铭九首,祭文三首。

《补闲稿》

〔明〕金炯撰。黄岩人。(千顷堂书目、浙江通志、黄岩县志)。字逢明,号遯斋。稿佚。

《默庵遗稿》

〔明〕杨暹撰。黄岩人。(赤城新志、台州府志、黄岩县志)。今佚。

《病隐小稿》

〔明〕王玭撰。黄岩人。(刘春撰墓志)。今佚。

《延秀存稿》

〔明〕牟嵩撰。黄岩人。(黄岩县志)。崇字尚高,成化初贡。书佚。

《周草亭诗集》

〔明〕周一夔撰。黄岩人。(黄岩县志)。今佚。

王启序:诗该物,理本人情,非遍观而尽识,则天机不露,人情不泄。世称诗人多穷,以穷者不偶,于时因得放情于山泽之臞,云月木石之变化，禽鸟虫鱼猕猴之出没，古今细大精矗之物，备悉其情，然后宣其奇伟，抑鬱之气，羁怀感触之词，如龙蛇之不可制，如风雨之不可测，如枯藤、败絮、崩崖、坠叶之可骇，而不可以绳墨引是，诚尽物之理，而通乎人之情矣。非穷者能如是乎。三百篇之中匹夫匹妇之言，愈真愈切，离骚之大篇短章放臣屏子读之，未尝不痛哭而流涕。夫何故？以其所处者穷，所见者亲也。吾乡周君草庭，少年从父简庵公分教大同，学诗于前侍御松阳卢几氏之门，尽得家法。盖卢公以言事遭贬，故其教人为诗，清和适怨，有骚人之体，如绝壑劲松之不可屈，如秋水芙蓉之不可浣，如孤鸾别鹄翔于霄汉之表而不可慕，君守其毅。率凡感激、悲忻、怒怪、讥刺一发于诗，初如在山之泉间，如沧海之珠，散如金星玉屑之可玩而不可弃，久乃混于酒，富家大室招延，惟恐不至。城中速客虚筵以待听其笑谈以为欢，虽儿童亦见其来而喜。否则不成文字饮，得其诗者，亦自以为压倒一时耳目之所尚。谢文肃公见之曰：越山之瘦，不可无此人。君亦自负其奇，不肯小偃蹇，诗成而益穷。一日挟其所作，过余言曰：吾非能诗者，乃鬼物所窥阚一至此，王南渠乃以孟东野，梅圣俞方我，彼皆实负诗名，用而不显尔岂其伦乎。予曰：世之人，虽不能诗，穷无卓锥，与腐草朽木同尽者多矣。彼将谁尤乎，用尔之长，勉尔之进以待时焉，君将以为何如草庭。乃释然而退，遂书以为序。黄岩县志：一夔学诗于松阳，卢玑尽得其家法，见知于李西涯、谢桃溪诸公。与施新齐、王南渠为友，有《投珠》《寒溪》等集，是集其总名也。

### 《投珠集》《寒栖集》

〔明〕周一夔撰。黄岩人。（黄岩县志、三台诗录）。今佚。

（别集二）：元至明初 167 部。

# 别集类（三）

### 《昧稿》

〔明〕吴熙撰。黄岩人。（黄岩县志）。熙字守昭，东浦人，宏治壬子举人，禹城知县。此稿章侍郎懋序。今佚。

### 《黄山稿》

〔明〕余斌撰。黄岩人。（浙江通志、黄岩县志　千顷堂书目余误作金）。余斌，字廷实，号黄山，博学强记，刻意于诗文。领宏治戊午乡荐授南京都察院司务。今佚。

### 《圭岩稿》

〔明〕牟克巩撰。黄岩人。（千顷堂书目、浙江通志、黄岩县志）。克巩字邦宁。稿佚。

### 《南渠存稿》十六卷

〔明〕王爌撰。黄岩人。（俨山集、苑洛集、千顷堂书目、台州府志、临海县志、浙江通志、文瑞楼书目、三台诗录、明史艺文志无存字）。凡诗九卷、文五卷，疏二卷。今未见。

陆深序：南渠子三十岁举进士，四十为天子谏官之长。有诗若干首，有文若干首，诸体略具。奏疏之文居十六七。予既编次为集，读而爱之，为之叙曰："有传世之器，有济时之具，有行道之资。传世之器，文章是也。济时之具，功业是也。行道之资，录位是也。三者之不兼也久矣，君子恶乎取舍哉。或曰三者于人，亦若是班乎？曰：皆君子之所不容已者也。

虽然，录位者命之制也，功业者分之画也，文章者自致之道也。是以君子安命守分，而不敢怠于自致，故宁为此，不宁为彼；宁彼之失，而或得之此也。南渠子为谏官数年，有行道之寄焉，其所论列皆天下大计，有济时之心焉。文章典则温雅，有传世之才焉，是可谓兼之矣。由谏官而上，愈进则道愈行；由论列而上，愈行则济愈广。文章虽无事焉可也。今罢谏官佐远郡，将有取于江山之助，益肆力于自致，而宁约取之非耶。或曰：南渠子之道随时也。是故居位则道行，当事则有功，身退则学进。览斯集者，有考焉。韩邦奇序：南渠录，大中渠，大中丞。黄岩王公号也。稿录公所著也，存稿录其存者也，录其存亡者多矣，奚其亡，公遭天荡之变，尽沈之江也。公子南台经历君，得之家笥，访之朋旧，索之公署，及故吏有潜录之者诗九卷，文五卷，疏二卷，盖十之四五耳，然已富矣。昔岁公舟覆于江流数十里，几至金山，舟尚不坼，公扶楼而立。水没胸时，同溺者书生，公曰：吾生平无逆理事，今若此命也，书生姑慰解之曰：尚未可知。公曰已如此，知为江耶海耶，何谓未可知？舟子溺者，抱鼓楫浮于江。渔舟救之，舟子言公溺，乃集数舟追公，适潮逆涌覆舟上流。众环视援，策无所出，乃载薪舟下，众曰采薪者必有斧斤，呼薪舟至，共凿舟底，出公及书生。公曰："水深，吾儿幼必死矣。"众人凿儿舱并出之。众请公登岸，公曰："尚有隶数人，岂可吾父子独生。"而遽往乃命凿隶舱并出之。呜呼！长江天荡之险，大风舟覆，漂流数十里，凿舟而出，无一溺死者，异矣哉！闻之传记，古之人有蒙大难而不死者，必天地鬼神有以相之，天地鬼神夫岂有私于人哉，必其人有大德行，足以感天地，动鬼神，而后独其应。然必使之遭此者，盖将显君子之善，申佑命之公以为下士劝也，尝稽公之履，察公之安清操峻节忠言，惠政行己立朝，足以式士类，而范官常。是变也，当死生大故之时，乃能从容就命，不忘拯同难之细人，即此亦可以征其所养，可谓盛德君子矣，岂可谓适而遭幸而脱哉。若斯稿之风调，则李陆诸公评之已详。而读斯稿者，亦能自得焉，故独取公坎窜而亨贞者，详著存稿之内，且以昭德感乎天云。

### 《冠山诗稿》

〔明〕王爌撰。（黄岩县志）。今佚。

三台诗录：叶郎中良佩，论其诗，初视若冲淡，申咏咀嚼，益见旧永。及与人对垒叠韵往复，则愈出愈奇，人皆困剧，公独有余。

### 《西浦存稿》

〔明〕徐庆亨撰。黄岩人。（千顷堂书目、台州府志、浙江通志、三台诗录、黄岩县志）。庆亨，字世嘉，号西浦，宏治乙丑进士，除礼部主事。书佚。

三台诗录：西浦工诗，尝在京道上咏雪有"一鸟不鸣树，千峰半入云"之句，人称徐千峰。李学士东阳，见其白雁赋，亟欢赏焉。

### 《蓼虫吟》

〔明〕张尺撰。黄岩人。（千顷堂书目、台州府志、浙江通志）。尺字守度，书佚。

### 《存葰集》

〔明〕金邦敬撰。黄岩人。（黄岩县志）。今佚。

### 《碧云集》

〔明〕叶葩撰。黄岩人。（黄岩县志）。葩字尚魁，宏治中贡，舒城训导。集佚。

**《闲言集》**

〔明〕牟琨撰。黄岩人。(三台诗录、黄岩县志)。琨字克盛,号云岩。集佚。

**《东皋存稿》**

〔明〕牟珌撰。黄岩人。(台诗续录、黄岩县志)。珌字克贵。书佚。

**《九兰俚稿》**

〔明〕蔡绍科撰。黄岩人。(千顷堂书目、台州府志、浙江通志、黄岩县志)。今佚。

**《公余漫兴》《浣牍稿》**

〔明〕蔡绍先撰。黄岩人。(千顷堂书目、台州府志、浙江通志、三台诗录、黄岩县志)。绍先字宏业,绍科弟。书佚。

**《二洞小稿》**

〔明〕管邦宰撰。黄岩人。(千顷堂书目、黄岩县志)。邦宰字良卿,号二洞、正德、癸酉乡科。书佚。

**《鹤洞稿》**

〔明〕施悌撰。黄岩人。(台考、三台诗录、黄岩县志)。悌字宜之、鸿胪寺序班。书佚。

**《颐贞轩稿》**

〔明〕王堂撰。黄岩人。(台考,黄岩县志)。今佚。堂字崇治,号石斋,诸生。有文名主事,铃之父也。

**《西洲行吟集》**

〔明〕张甘撰。黄岩人。（叶良佩撰墓志）。今佚。

**《南城稿》**

〔明〕童悦撰。黄岩人。（台考，黄岩县志）。今佚。

**《醒心集》《青林存稿》**

〔明〕王熏撰。黄岩人。（黄岩县志）。今佚。熏字简之，王启子，15岁作滕王阁赋知名，诗文清逸典雅，年仅三十卒。

**《瑞山稿》**

〔明〕何赞撰。黄岩人。（千顷堂书目、黄岩县志）。今佚。

**《松岩遗稿》**

〔明〕符验撰。黄岩人。（千顷堂书目、三台诗录、黄岩县志、台州府志作符松岩集）。建宁府志：验以忤真左迁建安令，恤民好士，任三十余年，人思清德，即讲堂有像祀之。今佚。

**《洗心园稿》**

〔明〕王铃撰。黄岩人。（三台诗录）。铃字子才，号九难嘉靖甲辰进士官山东按察佥事。书佚。

**《丛桂山堂稿》**

〔明〕吴俸撰。黄岩人。（三台诗录、黄岩县志）。俸字存秩，一字廉夫，号樊阳。嘉靖间选贡鲁府纪善。书佚。

**《揩颐稿》《北游稿》**

〔明〕施焜撰。黄岩人。（黄岩县志）。焜字定之，嘉靖初选贡，知武平县。书佚。

**《永溪稿》**

〔明〕孙思禹撰。黄岩人。（黄岩县志）。今佚。思禹字邦成，嘉靖中贡，颖敏善属文。

**《云屏稿》**

〔明〕余铎撰。黄岩人。（台考，三台诗录、黄岩县志）。今佚。

**《西寓集》《澄江集》**

〔明〕余铎撰。黄岩人。（二谷山人稿、黄岩县志）。今佚。

**《白岩稿》**

〔明〕陈泜撰。黄岩人。（黄岩县志）。泜字用涉，嘉靖中贡。书佚。

**《南石稿》**

〔明〕王照撰。黄岩人。（黄岩县志）。照字普之，嘉靖中贡，滨州训导，书佚。

**《宜睡窝律钞》**

〔明〕王承翰撰。黄岩人。（抱犊园集、知我轩近说、三台诗录）。承翰字崇德，号春所，邑诸生，诗才为赵少山、林白峯所赏。书未见。林贵兆序略。

《漫稿》《浮山稿》《三川稿》《落花稿》

〔明〕王承翰撰。黄岩人。(抱犊园集、三台诗录、黄岩县志)。有刊本。今佚。

《抱犊园集》五卷

〔明〕王承翰撰。黄岩人。(三台诗录、台州书目)。今温岭金嗣献藏有有原刊本。

《黄参军稿》

〔明〕黄承德撰。黄岩人。(黄岩县志)。德字伯明,号海曲,桂林府经历。书佚。

《九野选稿》

〔明〕黄承忠撰。黄岩人。(台州府志、三台诗录、台郡识小录、黄岩县志)。今未见。承忠字伯已,号九野,黄尚书绾仲子,与兄伯官齐名。

《一笑轩稿》

〔明〕王璁撰。黄岩人。(三台诗录、黄岩县志)。王璁字崇璞,号雪岩。今佚。

《蒙谷集》

〔明〕林时雍撰。黄岩人。(黄岩县志)。时雍字蒙谷,中庄人,能诗。今佚。

《樗稿》

〔明〕李嵩撰。黄岩人。(黄岩县志)。嵩号秋山,能诗。今佚。

## 《霞溪漫稿》

〔明〕牟嘉叙撰。黄岩人。（千顷堂书目、明诗综、浙江通志、台州外书、三台诗录、黄岩县志）。嘉叙字寅定，稳居读书，无荣利之累，故其诗洒然，常自得于笔墨之外。今未见。

## 《对竹轩稿》

〔明〕牟业撰。黄岩人。（三台诗录、黄岩县志）。业字寅大，号莲峯。书佚。

## 《莲峯稿》

〔明〕牟伦撰。黄岩人。（台考，黄岩县志）。今佚。

## 《玉硖集》

〔明〕孙琠撰。黄岩人。（台考，三台诗录、黄岩县志）。字邦采，号少梅，工诗，喜游。今佚。

## 《寒江集》

〔明〕牟庆偃撰。黄岩人。（三台诗录、黄岩县志）。偃字寅昂，号雪舟。书佚。

## 《功余稿》

〔明〕赵实撰。黄岩人。（黄岩县志）。今佚。

## 《雷冈声余》

〔明〕张世准撰。黄岩人。（二谷山人稿、黄岩县志）。又有《黄岩志咏全韵篆》《古巨海录》《侨情杂著》等书。今俱佚。

## 《肯斋存稿》

〔明〕王宏撰。黄岩人。（黄岩县志）。宏为爌子，仕南雄知府。书佚。

## 《二酉集》

〔明〕蔡宗明撰。黄岩人。（千顷堂书目、台州府志、浙江通志、黄岩县志）。宗明字二酉绍科季子。书佚。

## 《西山遗稿》

〔明〕卢明诹撰。黄岩人。（千顷堂书目、台州府志、黄岩县志）。今所存者，仅大参刘公去思碑一篇，附刻掖垣疏草后。余佚。

## 《醉匠篇》一卷，《庄舄吟》一卷

〔明〕彭汝贤撰。黄岩人。（千顷堂书目、台州府志、浙江通志、黄岩县志，篇一作集，舄或误作写）。汝贤号紫云，万历辛卯举人，汀州同志。书并佚。

## 《北游续稿》

〔明〕陈兴贤撰。黄岩人。（黄岩县志）。兴贤字凤根万历中贡，是书系官萧山训导时，其地士子为之梓行。今佚。

## 《东山草》《宫词百首》

〔明〕陈承楠撰。黄岩人。（黄岩县志）。承楠号静庵，万历中贡。书佚。

## 《黄说仲诗草》十八卷

〔明〕黄惟楫撰。黄岩人。（少室山房类稿、四库全书总目、台州外书、光绪黄岩县志、乾隆黄岩县志作说仲集，浙江采集遗书总录作十七卷）

有胡应麟、冯梦祯、区大任序。今存。

四库全书总目载：惟楫字说仲，天台人。其诗多与王世贞、区大任等唱酬之作，盖亦沿七子流波者。

胡应麟序：越山川环丽甲天下，钱塘、富春、四明、三竺、南北二雁，幽奇靓峭，薄海外，内罕与伦，遁天台尤以灵迹著，石梁亘空，瀑流界道，赤城之标高，揭万寻。曩读晋孙绰先生赋，辄豪兴勃勃如神游，金庭玉壶，与二仙姝目成霞，外者亟思拉同好偕，往庶几晨肇之一遇，而难其人。丙戌计偕晤李大将军。剧谈天台黄君谈仲，不容口心翩翩慕响之。明年扁舟淮汭，谒世叔通侯。则说仲俨然在焉，把余臂懂剧欲狂，中夜造膝欵言缕绕洞肝腹。已袖出是编进余曰：不佞癀寐，吾子三十年于此矣，惟是不腆敝帚，不敢有所隐也。敢悉索以累下执事。余受读卒业，而三叹赤城之郊，磅礴郁葱之气，至说仲而彬彬尽泄也。说仲故天台世家，蚤岁才情蔚起，与蔡仪制雅舍、王黄门永叔结词盟东海上而厥。先宗伯公绾，实从世叔王父文成公游。世叔以勋胄仗钺登坛龙门，嵯峨一代景附，说仲首居戎幕为上宾，操觚授简而外元戎，喜怒一切置若罔闻也者，独捷丈室坐蒲团如苦行头陀。浃旬足不履户阃，童子钻穴聚窥，第闻喉吻间隐隐嗫嚅声，两手伸缩，往来据棐，几作推敲状，时而掀髯，时而挂颊，得句踉蹡起探，赫蹏掌许录之。句累成篇，篇累成卷，卷累成帙，帙成，则世叔趣为剞劂行诸世。说仲用是愈益自信发舒，沥思覃精亡虚日，亡论鲁连却秦、冯驩振薛、毛遂激楚，古岩处畸流，往往有以殊勋，奋记宝者，而说仲规图大业，回睨诸人漠如也。今总萃其生平诗歌，为什亡虑千数计，为卷亡虑十数计，左提右挈大都得之。世叔为多选体之夷旷雍容，长短句之轻新婉达，合作置鹿门辋川嘉州集。复不易辨五七言律绝，亭亭独上百尺。无枝朗抱，冲襟泛洗尘俗，清者大历，旨者元和，淳者咸通，质者长庆，司空皇甫姚郑复生，说仲无忝孟季乡先达载式之辈。宋度南号巨擘，较说仲才或少赢，以格貌乎卑，瞠乎后矣。始说仲名籍郡诸生中，弃去估仳弗习，习诗歌，诗歌成，而估仳废，迺余嵚崎濩落，放情宇宙。胥国能家，武失之今头颅，业俱种种而邂逅，合并穷途得微，赤城之灵果，有意吾两人者之为兹山主耶。吾乡、皇初平炼药处，去天台仅仅数百里，旦夕曳敝青鞋人，飞流悬瀑中，觅晨肇曩时遗迹，胡麻之粒庶几一载遇焉，即身后不朽，名付诸蜗沫，区区人世间，鸡肋其何足以攖之，说仲，亟从余归矣。二仙姝振衣霞外迟余与说仲久矣。

### 《芙蓉亭诗草》八卷

〔明〕蔡荣名撰。黄岩人。（浙江通志、台州外书、黄岩县志、台州书目）。凡古歌谣乐府一卷，四言五古一卷，七古一卷，五律一卷，五排六言附七律二卷，七排附五绝一卷，七绝一卷。近王维翰啸林删定，其裔孙福同重刊。

从叔宗明序：芙蓉亭草者，余从子荣名去疾诗也。从子生而奇颖，甫总角，则已好先秦西京及当世作者诸家言。聚而沈酣之既，冠游学宫，遂挟其所为诗若文走谒王元美先生。大奇之赠以言，从子气豪甚，一饮倾数斗，醉堕弇山园池中。先生抚掌大笑曰：何物狂生乃尔，因大书"豪士堂"三字畀之。于是吴中递相传语，始知东海有蔡生。蔡生云：久之试督学，使者辄高等既廪县官，独秋闱辄不利。于是益喜，称诗顷刻千馀言可就，而自醉中得者益奇。时余亦累困，公车间舒其穷愁牢骚之气，睥睨千古而从子和之。相与慷慨悲歌泣数行下，时人未之知也。余以巳丑薄售太常引疾归，遂偕从子游天台山，遍历诸名胜，抵桃源沿溪行二里许。时日下，春飞鸟投林急，猿声哀，余大恐呼从子回，而从子不顾，独身疾趋。有顷涧绝，唯见两壁巉岩倚天立，徘徊刘阮仙踪，若有遇焉而返。次日登华顶，各攀跻上，未至可二里，风雨大作，憩一招提时，从行者俱倦，予亦倦，而从子独张一盖行，仅数步为大风掣去，淋漓雨中，以袖覆首。卒登绝顶，四顾太白读书堂归，而高歌索酒，赋诗十篇。余辈大骇，而从子意气扬扬自得也。辛卯春，余将北上，偶刻诗一小卷，携以行，而从子为弁百馀言。比入长安，余友王遵考、钱国维，及闽高太史一见，亟赏之，以为吾家千里驹。盖余诗未传，而观者已先知，有去疾矣。又五六年而余逢主上震怒，放归田里，益与从子俱，而从子遭时坎坷，四壁萧条，大略与余等。顾其气不少衰，得金即付酒人，视傥来直刍狗耳。一日醉而过，余大言曰："人生适志耳，藉令身都卿相，贮黄金万镒而无身后名，何如饿死道上。"片语琅琅便足千古之为快也。今荣名将遍游五岳，裒所为散帙，而授之梓人，叔父其为我序之。嗟嗟余何言，余曷足为从子重。从子诗，具在歌谣，古乐府五言，骎骎逼古，而时传以独造，近体，歌行非大历以前语，不以属思，当自不朽无疑。独惜从子以彼其才，即戏语詹言亦入神解，使能坐斋头，一切谢绝，尽发宛委之藏而收之，当有穷亥步吸明河吞云梦语，语惊人，半出兹编上，而乃精神疲于曲蘖，岁月没于应酬。每日据案止清晨一刻耳，余则每规之而竟不绎也。余何言，余曷足为从子重，虽然亦闻岭南欧桢伯诗序，事乎，昔有一大老欲用桢伯备两制者，因索其诗得《浮淮集》读，未竟斥之曰：毋论其诗，即一序亦怪妄人耳。事遂寝。序者何人，则元美先生也。今《芙蓉亭草》成，览者或得元美先生昔所赠言而斥之，则余为从子序，喜可知也，一斥、一喜，是人生投合及文章显晦之大机。从子得毋然乎，遂大笑而去。

符应麟序：万历戊申，簸凡年五十矣，始出其所为诗梓之，盖伤日暮而途远，没世而文采不表于后也。簸凡以文名，而不得名其文，郡国之移檄荐绅先生之投刺无虚日，簸凡应之亦无虚日，雅非其好也。而好为诗，性善酒居，常惛惛若椎鲁见酌，则心开每有所赋咏，置一尊于其前，尊空诗亦就，以醉之所为工，而醒之所为谬也。簸凡为人未易，以色相见之，或遇贤豪贵介无所不狎侮，或与皁隶者把臂，樵牧者衔杯。或骋大言于瀛海，或留曲念于闺房。倏焉远达生，倏焉叹老，以故其为诗称其为人，亦未易以单词见也。其才敏给而韶秀，每一搦管，诸体俱备，乐府、古诗、歌行，为汉则汉，为魏晋则魏晋，为宋、齐、梁、陈、隋，则宋齐梁陈隋，不作胡宽，亦近优孟独到之语，凌百氏而上之矣。近体成一家言，縱不拘拘李氏，然非元和龙纪以还人也。所恨者系度牵于世纷，雄心靡于弱情，有不振者耳自馀，则足传无疑，然余弗敢知也。在昔游吴时，元美先生一见，称之曰：东越茂才，西京微尚矣，余谓经生不能起古文词，与古文词之不能起经生一也，今西京之业，如此而茂才之效，如彼夫咳唾之成珠也，兰蕙之为芻也，簸凡不闻乎。是知四十九年之非，而犹非者也。

王咏霓：予友蔡君心梅，既刻其宗人小海竹孙子绶三家诗，复取明蔡去疾《芙蓉亭诗草》重付手民而属予叙其缘起。予惟去疾之诗，蔡氏宗民符氏验序之详矣，予何以赘焉。虽然去疾以诸生徒步数千里见弇州于吴中赞其所为诗，而弇州亦擊节叹赏称誉之不容口，当是时弇州方主盟坛坫执牛耳，以号召后进。天下谈艺之士，归之如众星之共百辰，如百川之朝宗于海，历下诸子未之或先也。弇州才大而学富，出其门者，珊瑚木难牛溲马渤靡所不有顾，独奇去疾为诗歌以张之，以是知去疾之诗，其足令弇州心折者固自有在。然弇州能得之于去疾而不能终之于茂秦，岂盛名之下犹未免有忮心耶，不然何其独厚于去疾也。去疾嗜酒，饮辄终日，尝醉堕弇山池中。以是负狂名，今乡里小儿传其轶事，类滑稽傲俗玩世不恭者所为。呜呼，去疾！其真狂者耶？其非狂者耶？读其诗自能辨之。光绪己丑春季。

三台诗录：字去疾，号簸凡，黄岩人。负异才，诗文信手即成。飘飘有逸气，嗜酒兴至，往登山大叫，人以狂目之簸凡。终不改，盖才而不遇，特籍以舒愤懑云。所著有《太极注》《芙蓉亭》稿。簸凡经游王弇州之门，弇州爱其才。尝因酒酣失足碎玉杯，命作玉杯赋，词采甚美。及归，弇州赠诗，有小饮犹倾三百杯，大醉须眠一千日之语。又曰：神携天台石，吐作弇山云。其豪俊皆想见也。

### 《毫芒稿》

〔明〕王钝撰。黄岩人。（黄岩县志）。钝字允儒，号慎独。稿佚。

### 《毫芒合稿》

〔明〕郑通撰。黄岩人。（黄岩县志）。黄岩旧志称其文行与王钝相捋，故稿亦以是名。今佚。

### 《东山漫稿》

〔明〕辛应吕撰。黄岩人。（台诗续录、黄岩县志）。今佚。

### 《空明子摘稿》

〔明〕应士芳撰。黄岩人。（千顷堂书目、李汪度作小传、黄岩县志 台州府志无摘稿二字）。士芳字伯芸。书存。

### 《槐堂稿》

〔明〕王渊撰。黄岩人。（黄岩县志）。渊字静之，弼曾孙，例贡生。书佚。

### 《鸣秋集》

〔明〕黄继志撰。黄岩人。今佚。

### 《椒畦诗集》六卷

〔明〕应兴胤撰。黄岩人。（黄岩县志）。共古今体诗二百二十三首，分体编次，每体为一卷。临海陈忠节函辉为序。康熙辛酉其子璃刊。今临海潘氏三之斋藏有残本一册。

**《台寻草》一卷**

〔明〕吴执御撰。黄岩人。附受教和诗，有刊本。

**《江卢集》**

〔明〕吴执御撰。黄岩人。（千顷堂书目、黄岩县志、浙江通志）。书今佚。

按：倪元璐尝赠朗公诗有"顶门一下是阳刚，七十谏书飞血光"句。

**《园桃草》**

〔明〕叶㝰。黄岩人。㝰字仲大。（千顷堂书目、台州府志、浙江通志、黄岩县志）。（上日下水）。书佚。

**《大有山房诗集》**

〔明〕张应魁撰。黄岩人。（三台诗录、台郡识小、黄岩县志　一作大有山草）。应魁字星衡，天启间贡，宁化教谕。书佚。

**《望辰楼集》二卷**

〔明〕牟应魁撰。黄岩人。（黄岩县志）。应魁字灿然，号斗垣，邑诸生。上卷诗七十九首，下卷文二十五首。今存。

**《寒山文》一卷**

〔明〕陈函辉撰。临海人。（台州书目）。近黄岩杨晨辑梓。

**《拙庵存草》四卷**

〔明〕牟贤撰。黄岩人。（千顷堂书目、浙江通志、三台诗录、黄岩县志）。贤子遴，一字公能，号拙庵，崇祯甲戌进士。书佚。

《忍冬轩集》十卷

〔明〕柯夏卿撰。黄岩人。（千顷堂书目、浙江通志、三台诗录、黄岩县志）。今未见。有震且散人超第序存。

《雁游限咏》一卷，附《台游旧草》一卷

〔明〕柯夏卿撰。黄岩人。（光绪台州府志）。前一卷诗五十二首，后一卷十四首。有旧刻本。

《粤游小草》《闲园答阴轩集》

〔明〕张凤翼撰。黄岩人。（黄岩县志）。凤翼字云举，号舒舟，崇祯间贡，知从化县。粤游小草，即其在官时作也。今俱佚。

《香雪斋诗集》

〔明〕王梦吉撰。黄岩人。（黄岩县志）。梦吉，字献叔，一流叔父，例贡生。书佚。

《通源集》

〔明〕释庆瑀撰。黄岩人。（黄岩县志）。今佚。瑀字通源。

《桐庐集》二卷

〔明〕王瑞彬撰。黄岩人。（台州府志、黄岩县志、两浙輶轩续录）。今未见。瑞彬讲学桐庐十余年作。

《栖茶溢咏》一卷

〔明〕王瑞彬撰。黄岩人。（黄岩县志、两浙輶轩续录　台诗三录作四卷）。凡五古六首，七古十二首，五律二十二首，七律十二首。盖后人选录也，今其邑王氏后凋草堂有藏本。

### 《西窗草》

〔清〕牟士恕撰。黄岩人。（牟氏谱、三台诗录、黄岩县志）。士恕、字心如，号月溪樵者，顺治时布衣，其书有自序。今佚。

### 《伐木余音》

〔明〕蔡余庆撰。黄岩人。（万历管氏谱）。

### 《南游草》《焚余稿》八卷

〔清〕汪澎撰。黄岩人。（三台诗录、黄岩县志）。今未见。字白水，黄岩人，顺治戊子拔贡，授灵壁知县。

### 《适亭近咏》四卷

〔清〕彭锡缵撰。黄岩人。（台州府志、黄岩县志　三台诗录、两浙輶轩续录作适亭诗集）。锡缵字晋三，号适亭。由拔贡，历官贵阳知府。书分三集，初集七绝五，七律一百三十一首。二集五律一百二十首，三集七律一百四首，以诗皆近体故名近咏。王羽序，称其诗轩爽和动得性情之正，又有晋水陈宝鎗，当湖陆光旭，武林江奇相，临安翁魁垣，钱塘王翼，西陵章玉琳，西湖翁襄诸序。今存。

### 《梅斋集》

〔清〕应镌撰。黄岩人。（三台诗录、黄岩县志、两浙輶轩续录）。镌字岂石，号卧园，书未见。

### 《卧园诗集》四卷

〔清〕应镌撰。黄岩人。凡古诗一卷，五律一卷，七律一卷，绝句一卷，共诗二百九十七首。学诗平遇，及王毅序盖镌所自定也。自序略……。

### 《雪山啸》

〔清〕池泽暨撰。黄岩人。（黄岩县志）。泽暨号雪岭，顺治中贡。书佚。

### 《沈子瘭业》一卷，《纪年》一卷，《外编》六卷

〔清〕蔡础撰。黄岩人。（黄岩县志）。础号宏轩（原字上穴下介）。因其父日升出后于沈，故称沈子。顺治辛丑以鼓噪祸谪戍关东，康熙戊申赦为民，又五年癸丑始得回台，是集即在戍地所作诗文也。今存。

自序：瘭业者何沈子谪居关东所作也。忆沈子之受谪出门，则辛丑秋也。抵谪地，则壬寅春也。奈何其始于乙巳也，乙巳以前，辛丑之秋以后，不有作乎，日之过虎林而吊苧萝也，卧图圉而泣皋陶也，雨霜虬蛊仿佛忘之，迨其赴戍屉也，赠人对面而哦不命之笔，触景率口以咏不寫之纸，即命之笔矣，寫之纸矣，或为风雨以漂塵，或为鸟鼠之衔蠹零星泥絮，无有存者。是以始于乙巳也，其奈何始于乙巳也。乙巳之夏，沈子始授徒于主人翁之署焉，据案塾师不湍爨汲命、其笔矣，寫其纸矣，不为风雨之漂塵，不为鸟鼠之衔畫矣。然或屋于壁之穴隙焉，或族于箱之舾角焉，煤团灰葬仅有存者，是以始于乙巳也，然既始于乙巳矣，溯乙巳暨戊申之夏季，三年有奇耳，其后，不日、不月、不年，不可以寻尺量也，漂塵有其风雨也，衔畫有其鸟鼠也，壁之穴隙可屋也，箱之舾角可族也。封疆不域，我诗囊田园不芜我酒槛也。复奈何其终于戊申之夏季也，荷戈七年投笔一日，此则又为沈子瘭业之所以终也，瘭业之所以告终，恐不瘭之业将自兹始矣。时着雍涒滩之岁月，建未八日。

黄岩县志载：是集录其在戍地所作，始乙巳终戊申，得诗文二百一首，

而以纪年一卷弁于首，有戊申六月自序，又有今受编一卷，越客一瓢一卷，获薪草一卷，爨馀一卷，诗韵笺馀一卷，开眼梦一卷，共为外编附于后。按今受编原名《四大忏悔开眼梦》，原名《东流账簿》。

### 《沈子诗钞》一卷

〔清〕蔡础撰。黄岩人。（黄岩县志）。不知撰者名氏，凡古诗十四首，五律诗二首，七律十四首，七绝二十二首。今有抄本。

### 《偶然吟》

〔清〕朱浩撰。黄岩人。（黄岩县志）。今存。浩字於人，善八分。寿。息林十二子之一。

### 《无寒集》

〔清〕施桢撰。黄岩人。（三台诗录、黄岩县志、两浙輶轩录）。今佚。

### 《清啸集》

〔清〕牟文赓撰。黄岩人。（三台诗录、黄岩县志）。文赓字世飏，号熙载。书佚。

### 《百可堂文集》《焚余藏稿》

〔清〕汪元灏撰。黄岩人。（黄岩县志）。今佚。

### 《西爽阁集》

〔清〕张一骢撰。黄岩人。（康熙黄岩县志、文学传）。凡二集。今佚。

### 《沘园草》

〔清〕王佑撰。黄岩人。（黄岩县志）。佑字眷叔。书佚。

### 《南窗稿》

〔清〕柯澄撰。黄岩人。（黄岩县志）。澄字广生，号鉴水。书佚。

### 《寄园文集》

〔清〕潘最撰。黄岩人。（黄岩县志）。最字届右。书佚。

三台诗录：字届右，黄岩人，弱冠即有声骚坛，与息林杜有息林十二子诗笺刻于顺治丙申，自后复有息林诗笺二集之刻石门。何如教序，称其诗溢而理，俭而能华谆，切而少拘束，较之前稿又进一格。届右本明壬午诸生，多识故实。康熙初黄邑修志，届右任编纂，会费不集，未开雕，中又遭闽寇崎岖兵乱，保全志稿至二十二年重修。宿儒已尽，届右以老，明经巍然独存，新进颇轻之，虽名尊为志长，议论多不合，因愤具退状，并见其意于诗笺自序焉。

### 《枕中藏》四卷

〔清〕符之合撰。黄岩人。（黄岩县志）。王彦威藏本。

王棻撰传：符之合，原名之骥，字骥字千子，别字相如，黄岩宁溪人也，年十九以文章受知于李令何炜，未几补学官弟子。康熙甲辰，县丞臧祺署学务，与之合有隙，诬于张令中选学使按台，遂遭首谴，赖通判郑守先为之申救得解。其后，中选知其诬，转与文往。中选善政以清丈田亩为最，其议实自之合发之。甲寅之变，吾邑陆沈延至丙辰，遗孽犹扰西鄙。时贼师有与之合相识者，之合遗书反复陈利害，境上赖以休息。是年秋，瓯郡平，贼遂降于台道，杨公应魁之合之力也。之合既以罪废，虽给衣顶终身，而不复预试。乃益肆力于诗赋骈文，名声大起，郡邑守令多与纳交。然益贫困。康熙戊辰晋陵周蓉湖清源以名翰林视学两浙，之合上书自荐，清源奇之，引为幕职，以诗徒遗之，称为佳士。未几清源擢洗马去，之合仍还乡里，卒贫困以终。方国初时，竟陵公安之诗盛行而前后七子之派微，吾邑尤甚。之合论诗独喜王李，而不取钟谭，可谓特识。其文好为四六，而论事侃侃，动中窾会，无㳠涩之态，尝以呈于清源及郡守、吴本立教授、吕时雍、皆蒙许可其所与游。如潘届右，最朱平，物国权辈，亦一时之隽也，然则之合殆乡党自好之士，而不得志于时者欤。所著枕中藏四卷，凡古今体诗二百六十馀首，书启杂文七十馀首，今传于世。

黄岩县志：今本为诸生王禹堂所藏，首尾佚脱，尚存古今体诗二百六十馀首，杂文七十馀首。其文多骈体，而论事侃侃。动中窾，曾其论诗，能推王李而薄钟谭，在吾乡亦可谓铮铮佼佼者。

### 《山庄杂咏》一卷

〔清〕叶起曾撰。黄岩人。（三台诗录、黄岩县志）。凡诗三十首。今存。号泝泝，隐居自适，著有《山莊杂咏》一卷，汪元灏序之，以为对其人，天下无苦诗，读其诗，天下无苦人，可谓善为泝泝写状矣。

### 《同凡集》二卷

〔清〕释正崑撰。黄岩人。（黄岩县志）。今佚。

### 《葎薮诗》

〔清〕释常岫撰。黄岩人。今未见。

### 《燕翼轩诗稿》

〔清〕释超证撰。黄岩人。（台岳英华、三台诗录、黄岩县志）。超证号完履，住仙居方岩。书未见。朱之鹏曰：方嵓，耸削天半，形如雉堞，完上人啸傲其间，嵓花山月掩映清光，不媿湛庵之入室密祖之超宗矣。予家居是岩之麓，师之诗韵梵呗时与松风飘落下方，如空谷足音，慰我奚极。更得上屋鲁琛大师为在阴之和。今予耄矣，闭户著书，绝意仕进，邻有高人，良不寂寞，彼好谈庄子逍遥游者，亦能有此音韵之乐否？

### 《罗川杂咏》四卷

〔清〕余元挺撰。黄岩人。（黄岩县志）。今未见。

### 《懒然草》四卷

〔清〕柯浚撰。黄岩人。（枫山遗草、黄岩县志。台诗三录作懒然随意草。）浚字羽生，别字茗柯，号蓉堂，岁贡生。书佚。

### 《诗序随意草》八卷

〔清〕柯浚撰。黄岩人。（台诗三录、枫山遗草）。今佚。

### 《枫山遗草》一卷

〔清〕柯渐撰。黄岩人。（黄岩县志）。今佚。

### 《偷我集》

〔清〕夏子俊撰。黄岩人。（黄岩县志）。今佚。

### 《枝谈集》

〔清〕李际时撰。黄岩人。（绿天亭文集、三台诗录、黄岩县志、两浙輶轩续录、台州书目）。有自序及赵嘉有，应振声跋。今存。

林之松序：古硕儒钜公类皆有传世大文，垂之不朽间，或发其绪馀，寄诸笑谑，虽笔墨零落，而其所为不朽者自在也。余友丹崖李请苑著书之暇，辄成《枝谈集》，其间论今究古，感时觉世，喜怒优悲谈嘲戏弄，罔不备具。卷末复益以读史数则，则又独辟真诠，空诸常解得腐史不传之秘，皆绝调也。已丑中夏，余过其案头，见而爱之携归。每读数行，辄浮一大白短。檠荧荧更阑无寐中，心怦如涕笑并作，不知其体之颣乎而倦也。因念是编出而禅喜，卮言可无绝响，譬游名山福地才入其境，培楼坳堂便尔奇特，一草一木都非人间，又况于穷昆仑窥星海，而穿大小有之空明者耶。抑余闻华山有回心坪，游至此辄震栗不复上，上者须要絙缘附而上行。观兹集，则世之所视为回心者，非耶，然余终欲操长绳巨缍以俟。案绿《天亭集》下，尚有"涤玉斝金罍而呼"七字。

三台诗录载：字清苑，黄岩人，晚居太平。为人风骨岸然，英英露爽，工古文，词清快。以苏文忠诗，以情趣为主，高者近乐天，低亦不减剑南石湖。先与赵秋水，柯九疑辈有绘雪斋诗之刻，继又与陈植三两家合刻，名《合骚集》，郡守张觉庵为之序。其自著有《枝谈集》。

### 《悟真集》
〔清〕叶映榴撰。黄岩人。（黄岩县志）。今佚。

### 《穷源集》
〔清〕施颋撰。黄岩人。（黄岩县志）。今佚。

### 《消闲集》
〔清〕牟天伦撰。黄岩人。（黄岩县志）。今佚。

### 《泪痕草》
〔清〕释觉衡撰。黄岩人。（台岳英华、台诗三录）。今未见。

**《怡园杂艺》一卷**

〔清〕柯映蕚撰。黄岩人。（黄岩县志　三台诗录、两浙輶轩续录作怡园诗文集）。应坦如选。凡杂文十九首。诗一百七十五首。有映蕚自跋。

**《逍遥庐诗集》四卷,《别录》一卷**

〔清〕应振声撰。黄岩人。（三台诗录、黄岩县志。两浙輶轩续录作逍遥卢）。凡古今体诗三百三十四首，诗录五十余首。乾隆七年刊行，有修江林云麓凤翥，淮南吴秋岩元桂，同邑赵介轩嘉，有诸序。

**《两松稿》**

〔清〕林之正撰。黄岩人。（黄岩县志）。之正子字维周，号两松。雍正间进士。岳池知县，乾隆黄岩县志称其诗，典丽有则。今佚。

**《莱綵堂吟》《桂轩集》**

〔清〕彭沆撰。黄岩人。（黄岩县志）。今佚。其母黄年近百岁，尚时作孩提嬉笑。

**《绳武诗集》一卷**

〔清〕杨光祖撰。黄岩人。（台诗三录、黄岩县志）。光祖字存禄，号静轩，邑诸生，举孝廉方正。书未见。

**《竹畦草稿》**

〔清〕符劲撰。黄岩人。（黄岩县志）。今佚。

**《苏苑诗钞》七卷**

〔清〕应溯颖撰。黄岩人。（黄岩县志）。溯颖字伯霖，号眉山。雍正乙卯选贡，所作诗名《渔矶集》者二册，起庚子至丙辰，凡四百四十一首，临海侯嘉翻序，名《寓游集》者五卷。内《北游草》丙辰作百二十六首，《雍南草》丁巳作七十六首，《双槐草》丁巳戊午作五十首，《红豆草》戊午，己未作百九十八首，《紫藤草》己未，庚申作百十三首，共五百六十二首，有溧阳宋辰晓村、东嘉张南英渠西、临海侯嘉翻夷门序。

侯嘉翻《寓游集》序：吾友应苏苑，以诗鸣丹崔有年矣，一见其诗于香岑兄处，再见其诗于兰臬师古学卷中，恨未尽其底蕴也。比计偕入京，一路舟车水陆登临，吊古以积卷所藏，与川原相映发伙哉其诗之富乎。论者谓诗有别才，非关学也。夫学之不续，才于何有？即以性灵澹宕，萧然高寄，而于古辙不循，侻靡相尚，沧浪之评品，非笃论也。苏近熟于秦汉以来，故实下及稗官野史留览靡遗，而发抒诗义于韵言为苑。故余于诸体中，尤爱其论古有瓶获焉。苏苑天性宕逸，不事屑屑占毕，兴至为诗，翻水成渠。若与世事颓放，无意于正业者，世有学琴，而不筝事笛者。夫琴且能，为何筝笛之足云。第虞其稽心羊体，引丝操缦间不务，危坐整襟，以究其变，耳而何琴之不足为哉。吾故叹其才之宕逸，尤喜其孳孳掌故，以竟其事也，统名《日寓游》。因地也，还以见吾侪之相聚长安，大可乐尔。

## 《燕京集杂咏》一卷

〔清〕王玉生撰。黄岩人。（黄岩县志）。共百十二首。有乾隆己长白福禧，及临海侯嘉翻序。今存。

侯嘉翻序：绍槐堂燕京亲咏一帙，吾同年生王君渠斋之所为作也。渠斋学老而文鉅，典厚充实类其为人，当康熙甲午，乙未间，渠斋应童子试来会予，予心折之。尝登予大虚阁人倚楼，茶话之间，意色俱动。比别去，中间断续者十有馀年，客岁乃并受知于豫章先生之门，相订入成，均而渠斋与应眉山接踵入京矣。初读其文，而色然惊魁岸伟俊，体势凌厉座人。

既而读其诗，诗复与文相称，遂邀之入内城，并主于飨斋座客，互相传诵。盖渠斋之于诗渤矣，而其行箧无寸书积储，皆任摅胸次卷轴，果然此非浅夫琐学之所能貌为也。丁巳除夕自录，其丙辰年偕计以来为一本，命予序之。

### 《性情真趣集》
〔清〕池宝玙撰。黄岩人。（三台诗录、黄岩县志）。宝玙字吉华，有诗稿一帙，自题《性情真趣》。今未见。

### 《空响集》
〔清〕释智明撰。黄岩人。（浙江通志）。智明字若昧，本南通州人，晚居黄岩。书未见。

### 《笃庵全集》十二卷
〔清〕阮培元撰。黄岩人。（黄岩县志、台诗三录作笃庵）。今未见。

### 《东施颦》三卷
〔清〕王谯撰。黄岩人。（三台诗录、黄岩县志）。谯字学周，号韩楼，乾隆中贡。书佚。

### 《袖墨居士稿》
〔清〕王谯撰。黄岩人。（黄岩县志）。今存。牟偕序。王乐雍诗有三百余首。有抄本存。

### 《函三漫稿》
〔清〕辛天植撰。黄岩人。（黄岩县志）。凡诗数百首，有年学圣，林之正，枣厥中序，及天植自序。周省山跋，末附应溯颖正性堂记。旧有钞本，今佚。

**《槐屏集》**

〔清〕孙烜撰。黄岩人。（黄岩县志）。烜字符端，号霁峯，副贡生。书未见。为文力迫汉唐诸大家，振奇独往空所依傍，自成一家言。

**《槐庭杂组》一卷**

〔清〕王诗撰。黄岩人。（黄岩县志）。今存。字学诗，号駧一，乾隆中贡。文皆杂文也，凡四十余首。

**《缶鸣集》**

〔清〕王诗撰。黄岩人。（黄岩县志）。亦名駧一先生，诗稿传本残阙，仅存二百余首。今有抄本。

**《江峯集》**

〔清〕王澧芷撰。黄岩人。（小石豊藏书目）。今未见。

**《钝斋鸡肋》一卷**

〔清〕卢廷干撰。黄岩人。（光绪黄岩县志　乾隆黄岩县志作钝斋存稿）。今存。钝斋以古文鸣，遗稿若干首，咸丰中族卢锡畴为印行。

**《苦次哀吟》一卷**

〔清〕卢廷干撰。黄岩人。（三台诗录、黄岩县志）。今未见。

**《心澄稿》**

〔清〕花开撰。黄岩人。（黄岩县志）。花开字秉猷，号心澄。乾隆中贡。书佚。

### 《兰谷诗草》二卷

〔清〕周承砚撰。黄岩人。（黄岩县志，原名山中吟）。承砚字子端，号兰谷，以游幕终。其书上卷五七律绝及集句，凡二百余首，附杂文廿余首，有山中吟自序及乾隆戊午林之正序。

### 《轶云轩存稿》一卷

〔清〕张翼虚撰。黄岩人。（台诗三录、黄岩县志）。翼虚字国仰，号经三，乾隆间诸生。书未见。

### 《朴斋诗草》《纪游草》

〔清〕池宝球撰。黄岩人。（黄岩县志）。宝球号朴斋。纪游草初有其孙寅钞本。今并佚。

### 《断古轩诗集》二卷

〔清〕韩修组撰。黄岩人。（黄岩县志）。修组字黻庭。诗凡三百余首，乾隆甲戌临海冯赓雪序。旧有钞本，今佚。

### 《是亦园杂诗》

〔清〕潘颖撰。黄岩人。（朴学堂文钞、黄岩县志）。颖字正思，诸生。是编皆与同人唱和及母殁后感怀之作。乾隆辛亥临海黄河清序。今未见。

### 《松窗杂咏》

〔清〕张乔林撰。黄岩人。（黄岩集）。今未见。

### 《赓扬诗集》五卷

〔清〕牟景皋撰。黄岩人。（黄岩县志　黄岩集作赓扬集）。茅畲人，诸生。书今存。

## 《覆酱吟》

〔清〕王者香撰。黄岩人。（黄岩县志、黄岩集）。今存。

## 《寄生草》

〔清〕王者香撰。黄岩人。（黄岩县志、黄岩集）。今未见。

江登桂序：余髫年即溯大江涉长淮，往来于石城铁瓮滁和丰沛间，与诸名流角逐，既而倦游，归不二十载。家中落，饥驱出门，足迹复遍东浙。由婺而越，由越而瓯，而台其间。解装苍溪为最久，因得交周子耕墨。耕墨广交游，工吟咏，见人诗文之佳者，辄录置案头，矻矻终日不倦。人以是乐以诗文就正，案头稿本余得而读之，台雁之秀藉见一斑。而其中独有豪放其神，旷逸其致，时有古色黯然流露于行间字里者，莫若王兰皋先生之《寄生草》。其诗少唱而多和，拈一韵辄工巧过作者，愈险愈胜，即余之芜词俚句，亦时于篇末，及之余肃然改容，而问曰："兰皋何如人也，何为而作此《寄生草》也。"耕墨曰："子欲知兰皋之为人乎？兰皋少任侠，耽吟嗜饮，兴之所至，傲睨八极之闲，驰骛万物之表，不知天壤之大，不知一身之藐，惟寄情于花蹊竹径，药炉茶竈，闲时以其抑郁无聊之思，发而为缠绵悱恻之辞，而兰皋亦将老矣。草曰寄生亦自喻也，"余闻而志之，奇其人益奇其诗，三年中反复展玩者无虚日，而其人顾未尝一见。癸丑秋杪访耕墨于梅关，小饮薄醉携手度平桥，入曲巷至一处。薜荔满墙，苔藓护砌。耕墨举手欸柴扉数下，小门轧然启，中有科头野服欣然而出者。耕墨曰："此兰皋也。"余惊喜，方趋前道姓氏。而兰皋闭门逝矣！余痴立者久之，始谓耕墨曰："方余未识兰皋，而兰皋集中有余句。及余既识兰皋，而兰皋座上无余迹绝，其兰皋果可望，而不可即耶。"夫士人弄弱管，步骚坛，平生得意不可多得，得之矣或时异世殊，或山川遥隔，或势分悬绝，则亦付之尚论、讬之景行而已，若夫生同时、操同业，即居不同里。又为萍踪之所适合，宜其必欲附苔岑讬声，客气赏奇晰异而后快，乃人遐室迩，令予交臂失之，夫亦谓神交相感，原不必拘形迹，謦颏一亲，便涉标榜耶，不然余不能自渐鄙俗之见，摈于名流也。今予归鞭将整，自后求兰皋于笔花墨渖中，已不异久要之友，则并多此半面之识，又奚藉登堂握手为耶。耕墨曰善，遂即以此弁寄生草之首。

### 《怡云轩诗存》一卷

〔清〕王于宣撰。黄岩人。（黄岩县志、两浙輶轩续录）。于宣号南屏，乾隆戊申举人。是集昔为曾孙维翰所藏。诗凡三十五首。

### 《北游吟草》一卷

〔清〕王于宣撰。黄岩人。（黄岩县志、两浙輶轩续录）。凡古今体诗六十五首，多在京邸及馆宝邸县时作，与诗存互有出入。又有辽水吟，今未见。

（黄岩县志）：于宣天姿明敏，根柢盘深，工制艺。与方朴山、王云渠、相伯仲，主讲萃华书院十馀年，多所造就。

### 《石峰吟草》

〔清〕彭如兰撰。黄岩人。今未见。

### 《丹亭诗钞》

〔清〕周省山撰。黄岩人。（黄岩县志、黄岩集）。今存。

夏鼎序：伊古诸子，百家骚人墨客，寄托不必同。而一意孤行，皆有人焉。不返之，致物莫得而挠之，遇莫得而歧之。昔者周子茂叔，家莲花峰下，而濂溪之号着于道州，又别着于南康诸处地，以人传也。吾黄周氏世居石坪之濂塘，丹亭在焉。耕墨先生远祖溪濂起，五百年后而绍述之莲池窗，草清风洒，如而所著十经堂记，又慨然不忘孝侯之家，学者呜呼渊源远矣，仆生也晚，不及见先生少壮时菲枕图史，笙簧曲籍之胜概泊，晋接时已暮齿矣，然犹孜孜然，手不停披，口不绝吟。矻矻穷年，不知老之将至，以为有古君子之风。夫士君子读书，服古适性情者，所在而然，不必跃顺流御长风，昂激青云，始称快于兰台也，亦不必朝发昆仑，夕济元圃，始可以驱韩潮，而放苏海也。耕墨先先固文士耳，蜗居一室。清风近市耳，往来里巷闻人耳。抑予尝考德问业于先生之侧矣，见其古趣盎然，啸傲花晨月夕中，斗酒为豪，风流自赏。其为诗也，绝不涉艰深怪诞，直坦坦然，自寄于寻常笑语，一草一石间，而意之所适，每悠然而不可遏抑者，盖亦自修其可愿而已矣。先生著作最富，若《石坪草》、《拙园草》、《寄东草》诸集编成数十，其诗数千。岁己巳年巳七十有一，乃汇为《丹亭诗钞》若干卷，予尝读其自撰《拙园一记》，知先生一生于时务无他亚意，而独于此事勤勤手口，老而弥笃。则以所轻在彼，而所重在此也。犹忆向时尝以文草间，序于予，未有以报命也，兹于诗钞中道其大略，他日发刊全集，即以此言移赠焉。

黄岩县志：省山字耕墨，居石壁，周邑诸生。留心桑梓。诗文所见手钞书不下数十本，著有《石坪草》、《拙园草》，《寄东草》诸集。晚年汇为是编，凡三百余首。

### 《飞逸楼诗存》

〔清〕张平撰。黄岩人。（黄岩县志）。平字六星，鼓山人。温岭黄浚为之删定，有序。

### 《天山楼诗集》

〔清〕韩修纮撰。黄岩人。（黄岩县志　黄岩集、两浙輶轩续录作山天楼诗集）。纮字元同。邑廪生。书佚。

　　黄岩县志：修纮卓莹，不群目空，行辈年十二，与临海王曾三，太平陈馥州俱以幼童见录，学使钱维城作三神童诗赠之，年二十弃制举业，徜徉肆志，专事吟咏，自号隆嘉诗人。又云诗宗王渔洋卓然名家。是集为晚年所自定，凡一千六百馀首，死后，其子出游携置行箧，遂致散失。

## 《青汗堂稿》

　　〔清〕韩修纮撰。黄岩人。（黄岩县志）。凡诗一百九十二首，文五首，有周耕墨钞本。

## 《青汗堂续集》

　　〔清〕韩修纮撰。黄岩人。夏畴辑（黄岩县志　黄岩集、两浙輶轩续录作青汗堂诗史续集）。今存。黄岩县志载：夏少霞畴从元同受诗法，惜其集，散佚不传，因就所见钞存一百四十七首，即此本也。

## 《松涛禅师集》

　　〔清〕释灵岳。黄岩人。（黄岩集）。字松涛，俗姓林尝，住法轮宝禅二寺。集存。

## 《唼蔗集》《窃吹草堂诗集》

　　应昆撰。黄岩人。（台诗三录、黄岩县志、黄岩集）。黄岩县志载：昆字启斌，号玉山，廪膳生，负隽才，年未三十而卒。前集诗凡四百余首，其瓶花诗三十首最有名，是其绝笔也。宋确山为序，称其奇姿自喜，摆脱俗尘、天籁琅琅动与古。曾又有窃吹草堂诗稿，今未见。

## 《栗然诗草》一卷

　　〔清〕牟润撰。黄岩人。（黄岩县志）。润字克温，号栗然，廪膳生。

诗凡数十首，今存。

梅人鉴序略曰：诗本乎情，情不免俗，虽可言诗，牟生之诗，可云不俗矣。按台诗三录作字栗斋，邑诸生。

### 《三草庐诗》一卷
〔清〕郑敦锦撰。黄岩人。（台诗三录、黄岩县志）。敦锦字晴霞，号晓洲。明经拱秀子，凤惠而夭。书未见。

### 《适亭稿》
〔清〕施彬撰。黄岩人。（黄岩集）。彬字挹之，号适亭。

### 《映筠楼诗草》
〔清〕何凯撰。黄岩人。今未见。

### 《春草堂诗钞》四卷
〔满〕夏鼎撰。黄岩人。（黄岩县志、黄岩集）。凡五百十五首，道光壬辰自定付梓，有仲兄诸生雷序，及自序，赵琛跋。

自序曰：停云落月，何与斯人。流水青山，无关往代，下至虫吟秋草，蝶恋春葩，细如藕丝，幻皆风马，而骚人墨客，有以维系，之于不散者情故也。予也陆沈海角株守乡关，与鸠同拙，与鸥同间。时而与古为徒，而书不求其解，学不求专，家兀穷年，祗此性情蕴结，不能自已，从吾所好，一皆寄之于诗。夫文固行之馀，而诗特文之一要，唯古昔圣贤常切切焉。予自肆志于此，踽踽凉凉，癖且成魔，性命以之，乃者二三知己，切磋之暇，力劝开雕，遂从其请，后之阅者，其赏识之唯命，其教诲之唯命，其鄙夷之弃绝之唯命，窃尝思之忠臣孝子，情之所钟，苍鹰白虹，气之所激，三闾怨乱，寄情香草，浣花幽诚，争高秋落落之千秋，望美人者久矣，高山仰止，寤寐求之。既茸斯编，有馀慕焉。壬辰中秋。

### 《耕读堂诗钞》四卷

〔清〕牟浚撰。黄岩人。（黄岩县志、黄岩集）。浚号百峯。嘉庆庚申举人，道光庚戌，其门人王旭东、卢锡畴等付梓，凡二百二十五首，有戚学标题词，及黄浚、姜文衡序。

姜文衡序曰：自风雅代兴，古今文人、学士类，多抽秘骋妍，以诗鸣于世。大抵务雕锼者，或失则巧；饰藻悦者，或失则靡；逞才华者，或失则肆；研声律者，或失则拘，皆无与性情之事。惟素风恬淡不撄世网，脱然埃壒之外，则其为诗，必能遗弃一切疏瀹性灵，无尘容俗状，沾染楮墨闲。当涂典午之世，作者迭起，陶公独以清远闲旷之志，抒写天真，其诗遂为六代之弁冕，唐贤中若王孟韦柳辈，得其一体亦足与李杜诸家相颉颃。盖其逸情别趣，过人远矣。百峰先生吾邑之宿儒也，性迂拙不谐世事，而嗜古不厌。登贤书后，公车北上一再不售，遂绝意进取，益枕藉于经史，旁及诗、古文词，无不含咀其英华。家故贫，惟藉馆谷，以资给左箪、右瓢，萧然自得。课徒之暇，唯耽吟咏。主讲萃华书院时，凡文士往来其门下，高才生能诗者必与之唱和。每谒先生馆下，见其黏壁词，左右纵横皆满，盖先生癖好，为诗存稿，遂伙晚年手自删定厘为四卷。颜曰《耕读堂诗钞》，意本陶句，志所尚也。衡尝受而读之，所作皆清标绝俗，轶宕不羁，而优柔厌饫，真趣盎然，信乎其辨香。陶公而为王孟韦柳之嗣音也已，今先生弃世五年，其门人卢君锡畴，王君旭东等，谋于同人酿金付梓，而问序于余。夫以衡之不敏，何足序先生之诗。然追维畴曩忝以通家子弟，携文就正，蒙先生不弃葑菲，温然延接，由是数亲末光聆绪论者，盖已有年故，不辞谫陋，谨以所闻志诸简端。道光庚戌二月既望。黄浚序：道光丁未，余承百峰先生乏主讲苍溪之萃华书院，见先生遗诗东西壁皆满，颇足启蒙。盖先生已于丙午冬归道山矣。余虑其漫灭，移几就壁，手录成帙，则皆题咏院景及抚时感事作也。咏景诗最真切，感事作亦复心气和平，无拔剑斫地之态。由先生秉性雅淡，虽捷乡科名誉斐然，而三赴春官即已回帆息辙。寒素自甘不因人热，故诗亦如之。先生之举于乡也先余六年，又长于余十馀龄差，可为辟咀之诏然。他乡异县咫尺不用见。故于南闻问阙如，及计偕北，上余以先辈礼待之。先生复沈默寡言笑，故亦不甚款洽。顾簪盍之际，未尝不奉为老成典型也。偿主讲萃华之次年，即就邑宗文席。其三年，庚戌夏杪，张子卿、杨莺谷同来视予出新刊，先生《耕读堂诗集》索序。予曰：序先生诗，自吾事顾、予窃有说焉。昔昌黎以宏博、沈毅之才与东野相颉颃，故云龙之喻不为过情。予之作虚骄而恃气，每挹先生清逸之风，不啻作天际真人想，则亦河伯之于东海，徙望洋向若而已，乌足以序先生？虽然予与先生从事萃华有先后政之谊，且其国于陈芳愧未申絮鸡之荐，以尽遥情，是用序之籍以补过，亦不失就壁抄诗之初志也。八月朔日。

### 《桑榆存稿》一卷

〔清〕牟汝弼撰。黄岩人。（黄岩县志、黄岩集）。汝弼，号苏斋，邑诸生。诗凡二十首，王承弼序。称其派近香山。附刊耕读堂诗钞后。

### 《珍帚集》

〔清〕王映青撰。黄岩人。映青字载澳，号蕺（kuai第四声）苑，嘉庆辛酉拔贡。是书昔其孙诸生熙治藏，有钞本。

### 《闻钟破戒集》

〔清〕牟汝霖撰。黄岩人。（黄岩县志、王棻撰本，传作雨苍诗稿）。汝霖字思霈，号雨苍，嘉庆间岁贡。是集凡诗数百篇。今藏于家。

### 《乐彼园诗稿》

〔清〕王沛霖撰。黄岩人。（黄岩县志　黄岩集无诗字）。沛霖字培章，号雨林，诸生。诗凡二百余首，昔藏族孙维翰家。

### 《环绿轩诗存》一卷

〔清〕梁苑撰。黄岩人。（慎余书屋书目。黄岩县志、黄岩集作蛙鸣草）。本名蛙鸣草。诗凡三百余首，后其子瀛，孙栋选印。仅存诗百余首，文十首耳。

### 《宗韩集》

〔清〕牟宪斌撰。黄岩人。（九溪诗存、黄岩县志、牟氏谱作掷牝集、黄岩集作筠圃集）。宪斌，字德纶，号筠圃，廪膳生。书未见。

### 《枫坡遗草》

〔清〕朱联撰。黄岩人。（黄岩县志、黄岩集）。联字林芳，号枫坡，诸生。其诗近体为多，凡二百余首。咸丰初其门人王旭东及弟乐胥为之重抄，有题词。

### 《错庵诗存》二卷

〔清〕陈蓥撰。黄岩人。（黄岩县志、黄岩集）。有道光丁酉黄如宪序，姜文衡跋。今存。

### 《墅吟腊草》

〔清〕牟式丹撰。黄岩人。（黄岩县志）。字安桂，号兰友，岁贡生。书佚。

### 《敦说楼集》二卷，《续集》一卷

〔清〕李诚撰。黄岩人。（黄岩县志、台州书目）。卷一为云南分野志，卷二书五首皆在云南志局时作，续一卷序记等九首，学舍规条二十八则。盖刊刻未竟之书也。

**《河干小隐遗草》**

〔清〕张帆撰。（黄岩县志、黄岩集）。从子淦编次。帆号雪笠，又号墨禅，工画能诗，是书凡诗一百六十五首，咸丰丁巳温岭黄浚为序，称其清思隽抱秀拔天成。

**《天香楼诗存》四卷**

〔清〕蔡涛撰。黄岩人。（黄岩县志、黄岩集、两浙輶轩续录）。今存。涛原名人麟，字仁旦，号少海，路桥人。天才俊逸，尤工于诗。

**《燃藜阁诗钞》四卷**

〔清〕蔡涛撰。黄岩人。（黄岩县志、黄岩集、两浙輶轩续录、台州书目）。族子篪辑，近王咏霓删定梓行。凡古今体诗四百六首，有咏霓序，王维翰题辞，族侄福同跋。

**《戍秦纪程集》一卷**

〔清〕蔡涛撰。黄岩人。（黄岩县志、两浙輶轩续录）。乙未五月遣戍陕西所作。原九十九首，近王咏霓删存三十四首，载《燃藜阁诗钞》第四卷。

**《东苑存稿》一卷**

〔清〕李汝澄撰。黄岩人。（台州书目）。汝澄字英兰，号东苑。嘉庆间岁贡，本温岭人，后迁黄岩路桥。其书今温岭金氏鸿远楼有钞本。

**《补萝书屋诗钞》四卷**

〔清〕李飞英撰。黄岩人。（黄岩县志、黄岩集、台书存目录）。飞英字云诏，号山渔。道光辛巳举人，其书今温岭陈树钧有钞本。

### 《茗园诗钞》一卷

〔清〕曾载撰。黄岩人。（黄岩县志、黄岩集）。载字崇冈，号沂沂，道光辛巳副贡，诗凡百余首，今有抄本。

### 《一叶斋诗存》二十八卷

〔清〕张英元撰。黄岩人。（黄岩县志、黄岩集、两浙輶轩续录）。英元号梅谱，道光乙酉拔贡，侯选知县。侨居临海。是集汇生平所作，删存一千五百余首，编年分集，未梓。王咏霓书后有跋。

### 《江南游草》六卷

〔清〕张英元撰。黄岩人。（黄岩县志、黄岩集、两浙輶轩续录、台州书目）。是集皆其游幕江南时作，自己酉冬至壬子夏，凡《虞山集》四十三首，《依莲集》六十二首，《白门集》五十六首，《去来集》五十三首，《雪泥集》七十首，《蔗尾集》七十一首，每集为一卷，咸丰壬子刊行，有青麟序及自序。

### 《禅余集》四卷

〔清〕释毓金撰。黄岩人。毓金号古堂，崇福堂僧有古诗五十五首，律绝二百首，词五十七首，有孙延镐，王映青序。

### 《竹坡诗钞》二卷

〔清〕邬慕东撰。黄岩人。（黄岩县志、黄岩集）。慕东字宣猷，号竹坡、廪贡生、诗凡二百余首，瑞安孙衣言序。

### 《马石田遗文》一卷

〔清〕马焕章撰。黄岩人。（黄岩县志）。焕章字允基，号石田，晚号樨园，邑诸生。文凡十七篇，门人姜景叶，姜文衡序。今存。

### 《培风阁诗钞》四卷

〔清〕夏畴撰。黄岩人。（黄岩县志、黄岩集、两浙輶轩续录、台州书目）。畴字子范，号铁瓢，一号少霞，鼎之从子。其书五七古各一卷，律诗一卷，绝句一卷，凡二百余首，今有刻本，内有王棻序。王恒正家有抄本。

### 《苍溪吟》一卷

〔清〕彭若金撰。黄岩人。（黄岩县志）。若金字伯兰，号砺斋，邑诸生。是卷仿白居易《秦中吟》举邑之积弊，为诗八首，一拜香，二报案，三竹搁，四抢禁，五乡征，六盐卡，七捕盗，八保长。吴令英樾为之序。

### 《石我师斋集》

〔清〕方絜撰。黄岩人。（黄岩县志、黄岩集）。絜字治庵，工竹刻，能诗，年三十九卒。嘉兴张廷济为之传。集未见。

### 《桑榆随笔》一卷

〔清〕蔡步青撰。黄岩人。（黄岩县志）。步青号敕堂，路桥人。诗仅数十首，盖晚年遣日所作。

### 《云舟诗草》一卷

〔清〕牟士纶撰。黄岩人。（黄岩县志）。士纶字云舟，邑廪生，是卷凡诗百余首，杂文十余篇。今存。

### 《巨泉遗稿》

〔清〕卢渠撰。黄岩人。（黄岩集）。今未见。

### 《植桂轩诗草》

〔清〕牟榕撰。黄岩人。（黄岩集）。榕字阴田，号春渠。书未见。

### 《北山文钞》四卷

〔清〕姜文衡撰。黄岩人。（黄岩县志、台州书目）。文衡字亦农，道光庚子岁贡。书凡散文五十二首，骈文二首，附王荄、瞽者三先生传一首，盖晚年自定稿也。咸丰甲寅刊行。

### 《北山诗钞》五卷

〔清〕姜文衡撰。黄岩人。（黄岩县志、两浙輶轩续录、台州存目录）。亦晚年所自定，卷一《珍帚集》道光癸未，应瑞场序，诗六十七首，卷二《寒雪集》七十五首，卷三《倚枕集》四十九首，卷四《蚕炬集》五十六首，皆分年编次，始丙寅，终戊午。卷五《拟古乐府》四十三首，丁巳作《盲道人弹词》十首，己酉作《共古今体诗词》三百首。咸丰八年刊行，有道光乙巳自序，咸丰元年吴英樾及黄浚序。

### 《北山文续钞》一卷，《诗续钞》一卷

〔清〕姜文衡撰。黄岩人。（黄岩县志）。凡文十六首，附王荄复书一首诗三十四首，皆戊午以后所作，同治丁卯泰兴吴侍郎存义跋。

### 《序东诗稿》一卷

〔清〕卢镛撰。黄岩人。（黄岩县志、黄岩集）。镛字英鋆，诸生，早卒。遗诗六十余首，子锡畴编，吴令英樾称其佳者仿佛王孟云。

### 《橘香居草》一卷

〔清〕叶树元撰。黄岩人。（黄岩县志、黄岩集）。树元字以正，号香

雨，廪膳生，力学早卒，遗诗一卷，其子诸生。映潢录藏。

### 《虚白室诗稿》

〔清〕蔡刚中撰。黄岩人。（黄岩集）。刚中字惕三，邑诸生。书未见。

### 《映剑集》

〔清〕罗致一撰。黄岩人。（黄岩县志）。致一号敬斋，邑诸生。稿藏于家。

### 《绿筠轩诗钞》

〔清〕邬应溥撰。黄岩人。（黄岩县志、黄岩集、两浙輶轩续录）。应溥字月泉，邑廪生，诗凡四百余首，始戊子迄庚子。有自序。

### 《王柳城诗稿》

〔清〕王蔚林撰。黄岩人。（黄岩县志、黄岩集）。竹昌王人，邑廪生，诗凡二百余首，多与邬月泉唱和之作，诗格调颇相近。今存。

### 《燕石山房诗钞》四卷

〔清〕赵琛撰。黄岩人。（黄岩县志、黄岩集、两浙輶轩续录、台州书目）。琛原名益，字景献，号襄云，初号云臣，廪膳生，自幼工诗，为夏宝田，牟百峯诸前辈所契。殁后其表侄王维翰醵金付梓。凡三百八十八首，温岭黄浚序，称其诗颖楮超脱，神韵闲雅。又有吴英樾序，王承弼跋。

### 《月耕山房诗草》

〔清〕蔡国棠撰。黄岩人。（黄岩集）。国棠，字成统，邑诸生。书未见。

**《灌书草堂诗抄》**

〔清〕孙拱辰撰。黄岩人。(黄岩县志、黄岩集)。拱辰字会枢，号范堂，邑诸生。稿藏于家。

**《晓村诗草》**

〔清〕任肇熊撰。黄岩人。(黄岩集)。肇熊字晓村，诸生。书未见。

**《深诣斋诗钞》《文钞》**

〔清〕黄鐮撰。黄岩人。(黄岩县志)。鐮字畏厓，号云海，邑廪生，诗三百余首，今未见。《文钞》五卷，王棻，王咏霓为跋。今存。

**《晓村诗草》**

〔清〕任肇熊撰。黄岩人。(黄岩集)。肇熊字晓村，诸生。书未见。

**《涵虚堂诗草》**

〔清〕牟葵阳撰。黄岩人。(黄岩县志)。葵阳字藿园，邑诸生。诗凡百余首，姜文衡序。

**《畲东诗稿》六卷**

〔清〕牟佩环撰。黄岩人。(黄岩县志)。佩环字圣仪，号少任，道光时岁贡。书未见。

**《隐云楼诗草》一卷**

〔清〕郑会南撰。黄岩人。(黄岩县志、黄岩集、台州书目)。会南，字中和，号五峯，邑诸生。诗凡七十余首，前有咸丰辛亥吴英樾，郑芳华等序，温岭金氏鸿远楼藏钞本。

**《兰桂齐芳轩稿》**

〔清〕王承弼撰。黄岩人。（黄岩县志 两浙輶轩续录轩作斋）。承弼原名心简，字云卿，更字莘农，道光庚子副贡。著《碧螺精舍诗草》,《吉祥草堂》等稿，没后稿颇散佚，是稿其总名也。

**《翠屏山人吟稿》**

〔清〕王九畴撰。黄岩人。（两浙輶轩续录）。九畴字洛东，岁贡生，与兄九龄并以文名，有二难之称。书未见。

**《鄂不楼遗集》**

〔清〕王辰撰。黄岩人。（黄岩集）。辰字若临，号旭亭，国子生，早卒。书有朱劭英题词，今未见。

**《梅庵遗集》三卷**

〔清〕王维祺（王棻之父）撰。黄岩人。（石槎笔记）。上卷《王氏家训》,中卷《时鸣集》,下卷《清棻集》,有孙衣言序，龙文彬、潘衍桐、陈璚等跋。叶氏《蕴玉阁》排印。

**《医俗轩遗稿》一卷**

〔清〕管名篝撰。黄岩人。（台州书目）。男，世骏校印，有陈瑞畴及世骏跋。

**《问花亭偶集》《雪樵吟稿》**

〔清〕张茂华撰。黄岩人。（黄岩集、两浙輶轩续录）。茂华字博卿，号雪樵，书存。

### 《苇村诗草》

〔清〕王树祺撰。黄岩人。（黄岩集）。树祺字庆云，号苇村书未见。

### 《两一居士诗草》

〔清〕卢锡畴撰，黄岩人。（黄岩县志、黄岩集）。锡畴字奇芬，号西坪．道光丙午举人，安吉教谕，以御寇功卒，赠国子监助教。诗凡八十余首，今存。

### 《炳烛斋诗钞》一卷，《拾遗》一卷，《遗文》一卷，《附录》一卷

〔清〕王乐雍撰。黄岩人。（黄岩县志、两浙輶轩续录、台州书目）。乐雍原名旭东，字孔镛，号璧桥。廪膳生，诗本数百首，咸丰辛酉删存五十余首，同治乙丑其弟乐胥复辑，《拾遗》《附录》各一卷，己巳秋其子组恩复辑《遗文》一卷，俱附诗钞后，印行于世。

### 《盥薇仙馆诗草》

〔清〕王熙治撰。黄岩人。（黄岩县志）。熙治字孔沂，号浣春，诸生，诗凡数百首，多清婉可诵。

### 《写心楼诗草》

〔清〕王访撰。黄岩人。（黄岩县志、黄岩集）。访字范器，号雪舟。诸生，遗诗数十首，皆丙辰。丁巳二年所作，其从侄咏霓录存。

### 《半石山房诗钞》

〔清〕官德润撰。黄岩人。（两浙輶轩续录）。德润字永槐，号小樵。邑诸生，书未见。

**《梧台诗草》**

〔清〕牟旭光撰。黄岩人。（黄岩集、两浙輶轩续录）。旭光字则颜，号映岚，又号放鹤。邑廪生，书未见。浙江忠义录载：旭光有文名，殉辛酉之难，邮赠云骑尉世职。

**《秋雨排心草》**

〔清〕王维城撰。黄岩人。（黄岩集）维城字广叔，号枕泉，布衣。书存。

**《疏竹园诗草》二卷**

〔清〕喻兴云撰。黄岩人。（黄岩集、两浙輶轩续录、台州书目）。兴云一名曙，字明霞，号西塘。同治二年，御寇力竭而死，祀忠义祠。诗有潘衍桐序，其子长霖校印。浙江忠义录有载其功职，祀忠义祠。

**《恒斋稿》**

〔清〕王会畴撰。黄岩人。（两浙輶轩续录）。会畴字彝器，号寿田，廪贡生，会稽教谕。书未见。

**《听蝉楼诗稿》**

〔清〕金崇梓撰。黄岩人。（两浙輶轩续录）。崇梓字绣林，邑诸生。书未见。

**《酝香楼集》二卷，《附录》一卷**

〔清〕女士赵韵花撰。黄岩人。（黄岩县志、三台名媛诗辑作一卷、黄岩集不分卷）。韵花名梅仙，字竹友。崇明镇总兵赵春晓之女，年十七未嫁而殉。遗稿为姜丹书所藏，咸丰甲寅王棻编定。凡诗六十九首，词八首，谜语十三则，分为二卷，又附录题赠等一卷，有赵琛、王维翰序。

### 《东颦集》一卷

〔清〕王维哲妻戚桂棠撰。黄岩人。（黄岩县志、太平县志、三台名媛诗辑、台州书目）。桂棠字梦桃，温岭戚大令学标女孙，年卅二卒，遗诗四十六首，词七首，黄浚、蔡篪、王咏霓等为之序。同治己巳王明经维翰合赵韵花，《韫香楼》稿，以聚珍版印行，名曰《彤奁双璧》。蔡篪序略。

### 《焦尾阁遗稿》一卷

〔清〕王维龄妻卢德仪撰。黄岩人。（黄岩县志、黄岩集、三台名媛诗辑、三台闺范）。原诗数百首遭乱散佚，其子太常寺卿彦威，搜辑得三十三首，付之梨枣，有张文虎撰传，孙衣言、李文田、俞樾、姜文衡、王咏霓及女士张婉训等序。

### 《证我集》

〔清〕释光定撰。黄岩人。（壶舟文存、黄岩集、台书存目录作证我轩诗草，光绪太平续志作观我斋诗集，亦名小灵山房诗集）。

### 《栖云百首》一卷

〔清〕释光定撰。黄岩人。咸丰乙卯刻本，有黄浚序、黄治跋。（黄岩县志）。

### 《竹杯清籁》

〔清〕释善培撰。黄岩人。今未见。

（别集三）：明初至清咸丰，231 部。

# 别集类（四）

## 《五石瓠斋诗钞》

〔清〕林遐村撰。黄岩人。（函雅堂集）。王咏霓跋，稿藏管惠农家。

王咏霓跋：往岁丁巳从家莘农先生游，始学为诗，先生于国朝人，诗少许可，惟盛称虞山，于今人推同邑林隐居遐村，以为后苏陆神髓。虞山当李王代谢，钟谭横决之后，固独揭眉山剑南，以提倡海内者也。余时年方幼，闲读隐居与先生唱和诸作，辄心佩之，岁甲戌余客京师，与管惠农诸子结消夏诗社，惠农亦甚推遐村，以为可自成家数。余壮岁以还，奔走四方，居乡里日浅，闲与遐村想见不数，数未及与联吟事显，每从他友处见君佳什，未尝不心折也。君少力学，为黄云海先生高足弟子，尝自叹以为不如。以多病弃场屋，遂精于医，妙解音律，善调丝竹。生平敦品竺行，为乡党所敬服。其入市从不较价值，人或有误失，行数里必返之。盖当世隐君子，诗其馀事耳。顾念居家逋仙人处土名，于宋征召不起，隐杭之孤山，梅妻鹤子，吟啸自怡，其脍炙人口者，有雪后水边，疏影暗香诸什，古来咏梅花诗，无出其右者。然以云妙句，诚有然，若论通首，则皆不能称也。遐村于诗律极严，每以谋篇为贵，故格老而气清，读其诗可想见其性情之正，以视处士，殆伯仲而或过之。处士至今垂千百年，过西湖放鹤亭者，辄瞻拜墓下，俯仰流连不能自己，而遐村之名乃不出于里巷，身殁以后，遗稿亦无求之者，不亦深可慨惜也哉。今年夏惠农之犹子叔平，以君遗稿出观，则《五尺瓠斋诗钞》在焉。余既喜君有孙能守家学，而又惜其力不能任剞劂，因还以畀诸惠农冀刻而传之，亦以见师友渊源之不忍湮没，有茹是也。

### 《漱玉山房诗集》十二卷

〔清〕袁际清撰。黄岩人。清邑庠生。书未见。

### 《吟红楼稿》

〔清〕袁建莘撰。黄岩人。（两浙輶轩续录）。建莘字心葩，同治庚午副贡。书未见。双砚斋笔记：心葩素娴词赋，兼精韵学，尤善八分书，雅才也。

### 《畦莱庵稿》

〔清〕曾若济撰。黄岩人。（黄岩集、两浙輶轩续录、函雅堂集）。今存。

黄岩县志：若济博学多闻，精天文，兼通医术。主讲九峰精舍，卒年三十一。王咏霓撰哀辞：君讳若济，字心印，一字幞岩，浙江黄岩人，幼沉默好学，冠通六经三史。补博士弟子员，尤好天文步算，勾股律术之书。以意解辨动中窾要，并邃于郑氏虞氏，易伏生，洪范，传许氏说文所论。说无空虚浅薄之习，实事求是，验诸躬行，尚气节取与，不苟教弟子，以通经为务。同治庚午，力疾闱策对数千言以微误柳副本，辛未春主讲九峰书院，负笈者数十百人，三月遂卒。所著书多未成检，其所存少作之诗与文，编为《畦莱庵》遗稿。

### 《环录园诗存》

〔清〕张飞霞撰。黄岩人。（石槎笔记）。今未见。

### 《玉卿吟稿》一卷

〔清〕官德润妻朱莹撰。黄岩人。（三台名媛诗辑）。莹字玉卿。内阁中书湖北德安清军府同知朱璜之次女。书存。

## 《酴醿花馆膡稿》一卷

〔清〕江青妻毛玉荷撰。黄岩人。(默庵集)。有刻本。

王舟瑶序:吾友江伯震明经青,编其亡室毛氏遗诗为《茶醿华馆膡稿》,刻成,属余序之。余也绮障久敚,情泪亦枯,空山沉沉,时得古意,止水澹澹,不流贰波。春风填词,已忘红豆之谱,夜雨枯坐,怕界鸟馀之兰,而江君必欲强索一言,殷然再请,冀散潘岳之哀感,因为徐陵之弁言。夫其凤慧世趆,炙发天钟镂,古梅而为神,瘦而益隽,拟芳蕙而取韵,澹而弥妍。金銮雏龄,即勒北山移文之石,翠鬓小女,能诵南华秋水之篇。花间哦诗莺欲答响,帘底读曲燕来诉愁,倚新词于镜笼古秀于研匣。江君以葭莩之谊,含豆蔻之情,牵红丝于帐中,郄实扇于灯下,女萝一尺结成同心,文梓千寻生本连理,香囊扣扣为繁橡之定情,绣悦瀜瀜唱沈约之携手。遂乃迭韵谱曲,双声笺诗,坐筋帘而斗茶,抽牙管以联句,夜窗读月孤蟾妒,欢午课吟花双蝶羡。影篆成絪缊之字,琴丝调连环之歌,斯真古,欢冷冷为闺中友情,致朗朗有林下风矣。无如兰蔓方征,苔华易逝。花因胎而骨瘦,柳经折而泪零,一珠堕怀已泯残息,五丝续命莫补华年。飘泊飞鸾,遽罢红萧之局,凄凉别鹄,遂断青琴之弦。维时江君方假馆异地,授经穷乡,急理楫而言旋,已抚棺而将掩。青蛾何处,疑为奔月之仙,紫玉奄然,已觉随风而化,好景萝裹春已谢。夫梨云瘦容,镜中影难描乎梅萼,于是文度多感激之,悼亡检残笺于琱匼,搜遗墨于翠篋。然而唐韵写本随彩鸾而亡,齐女离魂失哀悼之曲红,蚕僵而丝绝,青鸟去而音沉,蜀机九张徒留片段之锦葵,蔡琴三尺仅有衅馀之音,未足传也,是可感已。虽然尘梦廿载,飞琼谪远,秦箫一声,弄玉仙去。神山缥缈,曾署紫云之洞天,意境迷云,为碧落之传史。古月皎皎,此间疑是广寒,情波滔滔,君辈犹居蟩海。将见付诸好事,可成临川之传奇。广作搜神,足补令升之雅记。已丑十月。

### 《回山楼诗存》

〔清〕杨辅廉撰。黄岩人。（黄岩集）。辅廉字古香，邑诸生。书未见。

### 《玉笙诗草》

〔清〕冀玉书撰。黄岩人。（黄岩集）。玉书字锡申，号玉笙，邑诸生。书未见。

### 《刘子藜诗》

〔清〕刘子藜撰。黄岩人。（写经堂文钞）。蔡篪序。今未见。

蔡篪序：子藜刘君屡以诗事髇余，辛酉之秋曾约同人，举月河社。社凡月一集，择良辰、美景、胜地、可人痛饮剧谈，拈题阄韵，裙屐络绎，日夕过从，谬推余为社祭酒，诗成咸泥余评定且甲乙之，余愧不敢当。然窃喜荒邨僻壤中，得此韵事致足乐也。无何而粤寇之难作，吟社星散，社中人如王上舍，桐叔最称跌宕足以。张吾军乃为贼赚去，笠豚宠鸟，生死不可问。而余与子藜诸君亦各流离播越，迄无宁日。寇退以后，诸君或奔走衣食，或杜门绝交，风流云散，一别如雨，余亦焚弃笔研为瘖默人。每当灯炮酒阑，怀人感事，欲如老杜赋七歌八哀诸诗，心绪恶劣言不成声，诗穷后工之说殆不可信。而子藜独出，其诗于风雅道丧日，长吟短谣，兴复不浅于吟社兴废之故。再三致意，思有以追昔游，续坠绪，复约同人为消寒诗会之举，是余之于诗，殆皮传，经颠踬护落之境，则豪情胜塈与绮思艳想俱消，归于乌有。子藜之诗殆性情，当其夷则如春花，如好鸟盈目溢耳；当其逆则如坠叶如候虫，累叹颓息。余知子藜，深于子藜生平之得力，身世之感触，无不曲折详尽，故能言子藜之所欲言，且能言子藜之所不欲。言适子藜有诗序之请，遂书此以贻子。

### 《秦中游草》

〔清〕池铁曜撰。黄岩人。（写经堂诗钞）。今未见。

### 《写经堂文钞》二卷，《诗钞》四卷

〔清〕蔡籛撰。黄岩人。（台州书目、静观书舍藏书目、两浙輶轩续录仅载诗钞，黄岩县志作写经堂文集一卷，骈文二卷，诗四卷，词一卷）。籛字仲吹，同治丁卯并补甲子举人。是书有王维翰，王咏霓序，王棻跋。光绪时刻本。

王咏霓序：同治十年四月，余在京门，始闻蔡君竹孙之赴，既为文以哭，越明年九月，乃取其遗稿删存之为《写经堂集》六卷。光绪五年十二月，徐君蓬洲卒，又为文哭之，因复检其遗诗，删什之七，为《同光集》一卷。呜呼！推二君之志，岂以文字域哉。竹孙天才亮特，早负盛名，思奋其柔翰，翱翔馆阁之间，雍容簪珥，润色鸿业，蓬洲年逾富，力逾强，每抚膺时事，冀得一官一旅，为国家捍圉疆陲策名天府，是其意气之雄，咸不可一世，顾皆不得其年□死，黼黻之华，于莫之气，沈没幽寂，不可复见，仅以辞旨之末与儒士竞爽。呜呼！是岂二君之志也哉。犹记丁卯之秋，浙闱榜发号，多魁伟奇杰之士，时同县得四人，竹孙，蓬洲及李君谷士，王君子庄是已。余以策对触时忌，罥名副榜，四君者益与余善，余是以知之最深。就谓十年以来，竹孙，蓬洲相继而殒。谷士志存兼济，屡试不售，获一令以去。子庄虽病目，雅勤著述而其年亦已老矣。余才不能逮于古人，旷废愦愦一无成就，今岁侥幸一第，滥竽曹署，曾不得随有用之材，建尺寸之效，是亦有命存焉，不可强以取者邪。昔丁敬礼作文使陈思润饰，曰："卿何所疑难，文之佳恶，吾得之后世，谁相知定吾文者。"黄仲则谓稚存曰："吾不幸早死，他日诗集经君手定，必乖吾之旨趣。"余尝诵二者之言，以为文士好名，栖皇身后，然友朋交际之谊，要不可诬。今竹孙遗集刻垂成矣。追念平生，如聆咳唾，寻其指要，亦鲜乖方，以蓬洲诗附之，九原可作，

固所愿耳。后之君子，读其文而悲其遇，必有谅其志者，独余以离索之馀，罕闻箴劝，握管书，此不知涕之何从也。光绪六年十有二月同县王蜺序。

王维翰后序：吾友蔡君竹孙发德，龆年表姿卯日。乐夫子之道，鼓琴以娱；具儒者之风，笃学不倦。已酉与余同受知于昆明，赵文恪公。萧脊见美，咤为俊才；周舍其谭，服其精理，固已耀藻书囿，翔芬艺林矣。既而杜曲看花，樊川听雨，攀稊交吕蒉灯一枝，弹征叩宫，赌酒三叶，而屈宋遗韵，嗣响金石，颜谢丽篆，比妍芙蓉，以故苍溪八家之辞，彤衮双壁之录，莫不感均四候。言成一家，结苔岑之古欢，崇兰佩之新契，泊乎，软红蹀躞，澄碧留连，春声莺圆，秋影蝶瘦，字该吾声之音响，句摹万物之情状，飞鸾之丽，则方轨王粲，代马之高韵，埒美陈思。于是会九流之言泉，综三燮之诗律，江山所助，翰墨斯驱，夫洞庭广乐，非所语豪竹哀丝也，邓林、乔柯，非可凝昌条冶叶也。君使才磊落，蕴思深华，桂醑之醅，非求酿于仪狄，蛾眉之媖，讵乞黛于夷光，情乍蔚而乍幽，句迤金而迤玉。斯则微言之绪，不绝于江表，正始之音，复闻于永嘉已。况刘峻辨论无越典谟，贾逵颂文亦精训诂，力挽湖海之派言，溯风骚之原，后进有宗，飙流无谬，乃道为其修，世历其短，两汉而下，方振元风百年之期，倏朝露遂使秣花老屋，把卷思君，木瓜诗人怀琼，感我涔涔羊昙之泪，哀哀鹏鸟之赋，伯道无儿，仲郢有母，不其悲乎。心梅芃君手其藏本属为校刊，嗟嗟人琴亡矣，山河邈然，蟋蟀局促。而易哀龙鸾歔欷，而兹戚余四弦之抚，未辨绝徽，一孔之圄如续盲史，幽思翟翟请陈柯亭之竹椽。大才縶盘定贵洛阳之纸价。光绪庚辰竹小春日，社弟啸林，王维翰识于梅梨，小隐之茧圃。

王棻跋：咸丰辛亥，余与王璧桥，蔡仲吹维翰同业萃华书院簏及王小林，主讲者为李山渔先生飞英。同门十馀人，惟仲吹年最少，才最高，同辈最畏之。而仲吹顾与余三人者最善，迄今盖三十年矣！辛酉之冬，粤贼陷黄岩，璧桥被虏以死，其遗诗藏余行箧。粤贼既退，乃属其子诸生组恩印行于世。今所传《炳烛斋诗钞》，瑞安孙琴西太仆为之序者是也。同治辛未，余与仲吹自都门归，仲吹途中得疾，既抵家而亡，于是仲吹从兄诸生福同，索于其家得《写经堂集》属王子裳咏霓为之删定，而小林任校刊之役。乃命予为之序。呜呼！何足序仲吹之集哉。顾念生平，知契曾不数人如仲吹者，固吾辈之所畏，而望其大成者也，而所就竟止于此，讵非命耶。仲吹沉默寡言，为诗文操笔立就，酒座朋笺更唱迭和，见者无不倾倒。而仲吹未尝自足也，向使天假之年，充其所造，沈酣乎六籍，驰骤乎羣史，泛滥乎诸子百家而一折衷于至是，则其所就必不愧乎当世作者之林，而足以上造古人之域矣。乃竟止于此，讵非命耶。然以视闾巷之人，固陋自安，甘其食，美其服，不知天下，尚有太牢八珍之享，锦衣狐貉之华者，其不可同年而语明矣。吾是以环顾同侪，尤思吾仲吹不置也。光绪六年二月望年，愚弟王棻谨识。

王翰屏跋：竹孙孝廉，天才英特，迥绝侪辈。与屏总角同塾，投分最深。时彼此年少，神王兴逸，花天载酒，雪屋联吟，酣嬉淋漓，几不知人生有老死事。同治丁卯君举于乡，再上春官不获第，方谓君身仙骨，毕竟飞腾。乃辛未下第，南归遇疾，拘疾扶病抵家，月馀遂卒，年三十八耳。而又伯道无儿，手泽零替。天实为之，谓之何哉！犹忆病笃时，昏不省事，稍苏醒，犹邀余卧榻叙述离绪及京邸事，娓娓不倦，盖素心晨夕，其笃性然也。君所撰述，迄未诠次，惟《写经堂诗》四卷，文二卷，系君手稿。家子常审定之。君族兄蔡君心某衷资付剞劂，而君集始成。呜呼！自君之逝十易寒暑矣，殡宫风雨白骨生寒，黄墟酒空玉楼信杳，所藉以存竹孙者惟此而已，夜台有知，亦可稍慰魂魄，独后死者感念畴昔。人琴渺然，盛衰聚散，如梦如幻，三复遗稿，盖不待山阳之笛而泫然矣。光绪上章执徐重九同研弟王翰屏跋于小樊川之分云书屋。

官瑞椿跋：此吾师竹孙先生遗集也。先生交先君子最久，且最密，常主余家，因得领略先生言论丰采，心窃慕之。同治己巳，先君子见背，先生主赤城讲席，挈余游学，颇不以余为驽钝，且心器焉。岁辛未先生北上，抱病而回时，余以应童了试木得一见颜色，无何竟归道山矣。呜呼！痛哉。以先生之才之学，不获天假之年，少展宏抱，仅遗此诗文数卷，零落掇拾，亦良可稀。今得心梅世丈为之付梓，九原有知。庶几少慰，以视先君子之旧橐散失而不肖，又不善继承以扬清芬于万一，其悲痛更当何如耶。读先生集，辄涕泣不能自已。因赘书简，未以志慨云。时光绪七年岁在辛巳八月朔，受业世愚侄官瑞卷谨书于学署寓斋。

黄岩县志：篪幼颖敏，工诗古文辞。及壮，益精考据之学，主讲东湖，樊川诸书院，从者多知名士。

### 《同光集》一卷

〔清〕徐浚撰。黄岩人。（两浙輶轩续录、台州书目、静观书舍藏书目）。浚字蓬舟，同治丁卯并补甲子举人。有刻本。

王棻跋：予友徐蓬舟浚，生长富厚，好驰马射生，从里中少年游，甚自得也。既而折节读书焉。余同年蔡仲吹篪，王子裳咏霓，及王桐乡翰屏，皆相友爱，亲如骨肉，竟以同治丁卯由监生登贤，书人皆艳其遇，而蓬舟自视欲然也。家既中落，乃发愤读书，攻文墨，习书翰，尤喜为诗，常欲得一阵自试，虽制举业未工，固不害为文士矣。既而仲吹夭死，子常屡试礼部未遇，桐乡厪以年例充贡，而蓬舟之志独炯然不衰。光绪己卯将届选期，邀余与子常偕之北上。余久谢名场欲往未果，而子常则固颔之矣，乃以季冬立春日暴疾，卒年仅四十四。此岂平生意计之所及料也，嗟乎！蓬舟往矣，其箧中所存者独有诗耳，乃取其自编，为《同光集》者二百馀篇属子常，删存三之一附于仲吹遗集之后，以传于世。夫蓬舟之诗，虽未知于古人何如，然观其少而失学，壮而自悔，强而不衰，以视世之侥幸一第，辄泰然自足者，其相去又何远耶。余既壮蓬舟之志，又悲其不遇以死，将与草木同腐，为可惜也，于是乎言。光绪庚辰三月。

### 《盟水斋诗钞》四卷

〔清〕蔡燕綦撰。黄岩人。(两浙輶轩续录、补遗台州书目　函雅堂集作集十卷)。燕綦字子绶,同治庚午举人,是书临海江培浣秋删定付梓。有浣秋题词,王咏霓序。

王咏霓序:吾台人以词名者临海陈子高,黄岩左与言、戴石屏。自宋以还,盖尠嗣响,而吾友齐年生蔡君子绶独为之不置。尝闭户沈思,刻意造述,有《石曲词》十卷。后悔其少作删存什一。于是世之言词者交口推服,遂以掩其诗之名,虽然子绶之诗,曷尝以词掩哉。当戊午已未间,子绶方学为诗,与族兄弟竹孙齐名。时临海江浣秋,陈茝仲以诗鸣,咸善子绶,邮筒倡和殆无虚日。尝余指摘利病。余齿方少,气方盛,披索瑕类不少假借。今盟《水齐集》十卷是也。君以戊辰补朝考,辛未应礼部试,均不得志于有司,遂绝意进取,潜心响道,以教授自娱,谓诗词皆小技,屏不复作。呜呼,孰谓壬午之冬而君亦遽谢人世邪。余奔走四方,见君之日浅,未知其,其所闻于道者如何,而其诗之可传者,则仅止于是矣。君门人管惠农与余善,尝述其论词,宗旨雅尚清空,尤服膺南宋诸家,而以石帚玉田为圭臬,故原其所作多清夐卓绝之诣。殁后数年其从昆弟心梅大令,为授诸削氏又属浣秋,删君遗诗刻以广其传,使后之读者知子绶之诗不以词掩其工,是亦吾尚之所许也。案浣秋先生题词,有“蹉跎未展凌云志,惨淡偏悭式縠儿”句,其身世可想矣。

### 《醉菊轩诗钞文钞》

〔清〕陶涵撰。黄岩人。(光绪台州府志)。诗钞有自序及姜景华,王矶序,文钞亦有自序。凡文六十二首。稿藏于家。

### 《习是斋吟草》一卷

〔清〕黄钟撰。黄岩人。(台诗待访录)。稿藏于家。今未见。

### 《悔补斋诗》一卷

〔清〕冀望之撰。黄岩人。（台诗待访录）。稿藏于家。今未见。

### 《冷梅斋诗钞》一卷，《骈文》一卷

〔清〕符梦熊撰。黄岩人。（台诗待访录）。梦熊字月桥，优廪生，今温岭林丙恭印其诗钞一卷。有序。

### 《溪上草》一卷

〔清〕王维翰撰。黄岩人。（函雅堂集）。皆避兵栅头之作。有刊本。

王咏霓序：世多评陶渊明诗为冲澹自然，此未足尽渊明之诗也。渊明以晋世遗民耻不事宋，桃花源一记，隐然有避秦之思。观集中诗，则曰："山河满目中，平原独茫茫"。读山海经诗曰："精卫衔微木，将以填沧海"。其感事怀人，缠绵悲壮类如是，有谓义熙以后，但题甲子者不考之失也。渊明往矣武陵之津，未尝实有其地，而千载以下，但慨想渔人不置，且并恨刘子骥之不果游也，顾后之拟陶和陶者，仅摹仿采菊东篱下诸篇，而缠绵悲壮之作，未有称焉。抑独何与，余友王君小林录其避兵栅头之什，为溪上草。刻成而问叙于余。余受而卒业曰：小林之诗，其冲澹自然，世之学陶者类能辨之矣，而其中之感事怀人缠绵悲壮之作，则于陶为尤近。栅头为乐清北乡，在万山之中，无风鹤之警，去雁荡不数十里。衣冠避地，多出其所，固今之桃花源也。小林以避秦之馀，携侪蜡屐追幽选胜，见所谓寿字石者，唱和留题，以补山志之未备，则其诗之冲澹自然有近于陶固也。当辛酉之变，吾邑沦于贼者再，蹂躏荼毒，耳不忍闻。寇退，入城市，则闾舍居民，尽非其旧，向之交游亲故，亦多遭遇时难，或以兵死，或以疠疫死，或出入于戎马锋镝之中，仅而免于死。小林既重悲邑之残破，而又不能无友朋寥落之感，一发之于诗，则其诗之缠绵而悲壮者，又不自知其近于陶也。余曩者僦居二荡，风鹤

之警交接于耳目，海滨卤斥不能下一饮，早莫起居，惟鲛人蛋户相问答。视小林之入山，深入林密，倘徉于诗酒间者，不可以道里计，然一念夫同辈之人，或遭遇时难，出万死一生于戎马锋镝之间，则差有幸焉。今去辛酉之变垂六七年，摇笔为文，即怦怦不能自己。况乎东南之君子有遭遇时难出万死一生于戎马锋镝之中者，读小林之诗，必将回首而魂梦犹有悸焉，为之叙以志身世之感，且以告世之为诗，而拟陶和陶者。

蔡篯题词："斗大山城战血腥，旧时吟伴半凋零。犹馀白日鸢皇啸，付兴荒山虎豹听。忧国杜陵诗是史，依人王粲迹如萍。草间我亦偷生活，吼剑危歌夜落星"。

### 《彝经堂诗钞》六卷

〔清〕王维翰撰。黄岩人。（两浙輶轩续录、台书存目录）。亦名三万卷楼草。有刊本。

陈钟英序略曰："啸林三万卷草，缠绵肫恻一往情深，往往撷陶谢之腴，而入王孟之室，其感怀时事，奇气往来又于少陵太白为近。虽不拘拘规，抚前人而性情豁露，真意洋溢，自得风雅之遗。可谓今之诗人矣。"陈一鹤序略曰："啸林诗本温柔敦厚之旨，以写其缠绵悱恻之思，迥非祧唐祖宋者所能借口。又留意撰述，所辑《委羽山志》《辛酉殉难录》《台山梵响》，《乡邦掌故》，皆卓乎可传。"

何炳麟序略曰：其气浑灏，其法谨严，其意蕴含，其词简古。是沈酣于汉魏，六朝，三唐而得其神者。

### 《彝经堂赋钞》一卷，《骈文》一卷，《骈文续钞》一卷

〔清〕王维翰撰。黄岩人。（辑雅堂诗话、光绪台州府志）。有钞本。

缉雅堂诗话：余编輶轩续录，应君宝时，胡君凤丹采金华，丁君兆庆，吴君钟奇采湖州，君采台州财工，十瞬都为异物，成书将镌，幽室已闭，

亟访五君遗诗为之登录。曾谓此集，乃有姓氏，吾党英彦亮均太息沈吟断响愀然，予怀君所著，兼有骈文赋钞各一卷。

### 《荆树承恩馆诗钞》四卷

〔清〕王维翰撰。黄岩人。（台州书目）。光绪甲申云间杨葆光，马志峯为序。温岭金氏鸿远楼有钞本。

### 《五鹰居文稿》

〔清〕唐赓撰。黄岩人。（柔桥文钞，惺諟斋稿作堂夔谱文集）。赓字夔谱，副贡生，庚午举人。有王棻，喻长霖书后。

王棻书后：古文之名始于韩昌黎，其工亦莫过于昌黎。自欧会以来虽同宗韩，而其古则远不逮矣。虽然文者所以明道经世也，苟吾之所学明体而达，用足以扶树教道裨补政化，则文虽未古，亦何损哉。吾友唐劬补先生，赓工制举业，晚岁始为古文辞，其字句义法岂能遽合于古，然劬补性耿直，笃学不倦，循是以往深造而不已焉，见古人之文，之必不可学，而至乎，若谓若者似昌黎，若者似南丰，则言之太易矣。盖鄙陋之见，非徒韩会不易言，即望溪朝宗，亦终身不可企及学古文者，但当以读书穷理为本，卫道经世为务，修词立诚为志俛焉。孳孳没身为懈，至于古人之可及与否，则俟后世之论定可矣。请还质之劬补。未知河汉，斯言否耶。

喻长霖书后：辛卯夏，自天台归，谒先生于清献讲席。先生出所撰古文祠见示，长霖受而读之，深敬先生耄而好学，进德之猛为不可及也。姚姬传氏有言，学问之涂有三：曰义理、曰词章、曰考据。乾嘉以来，考据之学大盛，近数十年浸淫于吾乡矣。后生小子动曰:吾经学、吾汉学、吾小学，支词碎义，多自附于考据之例，讲词章者不少，概见言义理则益尠，风会所趋，有不知其所以然者。先生少壮工帖括，名噪遐迩籍甚，晚乃折节读书，尤笃嗜古文词，老而治其业益专。今读其文，言及风俗教化，辄为慨然，大旨归于辟异端，卫圣道。一编之中三致意焉。然则先生之学，殆将由词章以斩，至于义理为后学树之风声，以转移吾乡之风气者钦。昔道光之季善化唐镜海先生以名宿大儒讲求理学为三楚倡，未几而曾文正、左文襄诸贤出焉，德业勋名巍然，为中兴柱石。今先生耆硕之年，与善化唐公讲学时，盖适相似。愿先生益宏远，谟提振宗指俾，将来浙东之学不媿楚南，后之人论世知人，将必曰，楚有镜海，越有蘷谱，其学派之盛，皆自两唐先生，发之不益，为嘉惠后学之盛心耶。长霖总角时于母舅子庄师座得侍先生，一见辄器赏，叹为异材。长霖谨心志之，以为有鲍叔知己之遇，弗敢忘。今壮，乃碌碌无所成就，对先生滋益愧不知，先生将何以进之也。

## 《补蹉跎斋吟草》二卷

〔清〕管作谋撰。黄岩人。（光绪台州府志）。王棻，杨晨跋。稿藏于家。

王棻跋：同治初元，余避乱金清港。粤贼既退，往返舍间，顺道新桥，小憩米船楼，与管君询野盘桓竟夕，见其为人温厚和平、质直好义。余心仪其人，未尝忘也，既而令弟慰农登。乙丑贤书，余亦于是年以优行充贡，获附同年之末。往还既久，始知询野，孝于亲、友于兄弟，内行纯备悃愊无华，而急公好义，挥金若土，虽以是倾其家资而不顾。余益心敬其人，以谓晚近世俗之所罕见，而顾未知其能诗也。光绪丁酉戊戌间，余以《续刻台州丛书》之役，两至新桥，时慰农自邻水假归，始以《补蹉跎斋吟章》二卷见示，受而读之，则见其孝悌之心时流露于楮墨之表，而和平温厚称其为人。林遯村序，其诗谓性情肫笃者，其诗必质而实，询野殆其流亚。而杨定甫则谓其内行纯备，襟怀冲澹，故于诗不求工而自工，不信然钦。余将有《台诗四录》之选，谨录存数什，以备采择。因书于其后。戊戌四月望日。

### 《桐花阁诗存》

〔清〕王咏霓妻蒋凤撰。黄岩人。（静观书舍书目）。凤字缘卿，年二十一归咏霓，四十七岁卒。姜景华志其墓，诗凡五十三首。有刻本。

### 《天球遗稿》一卷

〔清〕王咏霓妾朱球撰。黄岩人。（静观书舍书目）。球字天球，一字韵采，上海人。年十九归咏霓，尝从之历游南北，年三十一卒于皖城长洲。朱九彰为撰墓志，诗二十五首。有刻本。

### 《汉皋遗什》一卷

〔清〕杨晨妻李嘉瑛撰。黄岩人。（敬梓书舍书目）。仅十余首。有石印本。

杨晨识：李淑人字颂玉，号雅琴。妙有德容，素为父所钟爱，择偶甚苟。孙淑人卒，伯岳琴西先生为余聘焉。甲戌冬赘于金陵。唱酬极乐。未几入直中书，丁丑春迎入都，余得馆选始挈以归。事亲教子，戚里咸称誉之，庚辰相将复入，至冬余以事先归，淑人乃还其家。癸未春再入都，词林俸薄，长安本不易居，虽赏月玩花，自饶风雅，而时有典衣沽酒之慨。乙酉闻其父丧，痛哭得疾，复携归里。医药稍痊，时以不育为恨。戊子偕妾宋复入都，而血病重发，不可支矣。今检其诗，多忧伤语，虽无谢庭风絮之才，而有苏家春月之致。抚今念昔叹息弥襟已定。夫识。

按：嘉瑛汉阳人，故以名什。

### 《柔桥文集》四十六卷，《诗集》八卷

〔清〕王棻撰。黄岩人。（光绪台州府志本传）。文集有道光己酉自序，光绪丁亥孙诒让识，诗集则咸丰癸丑池兼城为序。原稿均藏于家。现藏黄岩图书馆。《诗集》已于2008年2月由王恒正整理，杨苍舒注释出版。

柔桥文集自序：自古文章麟炳照耀人耳目者六经，而后在周，则有若孟轲、荀卿、屈原、庄周。汉，则有若贾谊、董仲舒、司马迁、相如、刘向、扬雄、班固。唐有李白、杜甫、韩愈、柳宗元。宋有欧阳修、苏轼。彼其文皆原本经术，泛滥群书，酝而出之，故皆卓绝千古，特立独行。辟九达之衢，驾六飞之骏，追风轶尘，云飞电掣乎莫可及已。其次以文章鸣一代者，则有若魏之曹王、晋之潘陆，宋之鲍谢，周之徐庾，唐之燕许，南宋之叶适，金之元好问，元之虞集，明之宋濂、归有光。此皆镕液前人之文，漉其精英，淘其查滓，成一家言者也。其次若西京之邹枚，东京之传傅张初，唐之四杰，有明之七子。则以文鸣一时，其次鸣一方，其次鸣一郡，其次鸣一邑。下矣何足算焉。是其为文也，亦犹秋虫自扬，其声丹鸟自耀其明，见者笑其弄姿，闻者厌其长聒，翔回啁哳，徒自苦耳。台州浙江之一府，周时尚在荒服，自汉始县，至吴始郡。逮晋，而有任次龙先生出，隐居求志，声溢环宇。而吾郡之名始尊。厥后六百馀年而至宋，二徐先生，以道学显，杜清献以相业称，陈耆卿以古文鸣，戴复古以诗著，文采风流始与当世争修短。明兴，有陶宗仪、方孝孺文章道德雄长一时矣。圣朝受命，文治大昌，朝萃魁孺野庐耆宿。经术则远宗二汉，词章则兼尚六朝。以吾台言之，若齐侍郎召南，戚大令学标，金优贡鹗洪司马颐煊，拔贡震煊，盖其选也。棻生黄岩之东郊，曰柔桥，台南之鄙，人耳犬马之。齿二十有二年矣，足迹不出数十里之内，未尝羽仪上国，阅历天下之名山大川与其民情风俗也。未尝闻当代名公、钜卿、老师、宿孺之议论也，未尝睹其威仪文辞也，株守荒邮，垆拘近局，所交游不过数人，亦率胜于棻者，所学固甚陋矣。然而揽赏窗正学之流风，而思孟荀董贾韩欧之业，玩石屏、南村之吟咏，而缅曹王、李、杜、苏、柳之风，至于性情之微，六经之奥，而抗怀徐杜，瓣香金洪，服膺齐戚，盖亦尝有意焉。然而逞臆而谈，信笔而书，不明古文之义法，不识古时之声调，不守汉学之师承，不入宋儒之阃奥，务抒所闻，登之铅椠，实不足为一郡一邑之鸣也。直以鸣一邨可矣。乃即所居之地名之曰《柔桥集》。道光二十有九年，岁在己酉十有一月朔。孙诒让识：大著不事雕琢，而持论明通，援证详塙，足与谢山董浦诸集并传。但敬诵全稿，不经意之作似尚不少，宜岩加简择，以求完粹。宋人集率多芜杂，不足效也。经说各卷似宜择其有心得创获者存之，间有沿袭旧义及参用近人说者，宜分别删改。通人论著，固与场屋作经解不同也，集中论文服膺桐城，自是精识。近代之学桐城者，莫如曾文正公。窃尝闻其绪论云作文四字句。切不可多。今读尊稿书启。及记叙诸卷，散体之中间厕骈句，其为文格之累，殆甚于四字句矣，似宜酌改骈文。集中无多率，多工稳，然气格似尚未高。昔孙渊如先生骈文精丽妙擅，一时而不以入集，许郑经师，似不必以徐庾丽文夸示流俗也。管见如是，大雅闳达量之。

王舟瑶云：先生自定柔桥集，起道光庚戌，讫光绪戊戌。分为三集。初集二十卷，四百四十七首，续集十四卷，二百四十首，三集十六卷，三百五十二首，都一千三十九首。案喻长霖柔桥文钞序，谓冰雪文二卷，柔桥初稿十七卷，续集十一卷，三集十四卷。则光绪台州府志及王舟瑶所言并误。

### 《柔桥文钞》十六卷

〔清〕王棻撰。黄岩人。（涵芬楼藏书目录）。王舟瑶选录，喻长霖覆校，凡文三百九十八首。甲寅上海国光书局印。2020年台州文献丛书编委会影印再版。

喻长霖序：先生所著玩芳草堂丛书，凡经类四部。《周易爻变易蕴校注》四卷，《孙氏礼记集解校注》一卷，《曲礼异义》四卷，《经说偶存》四卷，《六书古训》六十四卷，共七十七卷。史类十五部，《史记补正》三卷，《汉书补正》三卷，《重订历代帝王年表》十五卷，《明年表》一卷，《大统平议》一卷，《大礼平议》四卷，《明大礼驳议》二卷，《中外和战议》十六卷，

《谢氏赤城新志棱注》二十三卷,《黄岩县志》四十卷,《校议》一卷,《青田县志》十八卷,《永嘉县志》三十六卷,《仙居县志》二十卷,《太平续志》十八卷,《卷首》一卷,《杭州府志》二百十二卷,《九峰山志》六卷,《杜清献公年谱》一卷,《台献疑年录》一卷,《柔桥王氏家谱》十卷,共四百三十二卷。子类四部,《希倪子》四卷,《台学统》一百卷,卷首一卷,《折韩》一卷,《辩章》一卷,(注:辨章实际三卷)共一百七卷。集类五部,《冰雪文》二卷,《柔桥初稿》十七卷,《续集》十一卷,三集十四卷,《诗集》八卷,《杜清献集校注》一卷,《黄岩集》三十卷,《黄岩集校议》一卷,《黄岩集续录》二卷,《仙居集》二十四卷,《方城遗献续编》六卷,共一百一十八卷。都凡二十有九部,七百三十有四卷,吾台近儒著书之多,当推先生为最。内史部府县志多刊行,馀稿藏于家,无力付梓。长霖曩岁归里,检先生遗书,怆然虑其散佚,与故人王玫伯议,先刊文集。玫伯略选录得十六卷,凡说经三,论着三,序跋五,书牍、志、传、志、杂记、杂文各一。长霖覆校复添录数十篇,内序跋稍多,以有关文献存之。先生之学,平正通达,不名一家。晚而致力益专,手不释卷,以故著书等身。其文信笔直书、不甚修饰,间有率易之处,人或执以相此,然于大体无碍也。所著文集以外,如经部《六书古训》,史部《大礼平议》《中外和战议》,子部《台学统》等书,尤其精力所萃。生平极宗仰曾湘乡,拳拳服膺于圣哲,画像记三十三子。节取许郑韩欧程朱,及顾亭林七人,复添汉董江、都朋、方逊志,为十贤。奉为依归,其意以为,曾公位兼将相而已,则隐居不仕所处之地不同。故十贤皆师儒。逊志则吾台乡先生。集中,九峰精舍崇祀十贤记。殆其生平宗旨所在也。吾台山郡也,僻在海噬,魏晋以前,少有闻人。自宋二徐父子、南湖兄弟昌明学术,嗣后名贤辈出,称"小邹鲁"。元明之世,流风犹在。二百年来渐以不振。先生有志绍述先哲,其《台学统》一书,裒辑乡邦遗献,尤惓惓于气节躬行之学,大声疾呼,欲籍以提揭后进,厥志甚伟。晚岁慨悼时艰,心存尤国。著《国颂》一篇，劝百讽一寓，规于颂而力持祖制之不可轻变，极诋南皮《劝学篇》立说之谬，拟上书，极谏法祖求贤节用，罢黜新政，请浙江学政徐致祥代奏不果。未几，先生归道山，不幸其言遂验。长霖疏逊小臣，贾生痛哭，同兹隐恸。国变以来，覆诵师说，不禁悲愤填膺，长号不能自已。忧患余生，遁迹海上，远隔桑梓，几同秦越。而故老凋零，旧学日替，揆诸先生提倡绍述之盛，心亦未能继成，厥志台学，渊源渺焉，无人过问。欧化西来，国粹沦泯，此普天率土之通病，不独吾台为然，诚不意世变，何遽抵此，患气之积，所由来者，非一日也。长霖于先生，谊则师生，亲则舅甥。自束髪就书，随侍先生之日颇久，窃见先生律己之严，一介不取，事亲之孝，老而弥笃。生平澹于荣利，读书著述以外，无他嗜好，初举优行，不赴京试，或劝之，曰："吾无意作官，恐得一令，更累我也"。乡荐后，两上春官不复赴，杜门力学，风雨一楼，焚香危坐。数十年如一日，病革始不能观书，去易篑缠数日耳。先生卒后，今已十有六年，不为表章，后恐湮没。因为先梓斯编，以塞先生地下之憾。并俾后之留心，台献者，略有考焉。先生自序一篇，作于道光己酉，时年仅二十有五。瑞安孙仲容东在光绪丁亥通人墨迹，并宜宝存，特付石印冠诸篇首，俾垂久远。甲寅春三月。

王舟瑶识：右柔桥文钞十六卷三百九十八首，先生自定柔桥集，起道光庚戌讫光绪戊戌。分为三集，初集二十卷四百四十七首，续集十四卷二百四十首，三集十六卷三百五十二首，都一千三十九首，先生以光绪己亥归道山，迄今已十有四年。无力付梓，恐渐散失，故先甄录为是本以传于世。而题其后曰："古无集之名，刘略班志着录诗赋，但记篇目，每家不过数篇，而以枚皋赋百二十篇为最多。隋志所载周季两汉人集，盖出后人标题，然每家亦不过数卷，而以班固集十七卷为最多。魏晋以后卷帙渐繁。至于赵宋其风大靡，往往积至一二百卷，单词片牍，无不入集。昆山顾氏曰："文以少而盛，以多而衰。"会稽章氏曰："著作衰，而有文集岂不谅哉。"柔桥先生以朴学名，其说经实事求是，不分汉宋。其为文平正通达，不事琱镂。而尤拳拳于乡邦文献、表章，不留馀力，故是编所录，以说经论学，及有关于故乡文献者，为多至牵率酬应无甚关系之作，概从略焉。亦古人文不贵多之意也。壬子孟夏。

### 《柔川集》三卷

〔清〕黄方庆撰。黄岩人。（光绪台州府志）。上卷经说，中卷算说，下卷杂著。有钞本。

### 《柔川诗稿》一卷

〔清〕黄方庆撰。黄岩人。（台州书目）。喻长霖选印。凡诗二百余首，有光绪庚寅王舟瑶序。

### 《琴游集》二卷

〔清〕邬佩之撰。黄岩人。（台书存目录）。佩之字簠溪，邑诸生，没后其内兄王咏霓梓其书，有癸卯季春序。

王咏霓序：咸丰辛酉，余假馆东山，周氏从游者以邬宝溪妹婿为最高足，时初学为古近体诗，辄秀颖有思致，癸亥馆西山，邬生亦相从。嗣后益肆力于学，既掇一衿，应秋试屡不遇，其抑郁无聊之概，每于诗发之，欧阳子所谓穷而后工者，其信然也欤。己丑之冬，余自粤东随南皮制府师至沪，命留寓理译书，乃约生与偕，其明年赴楚。幕生时助余校阅经心书院官课。辛卯壬辰余游齐及燕，筮仕来皖，生客游鄂，渚者三年，输舟往返时得相见。甲午夏日，余捧檄住徽州治讼，生方倦游旋里，过皖寓俟余言别，不数日而病，病益笃，及余归而已不起矣。殁后经纪其丧为谋归榇，检箧中得《琴游集》二卷，其零星残稿，并为搜拾附录卷中。夫以生之才之敏学之富，向令得一二知己，何难跻金门登玉堂，雍容揄扬润色鸿业。即不得志于有司，使假以五十之年，充其所造，亦当与青邱、迪功、茂秦诸人，并辔争长，乃独困僇不永年以死。呜呼！穷达之遭，修短之致，不有命存焉否耶。生先世竹坡月泉两先生，并以诗鸣，着有专集，然名皆不显，遗稿亦未梓，仅于黄岩集中选登一二。生克承家学，刻意吟咏，稿藏于家，未得见其所见者祗此耳。试取而读之，风格神韵俊秀独绝，凝诸国朝，于梅村渔洋二家为近，虽未窥全豹，而已见一斑矣。因举而付诸削氏以传于世。世有曾文正公其人者乎，将慨赏杜樊川于不置也。癸卯季春之月。

### 《曼园遗草》

〔清〕杨深撰。黄岩人。（函雅堂集）。王咏霓序。书今未见。

王咏霓序:《曼园遗草》予门人杨生深著。初生与邬生筠溪，潘生，鹫峰，从予游于西山，学为诗，未精也。后为之不厌，时获佳什。辛巳游天台雁荡，所得诗益富。壬午秋日，予将赴武林，便道省生疾。生涕泣呜咽，恐不能生，时潘生方在坐，出其近稿求正。征夫戒涂，仓卒不暇读，唯以慎饮食，节啗咏为劝。呜呼，孰谓一别而竟不起耶。殁后一年，其孤子昌国钞前后诸诗乞为删定，其佳者，已为邬生拈出，因择其尤而录之，都为二卷。生性温雅，不慕荣利，自得于山水之间，故为诗平易近人，无刻深放轶之弊，使天假之年，充其所学，必更有进焉者显，靳止于是，岂非命邪。生先世多能诗，且多不永年，抑又何也？书之以识，吾悲。

### 《默耕草》

〔清〕姜景华撰。黄岩人。（姜氏宗谱）。景华字恭甫，邑诸生。书未见。

### 《漱芳轩遗稿》一卷

〔清〕陈启瑞撰。黄岩人。（光绪台州府志）。启瑞字佩夫，廪膳生，遗诗四十余首，其弟镛熙辑录。今其家有钞本。

王舟瑶撰墓志：余为童子时，执经于哲生陈先生之门，同学十馀人。惟先生之子佩夫才最高。先生督课严，惟会文日发题后，先生每以事他出，诸生得自逸然，明日归必呈卷，故同学仍伏案不敢辍。佩夫则略不构思，浏览子家说部书，或篆刻金石，或摹绩古礼器图以自悦，度先生将归始一握管，而文即成，一如宿构。往往厌其曹，每日所授经，佩夫亦不肯习，然次日靡不背诵如流。一日晨起，先生授以史公报任安书谓之曰：尔能于早膳前背诵不误，今日当任汝自由。佩夫上口数偏，掩卷诵之不遗一字，其敏捷类如是。工诗词及骈俪文，寻治汉儒训故之学，兼娴绘事，能作篆隶书，既而通歧黄家术，往往奏效。佩夫天才隽逸，出语绝尘埃，于古人文，摩之无不肖。于艺，事一习而辄能然。性疏懒不能覃精研思造极渊微，故于学无不各涉藩篱，而卒不能名一家。使以佩夫之才，予以年，加之以学，其于古人何多让哉，而卒以是终也，惜哉！惜哉！佩夫名将墀，又名启瑞，姓陈氏，黄岩人，县学廪膳生，以光绪壬辰七月卒，年三十六，墓在东岙。曾祖某祖某父岱狱，岁贡生，即哲生先生也。配林氏，续娶姜氏，詹事府主簿姜景华女子二人。某某姜君，以余与佩夫总角交，来请铭。谊不获辞，乃为铭曰：既得于天，而限于年，终不获一艺以传。青衫零落，长醉眠诗，歌画卷飘云烟，我铭其墓，慰重泉春来带草长芊芊。按：先生哲嗣雪生，近已携其稿刊载游艺亲志，惜未全也。

### 《藜庵丛稿》

〔清〕王彦威撰。黄岩人。（默庵集）。稿藏于家。

### 《函雅堂集》四十卷

王咏霓撰。黄岩人。（台州书目）。有谭廷献，袁昶，缪荃孙，郭传璞等序。光绪时刻本。

谭廷献序：方今著述之士，其书满家，海内铅椠，别集尤富。献交四方通人，习于绪论，妄有理董之志，往往密坐谭艺上下于秋，以为文章者递迁递变。李赞皇言，譬如日月终古常见，而光景常新，是固然矣。然而生今之世，适当其难，水之源流，则千岐万派，木之本末，则千枝万叶，几几乎声无不会，色无不章，海涵地负，下至于一邱一壑，闭户之日，或吟咏性情，则有诗赋之寄兴，或发挥道妙，则有文辞之广用，无小无大，皆曰立言。于是游乎著作之林，旁搜远绍，则已人间之世，无体不具，无境不穷，一家之言，不亦可已而不已乎。献曰不然。自赓歌以来，诗体百变，诗境变而几于穷矣。若夫述事穷理之文，则天壤之事理，实有古昔所未具闻见，心思所未逮。载籍繁矣，虽或有朕兆，而往复曲折，非身所经历，而神明识量又足以贯始终而握机者不能反。吾真竭吾才从心孤往，亦随事理而襀之。邹衍氏生于晚周，乃言曰："禹之九州岛为八十一分之一耳，如是者九，乃为九州岛，"裨海而外，有大九州岛，斯言也，当是以为河汉无极。孰意垂垂二千年，泰西来宾，地球东西一线，系属遥遥人力未由通达，又孰意火轮、铁甲、舟楫之周地中，又孰意铁路机轮车辙之驰地上，语言文字骎骎佚虑以来之，隧废古昔未有之，地古昔未有之，人安得无古昔未有之事理，彼于古昔未有之文辞乎。吾同年友，黄岩王咏霓子裳者，少壮劬学六艺之广大，百家之娵竺，反吾真竭，吾才厌饫其中，窥见朕兆。信夫载籍之事理犹渊乎，有无尽之藏通籍于朝。闻见日以博，心思日以扩。慨乎，奋乎，从使臣于来宾之国，所以联邦交而洞情伪，身所经历，而神明识量又足以贯终始，而握机以故，先后数年述事穷理之文，多有古昔所未具递迁递变。而后有四部七略别集刬见之造述，既有此事理，乃有此文章，何尝不用汉唐之文体，非复汉唐之文境，六艺百家贯串镕铸，纵心孤往而后乃今成王子之文。傥百年以上之人，见之亦且以为河汉无极，王子响亦有性情发挥道妙之篇卷，因以附之，奚不可者。李赞皇言，譬如日月终古常见，而光景常新。吾于王子之文益信。癸巳六月，杭州谭廷献。

袁昶序：同年六谭王先生，丁卯阁中，本拟首选以正主司，恐犯磨勘，抑宾副主司，今督部张公争之，不能得。庚辰登进士第，官白云司。既而参使绝域，足迹横蹋九万里，踰太蒙大荒四洲之地，视司马子长所述，南浮化涉之迹，不啻百倍，且井瓮视之所著《水师船表》及《经说游记》，则平实而详尽，无一妄语，噫！古今事变不同，故古今生才常与时变会合，与之为不同，固如是哉。比者不佞，窃录鄣南喜先生，先我簭仕于兹，过从商榷，因密于在都下日，每读决策，料敌之文平实详尽，洞知利害一如前所作。而近日识力尤进，阅世尤深，古人所谓原十六卫罪言，及近代计东之筹南论，无如是之切中世病，无一枝叶冗长语也。君尝出诗二巨册授予读，予才短，兢兢守法，日思吏事废弛，故匆匆年馀，迄未暇卒业也。顾近一年中，新作则尽观之矣，诗于君为馀事，不足以觇公之蕴畜，然即以诗谕白法清尘，而行气仍壮健绝伦。窥其中，磅薄爵积澒洞无涯涘，太林邱山之善于人也，乃神者不胜似过于乡先辈舒阔风之流远矣。抑吾又有说焉。唐宋之诗瓅，而恭南宋，宋末之诗，新而尖，金诗粗厉而噍杀，元诗自虞先生邵庵而外，多作缥渺之音。而浮乡间作伪体，杂柔一变。而至明初，得青田青邱倔起，廓清而天地之元音始稍稍复于古，有天下乡治之象，诗人一菽之细，可以觇人才国运焉。盖可审音而知之矣。今读君之诗，思雄而气厚，吾乃今知国家生才之盛，科目得人之效，所以驾御事变，效当世策力。许以驰驱者，尚大有人在也。古今人才应运会而出，岂偶然哉。是区区所为，为时局庆幸之微志也。夫叙君诗，为之浮一大白。甲午十二月桐庐袁昶。

缪荃孙序：夫羊牛下括，国风于役之诗，鸿雁哀鸣，小雅劬劳之作，自来行役，惯写牢愁，纵或拥传壮游绾符经涉，风餐露宿水驿山邮其间，都邑之骈填，原野之珍玮，关河之夷险，民俗之盛衰，仰俯百变悲愉，万能而况，天星乱动，海水羣飞，被髪伊川，不及百年之叹，和戎魏绛，难收五利之功，于是情寓于迹，思会其通，侔色敦彝，含音琴瑟。此六谭同年《濠上集》所由成也。凤阳地连吴楚，水扼淮，民俗雕劲，土风刚劲，前则明祖龙兴故陵尚在，后则土西虎踞伏莽未消。六谭负通俗之才，属干城之寄，官舍清暇，大可献歌征途，栗陆不妨题咏。词真而愈雅，气以敛而益醲。昔使泰西尚有轺轩之采，兹来濠上倍深今古之情，补缀沉吟，厘为二卷，悯途近岁，迹类飘蓬，属为弁言，以证心曲，嗟乎饥驱，出走敢希五马之荣。秋士言哀时作一鳞之露，黄垆风雨故人之音沫犹新，白首烟霞归隐之田园何在，落落四海，负负寸心，书视六谭，同增感喟。丙申九秋，江阴缪荃孙。

### 《崇雅堂稿》二卷

杨晨撰。黄岩人。（敬梓书舍书目）。有石印本。

罗惠跋：先生淹贯古今，博通中外，而尤邃于经术。观其所陈之章奏，往来之文牍，率皆以致君泽民兴利除弊为要旨，非犹夫治词章者，徒事张皇，讲名法者，专意刻核。倘所谓通经致用者，非欤然蒙会有疑焉。甲午一役，中日构兵，国际交涉安危攸关，先生时在谏垣，少有建白，若明知其不可一战，先与构和可也，奚为遣师远征，至于海陆交困如是。今读致政府一书，未尝不叹。秦非无人，其如不用何也。且环球各国，亦未有纪纲不肃，赏罚不明，而可以图存者，无惑乎。先生决意归田，亦以国事既不可为，何如养志林泉，闭户著书之为得也。是先生之心苦矣。疏稿为人借观失去。兹纵友听钞存者录之。文集卷首以存梗概。丁卯上巳门人罗惠谨识。

又识：又案光绪东华录载，先生奏事十馀，俱系节略，并非全文，甲午中东之役，聊奏单疏凡十馀次，录既未载，今仅存稿一篇。时京师设团防局，奉命巡城，缉获奸谍三人交部讯治，旋派乙未会试同考入关，及出而和议定，已旬，馀贼亦纵去，于是归志浩然。惠就见闻所及附识。

## 《崇雅堂诗稿》一卷

杨晨撰。黄岩人。(敬梓书舍书目)。有石印本。

徐兆辛跋：右杨定夫先生诗稿也。先生博览羣书，学问纯粹，归田后。掌教里中文达书院。章从学有年，因借观其诗文稿读之，心折手钞数卷，以供朝夕。先生耄而嗜学，久己弁髦视之，今年，友人罗枚垫寫其所为文付印，而诗稿阙如，因出手钞质之，并以所见近作，代写同印，以公同好。嗟乎，先生之名在史册，先生之学见著述，区区吟咏似不足以尽先生之长，然诗所以道性情，以先生一生性情浑厚呐呐然，如不出诸口而读其诗，有所谓忠谠之气，纯笃之行，令人得之于掩卷流连之际，此风人之遗，三闾大夫之教也，乌可以不传。书成，因识数语于后。乙卯清明节，门人徐兆辛跋。

## 《惺惺斋初稿》十卷

喻长霖撰。黄岩人。(涵芬楼藏书目录、台州书目、静观书舍藏书目、精一堂书目)。前四卷文钞，卷五赋钞，卷六诗钞，卷七至八经义骈枝，卷九至十慎思目录。有铅印本。

叙目：学途浩浩，古今至迹。唐虞三代之世，圣天子在上，制作大备鸿篇，鉅制如日中天。孔子以大圣人在下位，道不行，退与其徒删订六经，著春秋，明王法，成素王之业。大哉！洋洋乎！此非后世所能及矣，仲尼没后，学途渐分，然四科之教，师表万世，而文学居殿焉，非有所轩轾也。凡所以记德行政事，言语者谓之文，凡所以传德行政事，言语者谓之学。君子得志，则本其德行发为政事，著为言语，皆藉文学以传之。不得志，则益讲求名教，研精治术，多识前言往行，所以守先待后，继绝学而开太平故。文学者天地之精英，千圣百王，菁华之所聚藉，以禮之后进，而垂无穷者也。后世学子，域于卑近不能致其广大，尽其精微。于是文学家言渐流于记诵，词章之末甚或琐屑，支离破碎，害道文学乃渐为世诟病。然三代下，豪杰之士若庄周、屈原、贾谊、司马迁、相如、杨雄、韩愈之徒，其文闳博绝丽，皆以出羣之智，盖世之才，殚其毕生精力，从事于此。或怀奇不用一切，可惊、可愕，悉于其文，发之至如程朱之文，纯乎德行，杜马之文，详于政事，许郑之文，精于治经。亦庶几德行之科，其才识皆足以纲罗百代，权衡万变卓然俟。后世圣人而不惑，故能如日月之经天，江河之行地，斯皆不朽之盛业矣。长霖少不自立，中岁泛滥陈编，始稍窥昔贤先儒之馀绪。窃谓遂古至今，略分三大时代。孔子差等百王，集羣圣之大成，此一时代也。嗣后世道靡靡，几二千年。程朱表章孔孟，圣道复明于世，此又一时代也。宋后，门户渐启，始争朱陆，继辨汉宋，至今复有中西之别，新旧之分，羣言淆乱，宜有折衷，此又一时代也。故今日学问，宜囊括古今，淹贯中外，兼赅新旧，合东西洋五洲学术政治以观其通，而反其本。斯文担荷何其重耶。宋学迂陋，如管窥天蠡。尝窃撰七经注，录纂说文注，合辑欲以集古今笺注之成；尝窃撰汉儒学案，皇朝学案，以补宋元明儒学案所未备；尝欲合三通，心续及涑水通鉴为十通会纂，以汇治乱兴衰，典章制度而洪通之；尝欲为古今中外交涉，古今四裔沿革考，参稽历代得失，以为将来之鉴。诸凡草创，讫未成书，苦失，新政方兴，万端待理，取彼之长，辅我之短，尤贵，兼综条贯有以衡其当，而持其平。奔走碌碌，有志未逮，而古今中外新旧学途递衍望洋，浑灏茫乎未有畔岸。日月不居，忽忽老大，姑自俛焉，孳孳殚吾力之所能到而已矣。兹编所辑，乃平日零星之作，一知半解，无关重轻，敝帚之珍，过而存之，祇自嗤耳。虽然今时变棘矣，强邻耽耽环伺，咸思扩张国力，争握霸权。吾国上下相蒙，民穷财尽，患气芽蘖如川方至。吾辈生际时艰，痛心疾首，而手无斧柯，补苴乏术，坐视论胥，泯泯而莫可如何。顾乃蒽然一编，昧昧钻磨故纸，而平日所成就者又仅止此，俛仰身世，何以自立，此心滋戚矣。宣统元年己酉秋九月长霖自记。

文钞自识：宋刘忠肃有言，士当以器识为先一号，为文人无足观矣。顾文人亦有别，文以载道，学以致用，孔门文学何可经议，忠肃所斥，殆为有文无行者言之，余庸陋无似，尚未足齿于文人之列，而他何论焉。哀拾残纸择稍雅者存之琐琐，不足供覆瓿。非敢出而问世，如昌黎所谓以自讼其恶云。

诗钞自识：曾文正钞古今诗，自魏晋以来初得十九家，后改为十八家。其实古今诗家浩若烟海，此不过犹长江大河，较著焉者耳。国朝诗家林立，尤难更仆。余素未学诗，有时兴之所触，偶一为之。尘羹饭土，适形其陋，然诗以道性情譬之歌曲，虽有阳春白雪，不能禁下里巴人之不唱也。存之以志昔日之鸿爪焉。

## 《默庵集》十卷

王舟瑶撰。黄岩人。（涵芬楼藏书目录、台州书目、静观书舍藏书目）。有自序及章梫，喻长霖序。癸丑夏月，上海国光书局印行。

自序：舟瑶幼而失学，弱冠以后，始自砥厉，初治辞章……。迄未写定。吾年忽忽已谕五十矣，顾平日欲著之书，尚未成编。而三十以前所作，说经文字，未脱破碎考据之习，无当微言大谊。其他什文亦半率尔酬应之作，不足以传久，已覆诸酱瓿。执友章太史梫，以为弃之可惜，娄书敦劝，乃命书人录为十卷。乌乎！少壮不力，老大无成。聊一覆视，辄自恶然。宣统己酉正月，舟瑶自记。

章梫叙：癸丑秋，校印王玫伯同年《默庵集》十卷竟，叙曰：予生旅食于外颇多，交海内人士，顾志同道合老而弥笃者，要不过十有数人。玫伯其一也。予之识玫伯也，始光绪丙戌时，习业于浙之诂经精舍。初治汉儒之学，继治宋五子书，推而至于天地人物，中外治乱得失之故，衡以今事而斩于实用。数年别去，踪迹离合，流徒无方，质论疑义，岁月罔闲，盖时方壮盛，皆慨然以用世为志也。而玫伯好袗重语，恂恂居穷，恒不以为意。黄岩九峰书院者，县士特秀者所荟萃也。玫伯少时居九峰最久，交最深者为黄明经毅成，喻前辈志韶。予亦交毅成，而惜其早卒。玫伯亟称志韶能任重，及同馆职投分遂密。辛亥之变，同坐危城者百馀日，筹挽救之术，论出处之义，风鹤交警，相对栖然，卒以孤露遗臣辗转沪渎，北望魏阙，南盼乡云，依依之情，实同形影。顾吾三人之行，诣同而宗法则各有所在。玫伯宗汉之康成宗之朱子，及其乡之杜清献。志韶承舅氏王子庄先生之绪，远宗武乡侯，近取则于曾文正。予则宗乡先正方逊志，胡景参，及吾家实斋先生之学。盖皆以数十年之力，久而归之，自以为得有宗主非他人之所推致也。先是玫伯官粤东，余在京师印行所撰文存，及康熙政要。志韶印行所撰《惺諟斋集》，先后寄粤，冀其梓刻所为文集也，答书逊谢逡循不果。自襄乱归里，益韬匿以惜其声采。今年志韶重印《惺諟斋集》成，予乃移书告之曰：吾曹劫后残生，万念皆绝，独有宜审计者二事：一为身后墓志不可出异代达官之手，以属异代达官，必乖耿耿未忘之心迹。一为平日文字不可不播诸天壤，若一散佚，桑海迭变，他日更无足征。玫伯始以其稿来校印，诸务志韶皆同任之。嗟乎！天壤虽宽，而岁寒之友，寥寥无几，倘后世于东南海滨，考先朝遗老，则斯集也亦足知我三人大略矣！旧史氏宁海章梫叙于上海寓庐。

喻长霖序：长霖宦学以来，幸获从当世贤士大夫游，而故里旧人如黄毅成、王玫伯、章一山，诸君与长霖为素交，毅成既不幸蚤世，长霖与玫伯，一山，皆奔走四方，离合不常。自丧乱以后，平日知交尤多星散，一山与余遁迹海上，玫伯挂冠故山，杜门不出，仅以书问相往，复诗文相唱和。长霖去春省墓归里，见玫伯须发尽白，相对握手，道故旧太息时艰同伤老大，未几出《默庵集》十卷见示，读之益凄怆悲怀不自胜。数十年来士大夫泄泄沓沓，奖饰浮华之士，巧黠者借新政为悌荣之路，溃决藩离，巅倒纲纷更变乱，遂以酿成今日之患。吾辈虽在下位不得志，不能有所设施，然随波逐流，坐视狂澜之倒，而会无丝寂分毫之补救。今穷老归来，学问著述亦仅止此就，令他日所造，或尚未可知。而苍颜白髪，巳迫迟暮，纵使有成，犹病其晚，后顾茫茫，安所底止。恐吾辈将终于碌碌无所就也。呜呼岂不悲哉。予之初识玫伯，在同治辛未，同学于母舅王子庄先生家塾时，皆总角读经之暇，好偷涉史集强记僻典佚事，以相夸炫，塾师诮其记丑，或稍稍称能。弱冠后，以穷，故皆课徒糊口。玫伯亟告予，毅成贤介绍，交毅成后，同就学九峰游。子庄先生及王子裳先生先后主九峰讲席，力提倡学术，同学诸友亦皆能励志读书，风声所播，异军特起，后进之彦，闻风而来者屡常满。同辈籍籍推毅成，而长霖与玫伯，亦因以知名于游。后岁玫伯与一山同肄业杭之诂经，长霖始识一山。既而长霖游京师，毅成遽卒，而玫伯则游闽、游吴，一山则游蜀、游晋、游湘，皆客在幕府，不恒厥居。后玫伯入京师大学，主经学讲席，旋由粤督奏调监督两广师范学堂，遂官于粤。一山居沪，监督澄衷学堂数岁，洎通籍与予同官京师。玫伯居粤，南北阔绝，不获聚首者六七载。迨辛亥变起，贤人君子相率隐逸，一二耿介之士，或穷居陋巷，无以自存焉，终于遁世而不悔。玫伯既食贫不复出，颜其庐曰逸民，一山则编明遗民传以见志，皆手抱遗编然忘世。一山屡索玫伯文寄沪付梓，并属余审定之。嗟乎！自古治乱相与循环。世之将兴，必有人焉，出而振之，世之将衰，必有人焉，出而壊之。今干戈起，礼义废，风俗堕坏，至于如此。吾辈蒿目时艰，不能力图拯效之术，一听兽骇川决，而莫敢如何，虽曰：天他闭，贤人隐，括囊避世事非得已，然自古豪杰之士多出于乱世，志士仁人以一身任天下之重，之死而靡他，历百苦千艰而无或稍改其志，故能扶危，定倾拨乱世，而反之正，兹乃蒽然一编，鳃鳃焉，徒欲乞灵于简册，而平日所成就者，又半多考据词章之末，生无补于世，殁无禅于后，此予读玫伯之集，感念身世而同为怒焉，心疚者也。癸丑阳月，同县喻长霖。

### 《卧雪阁诗草》

牟冰心撰。黄岩人。有稿本。

### 《南洋劝业会杂咏》二册

黄岩　王葆桢　撰。（台州书目）。有胡壬杰、汪根甲序，赵恩承、瞿昂来、黄晋贤、赵曾重、方守彝、王咏霓、张茂镛、岳障东、周声洋、陈朝爵、胡远浚、赵恩彤、陆赵铨、刘钥清、曾行淦等题词。宣统二年排印。

胡壬杰序：黄司马子长生于龙门，南游江淮，上会稽，探禹穴，窥九嶷，浮于湘沅，北涉汶泗，讲业齐鲁之都，厄困鄱薛彭城，过梁楚以归。西征巴蜀以南，南略邛筰昆明，其自叙周览如此，已为壮矣，侈矣，而其为货殖传也，九州之大，百产之丰，人民俗尚之异，工巧作业之殊，变通趋势之汇，靡不部居基置，如数家珍。彼其时，又无铁岘焱轮之利便，电邮日报之灵通，所鲜所多，征贱征贵，如检税关核验表，如阅商部稽勋册，何自得之织悉若此。盖自秦政以还，绝去畛域，非复闭关之世，各私其艺，各安其俗，即如所举皮革、铁冶、竹木之业，已与冬官所记产出之地不同，盖智术交换久矣，司马氏观于一都会，即知此数千里之出品，销场以遍，观于彼一都会亦然，故能言之瞭瞭也。惜当其时，无有合数都会之菁华以殷陈于一都会，如今者泰西赛会之举，以为吾国中古最盛时代工商业劝进也。当时素封之君，爵此通侯，义同处士，未知有公司之强力世业，然乌氏遂能以奇，绘物间，颠倒戎王亦豪矣哉。始皇帝又为之揭橥标异，令工商钜子得与列候朝请，则又视今者西国之奖励商勋何如哉。天地之精，五行之秀，日出其不尽，以趋时局之变。自茶马互市以后，昔之中国以熟货易生货于外域者，今外人反执其柄而用之，中国加巧异焉，研其发达精进之由，皆比较切磋之益为多。今吾中国权与此会，且备列各国参考之馆，将以推陈于土物，竞新于客品，必使熟货无资于外人，生贷并植于中国，是今者此会之志也。浙东王子漱岩浏览既毕，各系其诗，杰受读之谓足以慰吾未观斯会之憾，惟惜无图以为诗之副耳。虽然史公以文，王子以诗，可以豪矣，会终而诗存他日，以验品之精进可也。湘中胡壬杰。

李详题后：南洋劝业会，权与江宁经营，不日广场奥区列隧，罗肆铺陈，侈于吴都奇崛，轶于王会解署，棋布穷般，尔之技态蛊媚，玉映竞士女之昌丰，诚载之胜，集大吴之巨丽也。虽其弹指即见，转瞬易虚，燎东城郭，人民遽非，新丰粉榆，鸡犬岂识，不有纪述，曷推嬗迁。漱岩子长爱奇文考，观艺厕身其中。积日累月，摘铅注椠，画地成图，傊次联吟，逾二百首，意主纪事，兼工修词。予注自疏一览，即得昔道元经注善，状各物卫之伽蓝旁极，璘玮传于后世，可想其盛。漱岩此作，并堪不朽，毋谓比迹古人辄燃墨而谢也。庚戌腊月，兴化李详题后。

自识：予前后两游金陵，纵揽劝业会，绅王目眩，莫可殚述。卓哉，煌煌千载之大观也。包举六合弥牟，万宝梯航毕业集，咸叹观止，躬际其盛，抑何幸欤。予性也钝，生平境过辄不能忆，又恐斯会之游后，此而亦忘之，乃怀铅握斩，日有记而持时有诗，诗成各系以注，尤苦闻见局于一隅，肆力搜猎，旁涉考征，知舛漏仍多。不免劝业闭会时，什咏诗百三十七首已排印成书。并手写一本，改名南洋劝业会纪事绝句，寄沪上石印矣。尚有草稿一束留纳箧，衍有诗成而未注者，有注而无诗者。人事相闲，出版稍后，计诗七十三首，列为卷下，仍什咏原名合前册也。自分区区，乌足斯会之万一，盖聊以备忘而已。庚戌腊月、王葆桢自叙。

## 《淮雨集》

王葆桢撰。黄岩人。（浙辖新语）。桂林黄晋贤序。有稿本。

黄晋贤序：嗟乎！汉陵铜马，五幅披猖，秦火祖龙，六经销灭。爀管霸商刑之烈焰，鼓海神河伯之洪涛，虎视兰台，废为党锢，龙威灵宝，诧作神奇。是故讥春秋为断烂朝章，陋易象于吉凶卜筮。尚书复壁，论语捶薪，况雅颂沦亡，笑束皙其奕补，离骚哀怨被灵，均为不详，侈口说诗，宁毋恶焉。然仲宣登楼，构豺虎而慨乱，康乐蜡屐，诧山川以写尤。万虫号秋，三峡奔海，用并文人，勋格备登。太史、輶轩、漱岩，江左三家。娄东十子，笔张牛弩射钱塘之潮，文艳莺花绚霞城之采。陈蕃一室，耻在安居，元父九州，思之税驾，其宗兄六潭先生，絷白驹于空谷，乐鸿雁于嘉宾，大山小山，媲晋室之求点，今乐古乐，赓钧天于萧韶，棣华足茂乎春秋，虎豹难分其优劣。维时巢湖浪阔，霍岳云高，歌小海以扣舷，挟大观亭而命酒。吊淮王鸡犬桂树，山空骖，太乙虬螭，芙蓉江冷。梁鸿瞻帝京而陨涕，阮籍登广武以悲歌，丽龙抱珠甘沈九渊之水，骐骥驾鼓足尔八翼之云，剑魄荡此寒光，琴弦裂于哀征。此《淮雨集》，所由作也与。余素无抚尘之好，忽有倾盖之叹。杵臼订交，车笠讬契，宇宙荡折，韩孟逐以云龙江湖晦明，钟牙赏其山水，曲蘗石酒炙觳过髡笙簧，百家谈天倾，衍落落雅谊，覃覃大言，嗜余格诗，录为副本，商虞松之五字，钟会堪师，钞左氏之三都，洛阳争贵，感兹石友铸作浪仙，岂仅秘鸿宝于淮南，购黄金于北海而已哉。晋贤牛医从学狗曲，谈经挟瑟，邯郸中郎寻为厮养，御车司隶。皇甫耻非党魁，久滞皖城，同劳记室，吟娥禹于蛮府，薄礼酒于宾筵。我调鼓角，凄清君文，雷霆开阖，譬诸栖烦挑战。骇项羽之旌旗，荀勖审音，叹阮咸之钟虡，兰亭修禊，山谷流杯，惟东浙之潮，拓西江之诗，孤纵扬雄，符命雕刻鄙于壮夫，而汉武栢梁治乱，关乎乐府。是集也，沉冥唐宋，慨念华彝，屏绝鬼薪域旦之书，反正王会郊圻之颂，荆棘塞道而幽兰擢芳，孤豕踉关而舞鹤振采，噫嘻，横流沧海，一车何安，片席名山，百讷相聚，风期密迩，露翰癸惭，牛铎竞钟，燕石韬玉。系单于而犁庭，老上愿陈贾谊治安，哀庾信而作赋江南，仅语韩陵片石。

### 《长匆匆斋诗集》六卷

王葆桢撰。黄岩人。有排印本，内分横江、潜辛、春苏三集。每集各分上下两卷。潜辛以下诸集，皆辛亥后作也。有同邑王咏霓，王舟瑶序。其诗托物写忧，多激抗之音，盖其亲炙六潭之门，经辛亥一变，其壁垒浪迹杭州与合肥。沈钧多所倡和。而宁海章一山论其诗为台州孤花晚秀，岂夸论哉。

### 《飞红阁诗文稿》

陈霞撰。黄岩人。（桐阴秋读图题咏册）。霞字云友，邑诸生，尝任郡志金石节孝采访。今稿藏于家。

### 《行素轩偶存》

邱瞻恒撰。黄岩人。有稿本。

### 《天任稿》

林秀南撰。黄岩人。有稿本。

### 《务敏轩诗稿》一卷

朱翰撰。黄岩人。翰字崇周，别字痛因。毕业浙江法政学校，诗有"花飞曲沼春归早，人立斜阳诗思迟。""云生片石翻疑絮，叶下空庭乱作柴"诸句为人传诵。

### 《浪游草》一卷

金庚西撰。黄岩人。庚西字映东，弱冠游学杭州，与朱痛因等结社西泠，倡和颇多。此稿凡诗六十余首，有自序。

序曰：余好为诗，凡所遭遇，笔之无遗，久之得百馀篇，既而叹曰：

今天下熙熙攘攘，皆为利禄。蝉翼为重，千钧为轻，巫医百工或足以致富。余不敏，乃独孜孜于吟咏，得毋为世所屏弃也耶。昔者齐王好竽，惑操瑟而往候于门，三年不得入，叱曰：吾瑟鼓之能伎鬼神，上下且合轩辕之律吕。客问而恶之曰：王好竽而子鼓瑟，虽工，如王不好，何是。所谓工于瑟，而不二于求齐也。虽然诗所以发泄牢愁，陶冶心灵，非所以求合于天下人也。且士君子当不得志时，动辄遭尤，言之谁听，诗之作，固亦不得已焉。耳间尝读三百篇矣，缠绵悱恻类，皆羁人思妇之时，盖非羁人思妇，虽有诗，而不能传，不能传者，辞不工也。孔子曰：言之无文，行之不远。欧阳氏谓诗癖而后工。岂虚语哉。余因而有感焉。余幼失怙，近更沦落，残杯冷炙，到处酸辛，乃复行不加修，学不加笃，而惟望诗之工，岂计之得耶。是为序时，民国三年暮冬上浣。

（别集四）：清同治至民国初，54部

# 总集类

### 《江湖唱和集》一卷

〔宋〕应武编。黄岩人。（浙江通志、黄岩县志）。今佚。

### 《家学集》

〔明〕鲍原宏编。黄岩人。（太平县志、黄岩县志）。今佚。

### 《黄岩英气集》十卷

〔明〕张粹编。黄岩人。（赤城新志、千顷堂书目、台州外书、黄岩县志　赤城后集、浙江通志无集字）。今未见。

自序:黄岩台之巨邑,汉以前为东瓯国,晋为永宁县,唐以后为黄岩。其间人才汇出,履舄相属,道德文章,政事之懿,烂然照人耳目。而吟咏声诗者尤众,洋洋沨沨,深有感发,惩创之益,而得以传诵江湖间绝黩,静言思之,盖以乡之后学不能播敷前美而然。因索邑中故老若干人遗稿,精选得古今诗三百八十首,次为十卷。以《黄岩英气》目之,俾远近同志便于采览。夫天以一元之气,亭之毒之,而其精英者为文,而诗则又文之至精英者。此名编之义也。自宋厯元以迄于今,作者一以世代先后,鳞次姓名,详其履厯,而各附以诗此第诗之序也。诗有古今,人各自部分。首四言,次楚声,次五七言古,次五七言律,终以五言七言绝。此编诗之例也,或多或寡,盖以有关风教,备纪载,明理义,而词意俱到者入编,馀悉不录。或人誉隆,而词意虽未甚到,亦著一长,以存其人,此又取诗之法也。所编皆古人泊致仕之老,凡见在,在官与山林未仕之人,诗既未备,艰轻去取,兹不敢僭,非缺也,道在人心,往过来续,后之君子,

311

必有继是编者，其幸谂于斯。

台州外书：取自宋迄元以来，黄岩先辈之诗，凡三百八十首，其诗近体为多，亦有不足存者，盖一时在取备，不欲意为去取也。

### 《郭氏诗选》四卷

〔明〕郭琤编。黄岩人。（赤城新志、黄岩县志。千顷堂书目作郭氏遗芳集诗选）。谢铎序，有家刻本。今未见。

谢铎序：《遗芳集》诗选若干卷，五七言绝诗若干卷，五七言古律诗若干卷，笃心郭先生之所辑录以传者也。笃心尝辑其先世之诗与文为一帙，曰《郭氏遗芳集》，铎叔父宝庆先生尝叙之矣。既又别其诗之精者为是集，盖自其九世祖漫斋先生，与其先君子南溪翁之作，咸在焉。漫斋以诗鸣，晚宋与叶水心为友，水心亟推重之至，其子正肃公，则又从考亭朱夫子游，在端平中，以谏诤名，号六君子，以至于我国初而饶阳公，又以文章节行世其业，暨其没也，并祠乡，盖郭氏之最显者，而世之称台之盛者恒归焉。台之盛若车氏之有玉峰，有敬斋，隘轩二先生，杜氏之有清献，有方山，南湖二先生，林立并起，盖皆有得于考亭之学，屹然为世大儒。视郭氏殆无与让，然至于今曾未有如笃心者，君子谓嘉之于谊，谌之于植小同之于元，元成之于孟，于是乎，益虽能矣，然则郭氏之后，将不以笃心而益显乎。铎久不作诗，未能详其所谓诗选者，独尚论其世，求其人，以仰止焉者非一日。因书而金宪林君，将与天下诵之，以见吾台之所以盛。

### 《赤城丛录》十二卷

〔明〕应志和编。黄岩人。（台州外书、黄岩县志）。今未见。采录自唐宋来郡人诗，及他郡人诗之有关桑梓者。

### 《东湖纪兴唱和诗》一卷

〔明〕应志和编。黄岩人。（赤城后集、黄岩集）。志和为郡庠司训时倡和之作，章陬为序。今未见。

章陬序：景泰纪元之春，吾邑应君志和为郡庠司训，讲学之馀，偕诸寮友出游东郭。时岁序聿新，风口暄畅，俯视东湖，凝冰初解，新波涨录，草木向荣，河禽游泳，物性各自适焉。君于顾视之顷，触诸外而感于中，因赋近体诗一章，以纪之同游之士，暨词林之善鸣者。咸属和焉，连篇累什，葩藻交映，传之当世，皆足以脍炙人口。未几，君以内艰，去服阕赴天宫，出是集，属余序。余惟诗所以言志也，志之所之，言必形焉。今观是诗，可以知君之志矣。君世为黄岩儒族，蚤承家学而笃于好古，闭关读易，深得羲文微旨。以后名齐期以践履为事，雅尚冲静，盘旋邱壑，有会意处一于诗焉发之，视荣利漠然，不以缀意，其志之素足者如此。故当时名臣交章荐之，皆辞不起，卒以郁守周公荐，勉就郡庠，而君犹以好爵之自縻，不若林泉之容与也。故兹感岁月之更新，品物之自适，慨然有碧山之想，因以形诸咏歌，其志之所存也远矣，视彼汲汲于势利以得失为欣戚者，果何如哉。宜乎，一时缙绅士咸高其志而赓歌之成集也。虽然易不云乎，时止则止，时行则行，盖君子之道，随时屈伸，初无容心于其间也。君以老成之学，任师儒之寄向也，教施乡郡臻于成效矣。兹调兰阳，又将推而大之，使成德达才之士，彬彬辈出。则吾道之泽所被者远，由是阶升要秩，以宏厥施庶足，容其蕴尔，尚俟引年之期，言旋旧隐，钓游东湖上，以近曩日登临之乐，亦岂晚乎。予忝姻敵知君也，深用是序诸篇端，庶几观者，知其志之所寓，因以为君勉焉。

### 《王氏二亲哀诗》一卷

〔明〕王从鼎编。黄岩人。（篁墩文集）。皆他人挽其父松轩，母郑氏之诗。初有刊本，今未见。有程敏政序。

## 《避喧庵诗》

〔明〕戴允大编。黄岩人。（俨山集、黄岩集）。今佚。有陆深序存，现略。

## 《联句集录》一卷

〔明〕王存敬编。黄岩人。（半江集、黄岩集）。今未见。有赵宽序存，现略。

## 《澧川世稿》

〔明〕张尺编。黄岩人。（赤城新志、浙江通志、黄岩县志）。皆其先世诗文，徐进士鹗为序。今佚。

## 《徐烈妇卷》一册

〔明〕王孟昭编。黄岩人。（东瀛遗稿、黄岩集）。今佚。

王启序：《徐烈妇卷》既完，吾乡王孟昭好义者，属余序之。余窃悼，夫死者不知其何求，而览作者不知其又何心也，因考忠臣烈女之传，而信其然。其死也，若或启之，其传也，若或使之。当其从容就义之时，寝食不安，精神恍惚，若有求，而弗得，若有追而弗及，一息尚存，岌岌危殆，虽三军莫夺其志，虽鬼神莫测其机，故曰：若或启之使有分毫计较于其间，则为善之心怠矣。及其时变事过之后，独立异行，昭乎宇宙，精神足以贯日月，贞烈足以格金石。一毫不白，幽明怪责。若有神明以临乎人心，若魂魄以依乎草木，故曰：若或使之使有锱铢窥测于其间，则好善之念息矣。予观烈妇周氏痛哭其夫徐显之死，属其家人徐员曰：我许汝主同死，信不可失，率自缢以殉。是其死也，非若启之者乎，乡君子或列状以悲之，或为传，及词以诔之，既实之于礼部，复登之于郡志，至是又将锓梓，傅之不朽，是其传也，非若使之者乎，呜呼！刻面整耳者何伤于惨，表员勒石者岂出于谀，有杀身成仁之事，则有秉彝好德之人，或饿死，而反见称，或投壑，而反得傅。余于烈妇之事，重有感于中矣。烈妇重洁身而捐幼子，死有馀悲焉。故卷中皆哀伤激切之词，正所谓物不得其平则鸣，而使观者情思慷慨，善心勃生，是大有功于名教也。或言台之山川峻削秀丽，而无回曲之状，故钟于人者，刚方清烈之气恒多意者。烈妇之行，亦自其山川所禀之气，然欤噫亦奚憾哉。

## 《古文类选》十卷

〔明〕王启编。黄岩人。（千顷堂书目、两浙儒林录、黄岩县志）。今佚。

自序：书经乃古之文也。后世之文，何其体之不一，而用之不同也。唐虞三代之盛，贤圣满朝，以铿锵乎。治道所言者，皆国家之大经、大法、史氏书之以传乎天下，后世非有意于文也，而其文已炳然矣。自秦火载籍之后，非独先王之治不可复见，而文之体亦遂不同矣。启尝细推其故，文章虽关气运，亦各类其为人，有文人之言，有造道之言，有有德之言。有德之言与造道之言固不同，造道之言与文人之言又不同。汉惟董子有儒者气象，孔明庶几礼乐，唐韩子庶几有文，则几于知道者矣。自贾太傅，陆宣公以下，则皆善于文者也。宋司马温公之暗合道妙、范仲淹之先忧后乐，亦几于有道者矣，自欧阳子，苏子瞻以下，亦皆巧于文者也。伊洛关闽诸贤，倡明正学，力扶世教，则可谓有德者矣，而胡澹庵，文丞相，谢迭山之徒，亦无愧于知德也夫。汉唐宋之世，视唐虞三代之气运固不同矣，而数君子之立言，又有道德文章之不同如此，况在当时而不用，或用而不力，宜共体之，不能归一，而治之不古，若亦于是乎系矣。至于国朝君明臣良，志同道合，然后文章粹出，于一视昔之典谟，真相表里，猗欤盛哉。启尝编诸葛武侯出师表等文为一卷，既又取汉唐宋文之关于世教者，厘为六卷，伊洛关闽合为二卷，而国朝之制终之。盖非独致从周之义，又以见帝王之治断可复也，为世道计者当何如哉。

## 《陈情录》

〔明〕王爌编。黄岩人。（台州述闻）。今未见。

茅坤序：《陈情录》，录右都御史南渠王公尹应天时所乞省太夫人疏，及历南京刑部侍郎时，而以太夫人再疏来归者也。当是时，圣天子悯而许之，缙绅百执事共相矜以为荣，而各以诗歌倡和之者若干首，其系录之，额曰：陈情云者，则公之小生故吏，按公本末，与汉李密故事合，互与慕谊，而书之也刻成，予受读，因窃叹曰：人少则慕父母，仕则慕君，其所由积习若远矣。予故考古今传记，窃怪世所称山泽一行之士能傲然自放江湖之上者有矣。夫阮籍朝请而能以父母之养为患，翛然若蜕而引者甚难也。若汉诸孝廉，起家白衣始，天子召之蒲车，亦时时闻有引大谊辞使者。位稍通显第，历公卿以治吏傅，所载盖寥寥矣。若此者，岂古今位涉公卿者类多，资待既久，春秋高不及其父母之存者，与柳亦由其身既贵近天子，数宠临之而势有所不能，清与何响，或能之而此卒不能也。柳亦以山林寥旷，其始麋鹿猊咒之在野者，固相狎也。而入花圃饱豊草，彼遂有所麕，而不能置与。予间按公再疏日月，公年始逾艾，于礼犹服政，家尚有兄仲，亦不应制，所称子一人，而父母年老，老得归养，公乃独能抗疏。引传记所少见之事，与古礼及今之制所不应者，恬然以其身际日月之贵，而远徙林壑，祝山泽一行之士无以异，何其壮也。及太夫人没，有司疏请后出，公时稍迁，竟不能久留，而上天子印绶，乞骸骨去，亦可谓贤矣。嗟乎！大臣者，国家之表也，当其父母之养，苟能如彼白衣者恬然世利之外，而乞身以退，奋决而不顾，其流风蕴义，岂特区区间里所称孝谨笃行已哉。天子而有乞身之公卿于下，则必礼，异之其心，固曰：大臣之孝廉也如此，其不可禄羁击之也如此，而不忍辱之矣。百执事而有乞身之公卿于上，则亦矜而效之其心。固曰：天子之嘉，大臣之孝廉也，如此其不忍以禄而羁繫之也，如此而亦不欲以自辱其身矣，如此则大臣重，小臣洁，朝廷尊，而天下治矣。否则大臣固可辱而使，而有如顷岁以来薄责诸公卿状，其所系国家得失岂细故哉。呜呼！于是时或有识者，按公故事读公疏，想见其人，能不为之泣然欷歔流涕矣乎。予是以敬为公，志之非特曩史官所书李密辈一行而已也。公名熑，黄岩人，学者共尊之曰南渠先生，其居谏垣时，所数上书谏止武皇帝游幸，乃弹劾中贵，多近世所难言者。及尹应天，吏民于其去，相与像而伺之。予尝吏民沾沾过其祠，宫下刺史问吏民，口次有两汉京兆之遗云。

**《牟氏世泽集》**

〔明〕牟庆偃编。黄岩人。（黄岩县志）。皆其先世之诗，有永嘉朱谏序，同邑王启跋。今佚。

跋曰：茅畲牟雪舟庆偃氏，既刻其先世诗集，又以行世，不可无余言也，乃执诗以集见余，遡其望会其趍，知其世有人焉。若夫诗，则有具眼者在，余何言哉。昔之言诗者三百篇之外，即漫及乎唐，自唐之外无诗焉。余又焉敢以为定论而为是集轩轾哉。又考古者诗贡于官，故编者定以军法之什，后世采诗不行，人自编诗矣。此集之所以作也，集中有人渊源理窟刻志，正心诚意之学者，咀嚼先秦文字，沨沨乎唐之馀音矣。但世人任耳不肯为宋元诗人右袒者，故虽有老将节制之兵，而既乎不取也。然集者动面简足以行世，方光自晦，故取傅示一家，不欲与世奋靡，深得老将师出在次法。余何言哉。

**《牟氏世稿》**

〔明〕牟业编。黄岩人。（黄岩县志）。以世泽集录诗，而不录文，乃辑此附益之。今佚。

蔡馀庆序：曩岁戊子夏，予访姻家，茅畲牟东麓翁雨止信宿，因得与其羣从诸弟侄相接燕会，且复倾写性情，相得欢甚。一日寅定公出示世泽诗一集，乃其先世起宋歷元以至于今为诸体诗，凡若干首。予读之，益见其家世文献之泽，源流自固若是也。惜其搜掇于散逸之馀，仅仅一人数篇，尚以不见其全为恨。别后且久，时或念之。既而寅定之从弟寅大往，以父尤不预会，至是携其世稿一编来过请序，亦其先世之作诗，视前集间有复出，文则实始见之。盖是编寅大所辑《世泽集》，乃其从兄寅昂君所辑者嗟乎。荀卿氏有言，艺之至者，不两能。故杜诗圣矣，而失于文，老苏文遂矣，而短于诗。二者固难，其能兼也，牟之先世诸君子其兼之而两能者乎。抑观吾乡诸故家，若杜氏清献，与其祖方山，南湖二公，车氏之玉峰与其祖敬斋，隘轩二公，皆有得于朱子道学之传，岿然并立，其视牟氏殆无与让，诗文皆馀事耳，然至今皆未若寅大伯仲诸君者，谓非世学之难乎哉。余忝于牟为姻，于此获观其世学之盛，引之弗替，若是故既为之三读叹慕，而且自以得次名其间，为私幸焉。遂乐为道之，而书诸卷端。

### 《黄岩英气续集》

〔明〕郑廷济，章大器同编。黄岩人。（黄岩县志、浙江通志）。继张撷古而作。今佚。

### 《黄山汇鸣集》

〔明〕章大器编。黄岩人。（黄岩县志、浙江通志）。大器既与郑廷济辑，《英气续集》，又于天台《赤城》二集中析出黄岩诸前诗，及《英气续集》所遗者，自宋迄明嘉靖录为一编。今佚。

黄绾序：诗发于性情而着之言，言永而依之声，声永而节之律，律应而协之音，五声、六律、八音，克谐而为乐，此舜所以命夔典之而教胄子也。古诗三百篇，二南为王化之本，故被之管弦，以为房中之乐，用之乡党，达之邦国。王道成而雅颂作，至于十五国，或里巷男女之歌谣，或贤人贞妇之愁感，以为列国之音，此诗之教，夫子删正，以为万世法也，后世不知，乃谓乐经已亡，非惟不知乐，亦不知诗矣，遂使乐官不以诗为教，观风者不以采诗为职。予黄岩古属东瓯郡，今隶赤城，僻居东南，气化发露颇迟，诗人始于唐项斯，至宋熙宁宣和以诗名家者渐出，先儒林咏道创条，《天台集》迨我皇明人文益盛，国子学录张公，存粹辑《黄岩英气集》，吾祖文毅公与礼部侍郎谢文肃公辑《赤城集》梓行，嗣后，布衣郑廷济，章大器，辑《英气续集》。大器又以诸诗散出，无所统会，于《天台赤城》二集中，析出黄岩诸前诗及《英气续集》所遗者少加删订，自宋迄今嘉靖录为一编，名曰：《黄山彙鸣集》，以备一邑文献，请序于予。予曰：诗贵乎裨补风教，其感物起兴托事舒情，必优游平淡，使人讽咏有在言语之外者，乃若流连组绘，冥搜极想，以逞瑰奇险怪句，虽工于诗乎何有？予观是集，作者若干人，诗各以志言体，各以类聚其音响格调，虽不能尽媲古人，然气化风俗、政治，于斯可验，葑菲并采，自有不得而遗者，用存一方之教，功岂少乎哉。

### 《丹崖文集》二十卷，《外录》五卷

〔明〕杨景威编。黄岩人。（台州府志　浙江通志　黄岩县志）。临海陈锡序，宏治丁巳知县韦可学刊。今未见。

自题：丹崖者，黄岩之别名也，旧治统十二乡，今九乡隶黄岩，三乡析太平。其疆域宽广甲于台，而雄于两浙外，是东南则大海也，其士夫贤明兴于宋，而盛于国朝。前是上古则荒服也，尚论其文膏馥出于鸿笔者，在《赤城集》，肝胆吐于虎陛者，在《论谏录》。至若各体制，作间有存者，未裒于一，以为专载将至，郁然而终晦，涣然以就泯，岂非大阙典欤。乃昉自宋之至道，迄于国朝之成化，统于旧治，不以黄太分彼此。宏治以来，则以析县限焉。用此搜摄为《丹崖文集》二十卷，又续辑《赤城集纪行》文五卷，为外录附于后。嗟夫，后世文不迨古，杰然名家者一代不能数人，况止一丹崖乎，以百数十里疆域之所环，千数百年士夫

之所作斯集也。以吾是择，而有醇有疵，以吾是观，而或挂或漏，乌敢自诧为尽美也哉。景威年既耄，绵力谋梓，孔艰于是。了世挺请割醴粥之土，鬻金若干，稍加以同志一二之助庀工，而刻之几半，乃上闻于太府公谭曰：兹公器也，盍早言之亟属，通府公韦来理县政，首为资给而工竣矣。且当壬子寇变之后，保全于险阻，得以目击其完，就而深喜焉，实亦斯文之厚幸也，安可不载其由，他日使吾丹崖之人知之。丁巳十月望后吉旦。

## 《菌玉集》

〔明〕童悦编。黄岩人。（东瀛遗稿、夏赤诚集、三台诗录、黄岩县志菌或作兰误）。悦与乐清朱谏及同邑陈勉，蔡余庆，王爌诸公倡和之作。今佚。

王启序：诗心声也，犹乐，然声叶律而不奸斯收，夫终始之大成。诗可以语，此知诗也。南城子诗人也，善声律，非其俦不泛与吟。予尝访于寒泉书屋，相与论诗及摩诘。南城曰：其诗圆以和有行云流水之势，其羽声乎论昌黎。南城曰：其声丽以适有凤凰芝草之瑞，其角声乎论浩然。南城曰：其声澹以清有离羣索居之象，其商声乎论郊岛。南城曰：其声急以怨有霜禽啄木之态，其征声乎论李杜。南城曰：美哉！此为宫声清和适怨无不具矣，其作无加论止是矣。予曰：不有三百篇乎。南城曰圣经不可以名言噫有是哉。予曰：论学知诗，赐也论诗，知学商也，南城子论诗，而知乐其精求夫声律之元者乎。少顷，忽出与双砚荡、南瘦石、南渠诸公唱和一集以视予，谛观之舍然曰，南城子，其诚会五声之全音，而同一心声之机轴，又已得夫诗家之大成已，夫大篇华以婉，短篇润以庄，非其心相续，而声相比，又何以忘其隐显之异迹，而叙情寓事之皆同哉。予知子有孝义，又善楷书，必其养德之鸿秉，心之正，故发而为声益铿锵乎。士君子之林之上软。南城子名悦，字思道，别有《临池录》若干卷。

瘦石、南渠、双江各为之序。兹集以菌玉名，谦已以让人也。予因僭次所论，以弁斯集，使知诗之不可易言也。南城子之知乐而始可与言诗也。

夏镒序：予以张一泉之谒，得诵是集，诵已有一言。夫人之生世，所谓更倡交和不去，闻社里邻坐，集巾履篇章。赏定觞酒流连句，举月不废人生居乡乐事。宜无过是矣，然亦不可多得。虽吾邑，亦有少愧于此。黄岩旧称诗家林囿，今不损也。但老病不及奔走，下风聆宫，征发朽枯，姑书此以塞一泉之请，使归以复于南城。既而一泉不足，予以言，予因赤以不自足予之言，舍其大而用其细，掩其德，出其技，未说南城，虽我亦不得护前以卒成其谬。夫南城，大者，孝在人之口，惠在人之心，生而贫者恃以养，死而贫者恃以藏，宣政监司奖记，溽至声流而不碍，行成而不秕，南城大者礌礌。如此凡其一言一语，主为南城，苟非蔽善之人，此可无不用。乃若工比兴穷格，法以事于篇，什里倡邻和章犄句，角一觞一咏流连举月，噫诗律酒杯，仅以自见，亦以自宽，殆亦君子游艺弛张之节，抑未也宜，一泉之不足。予之言，虽然篇什在，南城几不入妙，摘其语，置诸齿牙如嚼芳鲜至。更倡里邻诗酒为乐，予更津津慕羡，不足在我，然则南城可谓两得。参备细大文实，名与身俱不恨者耶。自今一泉倘肯入予之言，幸以是质诸南城讫事焉。遇蒙谷亦可出此，使得因是以教我。南渠寓山贤竹林木自爱。念我，但不知会有一言教我为文与否？草窗竹楼实一时诗道，必用亦可一言及此。

### 《丽泽集》

〔明〕童悦编。黄岩人。（三台诗录、黄岩县志）。与张木庵，周草庭，郑雪屋，林蒙谷等九峰吟社唱和之作。今佚。

### 《三台文献录》二十三卷

〔明〕王允东，陈公纶，临海人。黄承忠同编，黄岩人。明嘉靖台州太守李时渐，同台郡王允东，陈公纶，黄承忠等采访台州一郡先哲遗文，分类选录自唐迄明嘉靖凡二百九十六人，得文十六卷，赋诗七卷。（四库全书总目、述古堂藏书目、台州外书、台州书目　千顷堂书目、浙江通志作三台文献志）。台守李时渐刊。李时渐字伯鸿，号磐石，寿光人，嘉靖丙辰进士，官至陕西按察司副使，是台郡守。本书共有奏疏二卷，记四卷，序五卷，论说一卷，杂文题跋一卷，书碑传二卷，述赞祭文一卷，赋乐府一卷，五言古诗一卷，七言古诗一卷，五言律诗一卷，七言律诗二卷，五七言绝句一卷。今存。

### 《槐堂遗墨》四卷

〔明〕王世御编。黄岩人。（黄岩县志）。皆其先世诗文。今佚。

### 《越雪吟》

〔清〕王一流编。黄岩人。（三台诗录、黄岩县志）。陈函辉序。今未见。

三台诗录：字清斯，好徐渭文，而豪气近之。一日经山阴道吊天池遗迹，赋咏傲然，王季重见而厚款之，有《越雪吟》，即与季重唱和。作息林社中十子，清斯为之冠。

### 《息林十二子诗》

〔清〕李何炜选。黄岩人。（黄岩县志　浙江通志无二字）。选刻十二子者，王一流、潘最、朱浩、陈时贞、朱国权、朱国柱、沈础、蔡岫云、应璩、王炯、王瑞彬、柯春卿也。此外与社者尚有叶起曾、项天保、牟文轼等。见黄岩旧志三台诗录。书未见。

李何炜序：十二子中，清斯年差长，诸皆兄事之，或师事之。届右能奕，与清斯有同好。届右视清斯，如安碁之劣于元也，然亦闲称敌手。千人善八分书，元复善隶篆，平物善音律，其行草与伯氏砥石不多，让闲与二陟心陶岂石聚，未始不醉，未尝不声彻金石。旁睨者每比之饮中八仙，恨无少陵为之作歌耳。南卿高价索售，勳臣弃去，诸生不为同在泉甘土肥之间，诵唫不辍，生计落落，有晋魏名贤风，菁友为玉岘先生长公，绝无纤芥丝粟之迹，能与诸子往复周旋，是其性情同，其业同，其道同，故发于诗，亦无不同。同不于意句，而于神明也。息林之义未知奚取，吾闻易以息，并消息者日新之谓乎。然斯集也，不刻于异时，而刻于予解组之日，则予所意，及者又非义经之云云也，不知诸子以为然否。时方醒卧不起，诸子以序见索，乃伸纸书此。文之不工，请持以问之骆礼言。

### 《息林诗笺初二集》

〔清〕潘最编。黄岩人。（三台诗录、黄岩县志）。有刻本，今未见。潘最字屈右，康熙初邑修志，任编纂。

### 《黄岩传因录》三十卷

〔清〕应璖编。黄岩人。（黄岩县志）。所录皆乡先辈诗。今佚。

### 《则社偶吟》

〔清〕汪潆编。黄岩人。（三台诗录、黄岩县志）。今未见。据三台诗录曰：项天保、陈壁、江钇、施桢、牟文轼六人诗。

### 《埙篪草》

〔清〕张世泰、世奉同撰。黄岩人。（台诗三录　黄岩县志）。世泰字时雍，号无骄。世奉字时楚，号尔璋。兄弟也。书未见。

### 《委羽山文聚》

〔清〕赵岸编。黄岩人。（黄岩县志）。今佚。

### 《九峰诗集》一卷

不著编辑人名氏，（黄岩县志）。诗凡三十首，咸丰中黄岩土桼纂，九峰山志，尝引据焉。今存。

### 《绘雪斋诗集》八卷

〔清〕江钟岳选。黄岩人。（三台诗录、八类书库书目、黄岩县志、慎余书屋书目）。钟岳字元吉，号石闾。康熙末贡，所选凡八家，赵秋水湛三十一首，叶易亭光炼二十七首，柯怡园映蓴一百十首，池涵青崇春三十四首，赵介仙嘉有三十首，蔡陶山元镕四十五首，李清苑际时一百首，柯九疑洽五十九首。人为一卷。共四百三十六首。今临海戴氏慎余书屋，有郭石斋旧藏刊本。有自序略。

### 《合骚集》二卷

〔清〕李际时，陈槐同撰。黄岩人。（台州外书、三台诗录、黄岩县志、台州书目）。李诗三百七十七首。教谕朱肇济序。陈诗三百五十六首。训导汪建封序。二人同里至契，诗亦相类。故合刻之。有张联元序，柯映蓴、叶光炼、池崇春、赵嘉有、江钟岳等跋。今存。

### 《九溪诗存八卷》

〔清〕牟景皋编。黄岩人。（黄岩县志　原名畬川牟氏诗存录）。前六卷牟氏先世诗。末二卷外人投赠之诗。有临海黄河清，余姚邵瑛，江窎郁长裕序。今存。

黄河清序：士君子留心文献，大则辑全省艺文，次亦甄综郡邑先贤之作，备一方掌故。至但哀集其先世遗诗，疑近于隘然，于是可观仁人孝子之用心焉。夫立乎今日，以溯数十世以上，绪言馀论不复得，闻幸而讬于吟咏洊更兵燹播迁之馀，仅存什一，于千百，虽其不尽可传，犹当相与珍惜而彰显之，况本属吉光片羽乎。岁庚戌，予奉太孺人讳，家居畲川，一二旧徒复延予于广岩禅寺，读礼之隙，颇搜讨梓里旧闻。因访邑有《东山》《英气》等集及《应氏黄岩诗》传，因录皆已无存。而牟子仁诐等手录其先世诗，自南宋诚叔主簿，而下以迄于今。与夫昔贤时彦投赠诸什，及题咏有关梓里者皆附焉。都为几卷，而以简端之言为请。予观其集中，如南轩霞溪诸老，当时类皆有集，而所存止于如此，益以思贤，子孙诠次表扬之勤，为不可以已也。且前明雪舟翁重修宗谱，尝别录一编，而明季越秀司李复加扩而雕布之，今里中，亦罕有其书。况自国朝以来，作者间出，至今益沐浴于重熙累洽之盛，家抱荆璞，人握隋珠，会无为之总集者，是不皆有待于后贤乎。今牟子之为此集，或以诗传人，或以人传诗，要不悖于风雅之旨，观者当自得之。嗟乎。人情营私利，而趋时名，非视为不急，则等数典而忘。今牟子独能彰其先世之遗美于无穷，信乎仁人孝子之用心矣。夫郡邑者，乡之积也，直省者，郡邑之积也，天下者，又直省之积也。使为人孙子皆能如牟子之用心，岂惟于郡邑全省之文献不无小补哉。抑闻灿然，稿传望辰隆所领袖文社，今存诗缺如此类，尚需续补，并附书以谂之。

### 《兰忻集》《兰忻集续编》

〔清〕王者香编。黄岩人。（黄岩县志）。所录交游诗二百八十七首，作者三十六人，邑人诗为多。续编，周省山辑，诗七十五首，作者十人，亦邑人为多。

### 《醉丹轩诗草》六卷

〔清〕牟士纶录。黄岩人。其先世及己作诗。牟育《去非野泉集》五首，年施平《显安游春词》六首，牟绍炊《廷山歌谣集》九首，牟景皋《闲云集》九十七首，《五湖漫稿》五十二首，《兰言集》五十一首，《客幨批发》二十九首，《五湖散吟》六十五首，年成取《立斋抛烦集》十首，牟士纶《韬香集》百二十四首。总四百五十八首。今存。

### 《东浦集》六卷

〔清〕管名荞编。黄岩人。（柔桥文钞、台州书目）。皆其先世诗文，王菜为序。有刊本。

王菜序：管德舆中翰世骏，以其先人韵甫文学名乔所编《东浦集》示予，求为之序，予受而读之。书凡六卷。管节推蓝《闭门归来》二稿为一卷，孝廉邦宰《二洞小稿》一卷，诸生为《霖济川》诗存、廪生为《佐愒庵》诗存为一卷，萧县知县为《国动箴遗稿》一卷，而以萧县所编名《公翰藻厘》为二卷，殿焉，末为《医俗轩遗稿》一卷则韵甫所著，而德舆附刊，以传者也。韵甫笃学励行，工诗能文，而不获青一矜，顾念其先世，诗礼家传，青云世武，谨取旧谱所载文诗缮校成书，间加附注。辛酉之变，旧谱既亡，管氏之文献独籍此编以传矣。德舆以妙年登甲，授中书，仰承先志刷印行世，可谓知先务者。予居柔桥与东浦为邻村，尝考两村先代，颇少闻人。柔桥在宋，有陈容者，字益之，立本价莊。少傅杜清献公为之记。其子寿龄，娶东浦管上舍女名妙净，年二十四而寡，毁容守志。尝捐簪珥以赞其舅成本价莊。又劝寿龄置义塾，以教乡之弟。次子龟龄，登咸淳四年进士，后迁四厅巷。而东浦管氏，则显于明，自节推以下世济其美，至萧县始迁东禅巷，其元孙亨交，再迁唐家奥，德舆七世祖也。今观韵甫之所编着，管氏之世泽殆方兴而未艾欤。而吾柔桥，自宋陈氏以后寂无闻，西望东浦，东望唐奥，又自视欿然矣。光绪二十有一年，岁次乙未十二月既望。

### 《米船楼题词》一卷

〔清〕管振声、颂声编。黄岩人。（黄岩县志、台州书目）。温岭陈昶跋。

有刊本。

（黄岩县志）：颂声字赓常，新桥管人，诸生，于所居之束为楼，形制如船，以贮书画，延宾友，因彚投赠，诗文为此编。

### 《六十寿言》二卷

〔清〕管振声、颂声编。黄岩人。（慎余书屋书目）。各人颂其父思韶、母张氏之诗。有刻本。道光二十年振声，颂声小引曰：去岁家严慈六十诞期，振声等正拟称觞上寿，适奉檄署吴兴学篆。因具启徧谒僚友乞诗，至秋解组，则羣公之宠锡既庠士之投赠者甚伙。归拜高堂，而羣邑诸君子所贻之诗，亦如之冬月称觞，宾朋咸集，暇读诸作，不忍听其散佚也，编辑付梓，用志不忘，敬叙其缘起如此。

### 《石交图题咏》一卷

〔清〕方絜编。黄岩人。（黄岩集）。今未见。

### 《古文管见》八册

〔清〕姜丹书编。黄岩人。（黄岩县志）。今佚。

### 《是亦园题咏》一卷

〔清〕蔡垚编。黄岩人。（黄岩集）。垚字德化，号博轩。家有是亦园，题咏甚众。因裒录为是编。

### 《八家春词》一卷

〔清〕王承弼等撰。黄岩人。（黄岩集、光绪台州府志。台书存目录作唱和春词八卷）。八家者，夏寅臣、池春塘、王苑春、王子庄、袁心葩、王啸林、蔡仲吹、王莘农也。上元朱绪曾，钱唐吴怀珍，同里姜文衡等序，温岭黄浚题词。有刻本。

（朱绪会序）：王君莘农出唱和春词二百四十首，其体七言律，作者八人，各上下平韵三十首，皆苍溪才士也。七子言志，薻英蔓草，各致怀思三闾，变为离骚，阆风瑶台，虙妃娥女、鸠告凰诒，理弱谋拙，玉溪生锦瑟碧城无题诸作，得遗乡焉。夫羁客遇秋而感，才士当春而吟，秋气萧瑟，寄关河鸿雁之思，春景绮妍，结香草美人之慕，情之舒异言之悲愉，不同也。楚人不云乎，溢吾游此春宫兮，折璠枝以继佩，又云湛湛江水兮，上有枫林，目极千里兮，伤春心。刘义恭之感春，湛方生之怀春，沈休文之伤春，庚子山之咏春，临春风听春鸟，莫不缘情绮丽，无事流连。张平子同声之歌，徐伟长室思之作，繁主簿定情之语，撷其精华，究其指趣，异曲同工焉。况乎莘农诸君，生天台赤城之隈，口漱飞霞，耳洗瀑布。相与步石桥，访金延，盼七宝之楼台，悬五云之甲帐，千树种桃，万年采药，足以助神思，换凡骨，何疑乎。灵均之占，何阻乎寒修之理耶。以视夫半兰沅芷行吟泽畔者，迥不相侔。吾愿元凯同升歌八伯卿，云听钧天广乐也。

## 《台诗待访录》十卷，《补正》一卷

〔清〕王维翰编。黄岩人。（柔桥文钞、台州书目）。

柔桥文钞：叶书王棻补订。有光绪庚寅及辛卯王棻序。有钞本。

王棻序：吾友小林明经，以阮文达公《两浙輶轩录》于吾，台诗稍略，将自乾隆以前辑补其阙，而自嘉庆以来，则续而成之名曰:《台诗待访录》。会学使潘峰琴先生，有《两浙輶轩续录》之役，而以台诗属吾友子常刑部，子常转以属余及小林。欣然应命，竭数月之力，旁罗博综搜讨靡遗子。吾黄之诗已备，其馀五邑则姑存其畧，亦以诸邑贤者，各能自任其责也。编既成，分为十卷，达诸当道备采择焉。余浏览一周，因识数语于简端。光绪十有六年十月既望。

王棻台诗待访录补正序：光绪庚寅学使潘峄琴学士，有《两浙輶轩续录》之选，而吾台之诗，则吾友小林明经实董其役，力疾而为之，备采六县编成十卷，可谓勤矣。顾念小林素抱羸疾，加以老病，迫于期会，仓猝成编，挂漏抵牾自所不免。本欲成书之后重加考正，而小林遽以疾终。余因取副本总目，属临海叶君书，纠违订谬录为一卷，复博访诸家补阙，拾遗续成一帙，凡二十馀家统名曰：补正云。辛卯孟陬。

### 《台山梵响》十卷

〔清〕王维翰编。黄岩人。（柔桥文钞、台州书目）。陈璿、郭式昌、倪望重、朱游、江培、郭传璞、王棻等叙。有钞本，存图书馆。

王棻序：自智者剙止观之教，而天台一派，遂为佛氏大宗。张伯端撰《悟真篇》而《紫阳遗书》，亦为仙家正诀。盖二氏之教，吾台为极盛矣。至于今日道流没微，而释子弥众，其散在天下而宗天台者，盖不知凡几也。独吾儒厌厌不振，数百年来，未有能希纵邹鲁而接迹洛闽者。此诚吾党之耻也。孟子曰：五穀不熟，不如稊稗，吾台之五穀，盖不如稊稗久矣。夫学者自审才器，诚不足以几圣贤之万一，固不如敝屣妻挐遗落世事，而游于方之外，倘得仙佛之绪馀，以明其心，而见其性，亦足以名于时，而传后世。犹愈于终身没溺于帖括之中，而奔走于名利之域，以至老死而无闻也。顾仙佛之徒，又往往窃喜吾儒之教，虽于性道精微，未能骤喻，而诗词咏歌之外焉者，往往慕而效之。韩昌黎所谓墨名，而儒行可以与之言者，殆谓此乎。吾友小林儒者也，间以其暇辑吾台释子诗，自晋以下凡若干家为《台山梵响》若干卷，既成而属予序。吾观所载释子之诗，可谓备矣，盖皆昌黎所谓，喜文词而可与言者也。向使数百释子，皆返其初服，而为吾儒之学，亦安知其间不有高才远到。如陈刚中之流，足以名于时，而传后世者，惜其皆以浮屠老也，然尚幸其能喜吾儒之教。窃取其外之诗词咏歌，以道其所志，然后吾党犹得辑而为书，以传后世，不忍听其自生自落与稊稗之属，同芜没于中田也。然则吾党之为儒者，又可惰农自安，不艮作劳，不服田亩，而望五穀之成，其可得乎。吾愿世之读是书者，奋然返己而自修焉可也。此殆小林书外之旨也。

### 《交游录》一卷

〔清〕王维翰编。黄岩人。（默庵集）。有钞本。

### 《清芬续集》一卷

〔清〕王修召编。黄岩人。皆投赠王维祺道龄之作。正集刊入梅庵遗集。此单行本，叶氏荫玉阁排印，有修召识。

### 《黄岩集》三十二卷

〔清〕王棻，王咏霓同编。黄岩人。（柔桥文钞、函雅堂集、台州书目）。凡文内外编二十卷，诗内外编十卷，补文一卷，附录一卷，王咏霓序。有刻本。

王咏霓序：同治庚午，同年王君子莊辑《黄岩集》，为文内外编二十卷，及光绪丙子余重邑志，竟乃以所闻，闻附益之编内外，诗十卷，补文一卷，又以删除诗为附录一卷，皆次第可缮写杀青。既毕，叙之曰：人生而静，有感斯宣，奇偶相成，刚柔迭用，文质之理，无有偏废，是以韵语、乐章、本诗，而邑辞十翼，谐音交道。记言书记事本于春秋，而礼经、论语，言行并志。故曰：尔雅以观于古，可以辨言矣。刘歆七畧着为辞赋，挚虞流别，分体编录，是以昭明文选之序辨裁众，制持择谨，发凡于子史家言，悉事淘汰。继之者，文苑英华、称极盛焉。自姚氏编文粹，惟取古体，于四六之文，律绝之诗，概置不录，已邻于隘，于是正宗出谈理之派，文鉴来伐异之议，总集之制，判若两途矣。若夫搜一方之遗典，征郡邑之文献，如会稽掇英之集，熏棻岩陵之编。咸博采群籍，搜辑众家，以为方志之辅，虽不能如选楼之律区文笔而二之，然亦非漫无限断，以冗滥为繁富者。吾黄在宋时称小邹鲁，当永嘉之学盛于台州，而清献玉峰二公，独私淑朱子，得其再传，故其诗若文，诸家中为最醇。观赤城、天台诸集，其所存可慨见焉。元明以往或工于文，而疏于诗，或善于诗，而拙于文。惟两峰方石可云具体则甚矣。兼材之，之难也。夫文者心声也，气犹水也，理犹舟楫也，水盛而舟之重者毕浮然，必有巨舟而后可以涉大水。是故气不足者，辞之葸者也。理不足者，辞之蔓者也。由是言之，繁简清浊，可以辨其文之难易得失。然则文之传、不传，非时之有幸、有不幸也，其平生用力有浅深，久暂之不同，其得于道，而发于言者，有大小精粗之各异。是故文人别集其传之十世者，必其材力之差可十世者也，其传之百世者，亦其精神之朽于百世者也，然原夫驭文之柄，则必囊括大典吐弃，凡返不为时俗所移，不为门径所囿，而后卓然有自立于世，是岂苟且名誉，寄人篱下者，可寻声、逐貌而得之邪，抑岂零章片什，有托而传者可侥幸于万一邪。夫十室之邑，必有忠信，兼材固难，偏长可见，是以吾黄之学者，虽未必尽合于道，而要其根抵，六经自抒心得者，政复不乏。是用纲罗散失，掇拾旧闻，稍加厘次，删其繁猥，蓋以骖靳，志乘取资考证，宁第为谭艺之助乎。世有闳通之士，博览不穷，将亦不释乎此也。邑人王蜕。

### 《黄岩集续录》二卷

〔清〕王棻编。黄岩人。（喻长霖柔桥文钞序）。稿藏于家。现存图书馆。

### 《仙居集》二十四卷

〔清〕王棻编。黄岩人。（静观书舍藏书目）。体例悉如黄岩集。有聚珍本。

### 《方城遗献后编》六卷

〔清〕王棻编。黄岩人。（柔桥文钞）。前三卷续李成经之后。后三卷拾李氏之遗。今有抄本。

自序：乾隆丁未拔贡李维三先生成经，据明林子彦《元协征献录》，及其师陈耻斋应辰《存逸录补订》，赓续。为《方城遗献》八卷，《续刻》一卷。总凡四百二十馀家，得诗八百馀首。可谓详且备矣。自丁未以后，迄于今，兹凡百馀年，作者代兴，而未有能继先生之志绍而辑之者。今者续修县志，纲罗放失，採樶遗书，颇称该备，爰取干嘉以来，将五十馀家，七十馀首为《补遗》一卷。且其书改名《遗献》。则凡他邦之人，酬赠之作，亦宜兼载，以示足征。爰复采自宋至今，将八十馀家，一百四十馀首，为外编二卷。总凡六卷，前三卷续原编之后，后三卷拾李氏之遗，或以诗而传其人，掇拾丛残，振发幽滞，俾积学之士，咸藉此以有闻于后，其或有当于先生，征文考献之盛心欤。光绪丙申正月。

### 《经训书院文集》六册，《灵越赓春集》一册

〔清〕王棻编。黄岩人。（江南图书馆书目）。有刊本。据寒石草堂随笔载："光绪壬午先生掌教江西经训书院，现选院中高材生所作经解、论说、诗赋为《经训书院文集》二卷"。

### 《秋灯课诗图题词》四册

〔清〕王彦威编。黄岩人。（默庵集）。因其母卢氏，课读时有"茅屋数椽灯一点，我家喜有读书儿"。句，没后，追念绘此。南北往来征题甚多，今藏于家。

### 《濠州唱和集》二卷

王咏霓编。黄岩人。（台书存目录、静观书舍藏书目）。多乙未濠州龙兴寺唱和之作。有刊本。

## 《渐源唱和集》四卷

王咏霓编。黄岩人。（台书存目录、静观书舍藏书目）。光绪己亥屯溪临别赠答之作。邵阳李维翰、金匮、顾森为序。有刊本。

顾森序：桐庐袁奉常佥巡鄣南之岁，推宿学以经庶政，处艰拨繁，恒有暇晷，与宾从之才者，众四方投谒之贤士大夫，讲道论治谋所以辅时之策。其遇春秋佳日，则从容游燕，歌咏迭兴、以舒其气而畅其意趣，尝裒辑之，为于《湖题襟集》。天台王六潭太守之作灿列其间，论者谓一时胜事焉。太守闳览博物，超然荣观，发为诗、古文辞，臻极超伦于。奉常为同年而同官于皖，文字之契至深，提唱风雅之情，亦复相等。戊戌之春，典榷屯溪，用不足尽其才，而乐文牒之简，山水之幽，邃以馀日，四出登涉，皆有吟篇。越二年，受代还皖城，示以《渐源唱和集》，始于休宁潘君筱斋同于是地，掌监筴去，时留别四章，属和者众，及太守之行，仍用原韵以斌，别而赓续益多，所以名是编者，邵阳李君艺，渊叙之已详。皖城之能诗者，又见而继之，于是篇什为增富矣。国朝四库总类《西昆酬唱集》编于杨意，录意及刘筠十七人诗，大抵音节铿锵，词采精丽。《坡门酬唱集》编于邵浩，录二苏及黄、秦、晁、张、陈、李、唱和之作凡六十篇。同题共韵，可以互考其用意。今是编作者六十馀人，积诗五百数十章。太守缘情讬与，最豪且健十迭韵，而未有已，其馀虽多寡有差，而亦大都同题。无勿共韵，钩心纬思，用意致密，音节词采之竞胜灿炳，词坛以视西昆坡门，今岂有逊于古哉。且夫集中诗人，生于故鄣者过半，渐水，发源鄣山，清淑所钟，士多环硕。益以奉常熏陶数载，文泽蒸蒸，又得此闳览博物之君子，将事于其地，讲艺施教于其人，必有学问事功之大者，起而光显于时，不第以诗鸣也。顾其为诗倡自主盟，提倡风雅之情，与于湖题襟后先辉映，抑亦一时胜事，承学之士所欲得而讽诵者矣。虽然自森书识太守时近十稔，读函雅堂诗文，道西斋日记，其素所蕴畜，广以参使外邦，考镜得失，识远烛微，端居尤深，抒为制变御敌绥世之论，如长江出峡，曲折而奔流沧海，驾涛横溢，而浩无涯涘，渐源时出之，清泚在其涵纳之中，有非浅见所能测量者，至于诗，特其馀波焉耳。光绪庚子仲春金匮顾森书。

（李维翰序）：《渐源集》者黄岩王子裳太守屯溪临别赠答诸作，集之以名其编也。太守嗜文学，安性约身，公馀丰暇，兼掌黟邑碧阳书院教。主持风雅，辉映一时，唱和行什多徽属英俊，又渐源之所以取义也。戊戌春，维翰榷茶皖南时，君榷厘休黟，潘筱斋太守督浙，醚先后莅屯溪。地居万山，其人质而少文，一年以来昕夕过从，契合无间者，盖君与潘太守两人而已。君雄于诗古文辞，且有山水癖，尝游白岳，制斋云图咏墨二十四景，竹洲花坞啸歌其中，辋川之风亦继起矣。一日示唱和集乞言于余，余不文，然亦不敢辞。按水经注云；渐水出三天子都。汉书地理志云；水出丹阳黟县，南时歙黟二县皆属丹阳郡，吴曰新都，晋改为新安是也。考新安江源有四，一出黟县山，一出休宁率山，一出续溪鄣山，一出婺源浙山，合流为新安江。昔歙地广，析为休宁、婺源、绩溪，若祁门则黟地。祥符经云，绩溪大鄣山，即三子都，秦立鄣郡，取此。郭璞云：三天子鄣山，在新安歙县，东浙水在其旁。徽州府志云：休宁率山，一名张公山，曰三天子都，山海经云渐江出三天子，鄣在率东，盖二山皆渐源所出，后人因其地，以为三天子都有谓都，即鄣之伪者，而渐水异源同流，皆为新安江所出，亦审矣。先时潘太守以瓜代返浙，赋诗留别，和者二十八人，今君又将有适皖之行，和尤众，君既录诸作四百馀篇，都为四卷，读之枨触于怀。余闻黯然、销魂者别也。悲哉为气者秋也，二者时两值焉，矧以孤陋寡闻，索居寂处，友朋离合之思，不将与皖江、浙水，浩浩淼淼同为无尽焉乎。因书以复君，并以质诸筱斋也。邵阳李维翰。

**《唱和续集》八卷**

王咏霓编。黄岩人。（静观书舍藏书目）。前六卷，后二卷诗、余多悼亡唱和之作。有刊本。

陈祖绶序：六潭先生台荡孕灵，黄龚称最谢家眷属，谈笑而皆诗。郑驿宾从簪裾，而亦韵陟歷所及，环乎大海，哀乐之感，逾于中年。故山尚青，迓名吏之重。到春草自绿，怅王孙其独行。仲宣登楼，北望弥怆。庚信作赋，南顾益尤。盖先生于庚子夏，五奉再权濠守之檄，适有如君朱安人之悼焉，白公樊子，苏老朝云脂盝粉奁都成陈迹，锦衾角枕惜亡。予美维鼓缶，极形旷达之致，奈搜元箧，倍触酸楚之衷。潘岳抒衷，哀遗挂徙抚，秦嘉含怨，遣车莫迎。束带难鸣，吹箫风去，此一时也。北都遘祸，西狩蒙尘。宫阙黍禾，洒诗人之涕泪，天地荆棘，恋旧日之觚棱。禄儿赤心，至今胡在长宏，碧血互古，艰磨满目狼烟。痛心燕市，此时也属与定幸，辇路均平，未散羌人问城头之笳吹。偶书秋兴，眷画省之香炉，猿鹤虫沙，六军惜化，山林溪谷，九韶奏安，云飞风起之时，辄思壮士沙白渚青之日，还念故人怀旧据情，登高寄喟，此一时也。淮南地广，天北霜寒，收万顷之黄云，贱盈尺之白云。琼楼玉宇，祥光迭呈，汤谷焦溪馀焰渐熄，鹤氅之游，在望兔圆之秘，互抽心香吁天，则惟祝豊岁，木屑铺径，则豫储异才，旧两唱酬聚星赓续，此又一时也。凡哀诗若干首，都为五卷。命绶序之，铿锵备奏、珠玉满前。媿我钝根输人，丽藻嗟嗟。牵牛织女已成离恨之天，瘦马春风犹有卧治之地。楚蘅杜禅，说曼陀紬鸿宝以献奇，拭龙泉而跃艳。铜驼下泣，谁共枕待旦之戈，铁骑销尘，且莫说从军之乐。光绪二十有七年，岁缠重光，赤奋若如月。永嘉陈祖绶谨序。

**《唱和三集》十卷**

王咏霓编。黄岩人。（台书存目录、静观书舍书目）。前八卷诗，后二卷诗，余多濠州留别送行之作。有刊本。

王元綎序：唐裴均为濠寿團练判官，有《寿阳唱咏集》十卷，见《新唐书艺文志》。然考其遗什，罕有传者。今六潭先生之三权濠郡也，年豊，而蝗不为灾。政成，而民以大悦。其行也，遮道相送，群以佛呼之。乃编，其公馀及留别送行诸作，为《唱和三集》十卷，以继《续集》八卷之后。将付剞劂，而嘱元綖为之校。间尝读先生之诗，而叹先生之造诣为不可及也。昔袁简斋为诗，自言不喜次韵，迭韵，岂以其为韵所束缚，而不为欤，抑畏其难，而不为欤。夫宋人赏花，钓鱼诸作，于徘徊字韵。除徘徊，无别押者。苏子瞻书此台壁，于尖义韵亦仅一迭耳。盖次韵难，而迭韵为尤难也。今观集中，和作迭韵之多者，以葛武部逸仙为最，陈大令墨农次之。而先生之诗，则多至九十迭韵，词则多至五十五迭韵，噫，盛矣。是人之所畏其难者，而先生独从容大雅，无一字无来历，如庖丁之解牛，批却导窾，因其固然，恢恢乎游刃有馀地也。如泰豆之御马，得心应手，六辔不乱，而二十四蹄回旋进退，莫不中节，虽历蚁封，逐水曲，仍无异于就熟路，骋康庄也。此子舆氏所谓造道资深，左右逢源者也。以之陵轹元白，超轶皮陆，洵无愧色哉。方今机变百出，每下愈况，才智之士，骛于功利，咸议论蠭起，术杂而言庞，诗道之衰也不绝。如泉先生独起而提倡之，以缠绵悱恻之思，发而为慷慨激昂之作，其忠爱之郁结，直与杜少陵之心存君国同一隐忧，故集中所咏，感事为多。而濠郡民风之诚朴，人文之振兴，山水之清娱，亦于此见一斑焉。一时和者益众，篇什踵增，虽迭韵之多寡不同，要皆以性情相感召，以道德相琢磨，而非故为所无病之呻吟。寻常之赠答也然，则斯集也，同声相应，有美毕臻，以视唐贤酬唱之作，富实倍之，其独步千古必传于后世，固无疑也哉。元綖谫薄无文，猥以下里巴人之曲，谬附于作者之林，先生不之摈弃，复命为序，辞不获已，因缀数语于卷端，亦以志响慕之忱云尔。光绪癸卯四月八日，宁海王元綖谨序。

### 《池阳唱和集》二卷

王咏霓编。黄岩人。（台州书目、静观书舍藏书目）。道州何维棣序，有铅印本。

何维棣序：池阳以九华着称，如汉嘉之凌云山，临安之明圣湖。游是邦者，恒以宦迹所经，羽为胜事。而余同年社友许君介侯，王君六潭，实先后权守斯郡。余尝赠介侯诗，有九华游徧应移罍之句，用志健羡。既而介侯改官去。六潭亦于丙午夏假守池州。余旦谓一方林睿之奇，自李供奉，王文成数辈后，代有名章秀句辉映其间。而天之于诗人，又若郑重迟回，务得一当，庶几无负此山者。人与地之相值殆非偶然欤。君既至郡讼清政举，辄以暇日，因公临眺，或召僚属从游，赋诗得池阳唱和集二百余篇，都为二卷，宾朋赠答，风矩不减钱刘，至于选胜寻幽，则康乐之清，道眉山之豪宕，时一遇之集中，如濂溪，如东厓。如望黄山诸篇，又为余所昕。夕梦寐不获一至者，循卷披诵，恍笠屐从君，觞咏其中，忽忽不知此身之犹在风尘也。昔柳子厚有言，观游者为政之具，夫虑生于静，彼临事操切立辨，才之短者也。时焉修息，萃耳目所接，条理裕如，而措之悉如其分而止，此即禆谌谋野之微意，汉吏之循，不外是也。君以诗名鄂皖间垂二十年。所著函雅堂集揽三唐北宋之胜，自成一家。今年六十九矣，劝事健饭公馀，犹日手一编。君配屈淑人逸珊，亦着有含青阁诗词。聊咏新篇，与年俱进，同人以为美谈。是集略纪清游君诗仅百一耳，而感时撝抱静观自得之惜，隐然与政理相通，不特九子芙蓉彰奇标异。即姚江诗册，亦正赖有嗣音，还当录寄介侯，踵和之也，余方凝以事，便观九华，促君亟付梓，人冀持以为访涂之助，爰走笔叙之。光绪三十三年十一月，道州何维棣撰。

### 《六潭十亿倡和集》一卷

王咏霓等撰。王葆桢编。（静观书舍藏书目）。有自叙，及七噫生，赵曾重序，王葆桢、岳障东、曾行涂题词。宣统元年排印。

自叙：曩岁庚寅，余与樊山斋年同客武昌。节署昕夕，相对读其诗，辄叹服以为近体圣手。今年在金陵得更读《十忆集》。《十忆集》者，樊山和李之膺之作，凡十题，先后得百首。复广为十题，又成百首，富矣哉。凝神覃思，穷极要眇，虽温李复生无以过也。考元膺之诗，为和王全玉而作，今王诗不可见，而李诗仅存他选。其题为忆行、忆坐、忆饮、忆歌、忆书、忆博、忆鞚、忆笑、忆睡、忆装。樊山所广，则又若忆羞、忆倦、忆嗔、忆喜、忆浴、忆食、忆洁、忆香、忆学、忆绣。推其原，旨实本休文，然六忆之篇首，陈来去古画士女，每分见闻。今有浴而无沐，有歌而无舞，有嗔而无爱，亦似未偹暇日选事，凝补十题明，辈中有见之者，投以和作，不下百十家。吾家漱岩属辞尤伙，因汇印成帙，邮寄樊山，乞加评削，樊子其许我乎，抑。余又闻国朝诗家，首推渔洋，尝为唐人万首绝句选序，谓唐之绝句，即一代之乐府，其言诚有然矣。昔人谓王并州黄河远上一篇，为有唐压卷，而龙标之秦时明月，右丞之渭城朝雨与太白之烟花三月，皆为绝唱。王仲初、张文昌，以乐府着称，而仲初之宫词盛传人口，至宋明而半山之清矫，不殊山谷凤洲之雄富，并驾沧溟，近湘绮老人古诗横绝。宇内其持论谓绝句最难作，故每岁所得不过一二篇。尝评余诗文，以为有樊山之多而无其丽。余江郎退笔，老而才尽，欲求其多而已，不可得会何丽之足云。惟是结习所存，不忍弃置，又以属和之众，过而存之，亦以见吾家之诗学渊源有所自也。已酉嘉平月，黄岩王咏霓。

### 《黄岩集三录》九册

管世骏编。黄岩人。（后凋堂藏本）。补王棻子庄之遗。有稿本。有光绪甲辰自序。从浙江文献展览会见，管家藏本八册。名为《黄岩遗集》。

### 《赤城别集》五卷

杨晨编。黄岩人。（敬梓书舍藏书目）。凡文四卷，诗词一卷，列入台州丛书后集。

### 《台州文征内编》一百卷,《外编》五十卷

王舟瑶编。黄岩人。(石槎客笔记)。内编自唐迄清,都七百六十四家,文三千三百七十首,外编自晋迄清,都九百四十家,文二千一百五十余首。有钞本。

叙例:自杜预集善文,挚虞譔流别而总集始兴,其传于世者,臣昭明之选为最着。至专系一方者,则有刘松之宜阳,美黄滔之泉山秀句集。然有诗无文,其诗文并,录有碑掌故,今有传本者,吕宋孔延之《会稽掇英集》为最古。繇是黄棻有《岩陵》之集,袁说友有《成都之编》。继轨接踵,各有总荟。吾台总集则肇于宋李庚之《天台集》,然厪录诗赋,不及它文。至淳佑间,林表民逢吉为《赤城集》,录文十八卷(又有诗十卷已佚)。明宏治时,谢文肃铎续为《赤城后集》三十二卷。吾台之文,赖以不隋者,二书之功也。顾前集所录一百十二家,文一百八十九首,而郡人厪二十二家,文六十一首,后集所录一百二十二家,文二百五首,而郡人厪五十九家,文一百二十七首。其三家已见前集,是合前后二集,不过七十八家,一百八十八首而已,且专取有涉方州之作,其它文虽工不录,为例尚隘。至万历初,郡守李时渐,与郡人王允东、陈公纶、黄承忠,为《三台文献录》,得文十六卷,诗赋七卷,凡文赋一百十家,三百五十四首,皆郡人之作,不拘一方之掌故,视林谢之例稍广。顾阅篇钜制,罣漏尚多,孤本佚文掺求未富,又终于嘉靖。自万历至今三百三十馀年,无复统纪,遗书零落,耆旧凋残,文献之传不绝如线。光绪丙申,余纂修郡志,即思为文徵一书,而志稿未完,局已终缀,饥驱四方,旅食匙暇。今遭丧乱,归隐故山,慨桑海之变迁,念枌榆之文献,因发旧录,再事纲罗,始甲寅仲夏,讫乙卯孟秋,得郡人之文七百六十馀家,甄录三千三百数十首,为内编百卷。复录非郡人,而有关吾郡之文为外编五十卷,麤成写本以竢杀青。呜呼,神州陆沈,彝伦斁绝,茫茫堕绪,无力挽回,即吾乡先正之风,杜方相传之学,亦薪熄火减,绍

述未能而徒，耗心空文，乞灵坠简，冀绵台学于万一，其细殊甚。吾志已荒，执简潜然，辄自于邑其源流派别，与夫甄录之指，略缀左方。吾台文家以后，汉虞翔为先河。会稽典录称其与句章任爽，各驰文檄嘿若春华，而遗箸不传，靡得采掇陈隋之间，惟有高僧，不闻儒彦。故内编断自唐始，而项斯，任蕃皆以诗着。而文无称，惟孙邵有文纂四十卷，小集三卷，文格二卷，庶称大家。惜已散佚。其所存者寥寥数首，合之王展，罗虬，厪得三家而已。二徐、罗适、陈贻、范渊源安定为台学之肇祖，而罗氏《赤城集》，陈氏《庆善集》原书久佚，厪留片简。二徐且无一字之遗，伯模之弟叔伦贻叙，尤以文鸣，而东坡、南丰《所许集》，亦不传。陈侍郎公辅虽不悦洛学而论事剀切，不媿谏臣，其《骨鲠集》二十卷，今已无存，多方搜采，祇获九篇。至周氏弁，求氏仲弓，林氏放，赵氏十朋，蒋氏旦之《适斋集》，朱氏斐之《燕石集》，其名虽存，其集已佚。若杨氏蟋、左氏纬及其从子誉辈，则又以诗名，而文不显。故北宋作者不及十家。南渡以后人文始盛，其时如二刘（知过）（知变），二彭（龟年）（椿年），李袁州庚，王少卿齐舆，宋学士之瑞，徐提刑似道，王信州及之伦，俱有声词坛，其以勋名著者，若吴康肃芾、陈献肃良翰、陈文简骙鹿、何秘阁、周主簿泊、王府卿卿月，并号能文，而诸家专集，十不存一，零镰断简，间有流传，又非其至。惟献肃奏议，尚得九篇，亦云幸矣。石氏子重首交考亭使节南来，闻风羣起，一时如三林，（鼎）鼎恪。三杜（烨）（知仁）（贯道），诸赵（师渊）、（师夏）、（师雍）、（师蒇）、（师端）、（师郳）、郭磊卿、潘时举、池从周、吴谅之徒，箸籍朱门，十有馀辈。宋景濂所谓晦翁传道江南，而台特盛也。诸贤虽不以文名，而论学之书，足征心得，其有附集以传者，今皆迻录。朱门诸子，郭正肃，以直谏箸称，为端平六君子之一。而《兑斋集》今无传本，然读其劾愈天锡蒋见一疏，犹可想见风采。二杜再传而得，清献为南渡宰辅之冠，奏议十卷，何减宣公，故采录特多。其先于清献者，若王侍郎居安，后于清献者，戴少监良齐叶丞相梦鼎，皆直言敢谏，立朝有声录，其奏状可凛然见一代名臣之风节，惜西涧疏稿，终不可得耳。台学渊源虽本朱子，而文章义法半出水心。盖水心常游吾乡二林，获交最早，其后如陈耆卿、吴子良、二王（象祖）（汝）、丁希亮、夏庭简、戴许、蔡仍诸子，皆轨赘其门，而笪窗、大田、荆溪三家，尤称作者。笪窗最为水心所推许，谓其驰骤犁言，特立新意，建安元佑恍然再观。其初，见荆溪少年篇什，即谓惜之妙龄秀质终至，名世者不过若是。至大田高行窥学水心，称为苏明允之流。惟笪窗遗集虽亡，《四库》犹有辑本。王吴两家竭意搜采，而吴尚得一卷，王则厘止数篇而已。笪窗荆溪文誉方盛，而车玉峰若水之祖隘轩，年踰八十，独持异论，不冒附和。观其所著《五经论》中，多自得之言，与陈吴迥殊。然笪窗称其绵深婉澹，文有汉风，内宿圣贤气象，固已心折之矣。玉峰初师笪窗，而友荆溪，既而改师立斋，从事本源，无意于文，观其上范昭文一书，侃侃数千言，论事慷慨，与清献奏议相有仿佛，固不愧一时作者。究稿久佚，今辑为一卷，其从弟双峰若绾，掣究戴礼，不以文称，说经之作亦附箸焉。

### 《桐阴秋读图题咏集》一册

陈霞编。黄岩人。（石槎笔记）。光绪壬寅秋，霞与阮琴右，王崖林等宴，集郡城白云山。崖林为作图，琴右题以二绝句，自此陆续征咏，得三百余首。今藏于家。

### 《虎林消夏集》一卷

王葆桢编。黄岩人。（静观书舍藏书目）。癸丑夏，与李经义，沈钧等在杭唱和之作。有王咏霓，沈钧序。兴业印书局排印。

王咏霓序：余自姑熟引归田里，患脚气，老懒躭睡，不知户外事。漱岩大弟从杭州来过，余寄庐，余问西湖杨柳无恙耶？楼台无恙耶？漱岩唯唯袖出《虎林消夏集》，见质集中倡和多皖申故人，感旧之情，乌能己已。李公悔庵，甲辰把晤皖垣，厥后开府滇黔，远隔炎荒，趁通音间，沈子半峰曩，偕同人置酒大观亭，分韵赋诗，送余作郡。一刹那都成陈迹，坠欢难舍，展卷慨然。惜余卧病未获陪，悔叟半峰展林逋遗墓，证韬光片石用自憾耳。漱岩此去，幸为致声李沈诸君，俾知老朽尚在人间，也即以弁其集。甲寅八月中秋后一日，黄岩王咏霓。

沈钧序：畲橐笔游杭之明年，因张君树屏，获晤王君漱岩。漱岩随伯氏六潭先生久客吾皖，以诗鸣于时，余耳其名，而未之识也。萍苴相遇，欢若平生，吟筒往还，殆无虚日。无何，李公仲轩，求游西湖官署刘庄，偶病召治，谈秦淮往事，忽忽已三十年矣。次日函索新诗，余以江干即事诗，并漱岩树屏诸作应之。李公方借诗自遣，得两君而吟，兴益豪，成西湖感事六首。一时和什声满湖天，亦盛矣哉。忆昔在皖，与谭仲修，许慧轩诸公为池上小集，座中多海内英硕之选。一弹指顷零落殆甚。余与李公虽幸存，然皆皤然老矣，人事变迁，河山如梦，能无慨耶。爰哀所作，得若干首，名曰《虎林消夏集》，识其地与时也。或曰虎为金属，金飚一振，烦暑皆退。然乎，否乎，还以质之漱岩树屏。甲寅九月合肥沈钧。

### 《浣江花影》一卷

朱翰编。黄岩人。（石槎笔记）。凡七律百余首，皆翰与同邑焦猛虬，夏忏红，咏暨阳纻罗村花事之作。有钞本。

自序：过隙光阴，春婆一梦，当场粉黛，蒲影千帆。断刺史之肠，离离红豆，刊待儿之录，朵朵飞花。而人独攻乎此者，岂情有所难遏与。仆也来从忧患，未解温柔，过秦淮河畔，颇羡莫愁，登王谢堂前，有伤燕子。征衣既湿，绮陌何方，思射雉中郎，鬓毛渐白，作披香侍者，楼殿全非。宜乎息迹衡门，不生绮障，停车小苑，聊慰孤怀者矣。迄今来暨阳也，夷光旧姓，犹认煞纱秋睿故园，相将看竹，偶逢姹女潜移客邸。

情怀以异，儒童自起爱河，风浪丁东，莲佩真个销魂。袅娜柳枝，何妨榻地，借眉语以传神，心香暗篆，漉愁胀而记曲，手版轻弹，喜结灯花。捉迷藏于午夜，伴看粉盒，提旧梦于中楼。此去年事实惬余心，谁知飞语纷传，凝生母氏闲情，欲遣防到姐娓。纵叩镮金，难舒眉斧，绣衾独拥沈满原。未免兴愁，奁镜云遥，玉溪生不襟作赋，漫漫长夜，兽炭擎烟，乙乙情丝，鸡窗写梦。此日频拈斑管，不同画壁之旗亭，他年检点芸囊，或可忏情夫浣水。甲辰孟春望后三日，痛囚录于暨阳官舍。

# 诗文评类

### 《四六谈尘》一卷

〔宋〕谢伋撰。黄岩人。（直斋书录解题、梁溪漫志、文渊阁书目、焦竑经籍志、绛云楼书目、菉竹堂书目、台州府志、浙江通志、浙江采集遗书总录、四库全书总目、简明目录、台州外书、铁琴铜剑楼书目、邵亭知见传本书目、善本书室藏书志、台州书目、静观书舍藏书志、丛书举要）。有百川学海汇编，学津讨，原艺圃搜奇，赤城遗书汇刊本。

自序：三代两汉以前，训诰誓命诏策书疏，无骈丽黏缀，温润尔雅。先唐以还，四六始盛，大约取便于宣读。本朝自欧阳文忠，王舒国序事之外，作为文章，制作浑成，一洗西昆砾裂，烦碎之体，厥后学之者益以众多。况朝廷以此取士，名为博学鸿词，而内外两制用之，四六之艺，诚曰大矣。下至往来笺记启状，皆有定式，故设之应用，四方一律，可不习而知。予自少时听长老持论多矣，尤患以后悉皆遗忘，山居历年，饱食终日，因后生之问，可记者辄录之，以资赞学之一事，如古今五七字文题，为四六谈尘云也。时有得，当附益诸。绍兴十一年五月十三日阳夏，谢伋序。

王舟瑶跋：右谢伋四六谈尘一卷。伋字景思，上蔡人，参政克家，任伯之子，官至太常少卿。绍兴初，随父迁居黄岩县西四十里灵石山。有园曰药园，僧了宗为之图景。思自为记，朱子亦有题谢少卿药园诗二首。所谓谢公种药地，窈窕青山阿是也。景思自号药寮居士，故是书卷首署曰灵石山药寮。宋王明清挥尘后录载，绍兴二年，秦桧之罢，右仆射褫职告词云：耸动四方之听，朕志为移，建明二策之误，尔村可见谢任伯之文至。己亥岁秦复相，知御札，在任伯子伋景思处，乞行抽取得旨下台州，从伋所索之，又令其党曹泳为择酷吏刘景者擢守天台，专欲勒勘。景思寓居外县黄岩山间，景视事次日，遣捕吏追逮景思。自分必死，将抵郡城，舟中望见景备郊迎之仪，一见执礼甚恭，至馆舍，则美帷帐、厚饮食。景思莫测。是晚置酒，延伫笑语极骧，始闻早已得桧之讣音矣。案景思著有《药寮丛稿》二十卷，叶水心为之序。书录解题，宋史艺文志，文献通考，俱著录。今已不传，惟此《谈尘》一卷，则左氏《百川学海》，曹氏《学海类编》，张氏《学津讨原》，均有刻本。虽所论仅据当时之体，未能上溯六代、三唐，穷其派别源流于骈俪之文，所得尚浅，然于宋代制诰章奏笺牍亦能略抉得失，自抒所见，虽不能如后来彭芸楣，宋四六话之详赡，以视王性之，书固已过之，盖亦并始艰而踵成易献。是书及《深雪偶谈》，皆余昔年拟刻入《台州丛书续编》，而未果者，今金君嗣献原次第刊印，余为深熹，因略加是正而并书景思轶事，以界之。甲寅小暑，黄岩王舟瑶。

### 《诗话》十卷

〔宋〕黄超然撰。黄岩人。（赤城会通记、浙江通志。黄岩旧志估作画又连笔谈作十卷误。黄岩新志入子部小说家类）。今佚。

### 《深诣斋诗钞》《文钞》

〔清〕黄鑣撰。黄岩人。（黄岩县志）。鑣号云海，邑廪生。诗三百余首。今未见。

### 《南村诗话》一卷

〔明〕陶宗仪撰。黄岩人。（千顷堂书目，黄岩县志）。载司马泰广《说郛》第六十五卷。

### 《瓮牖诗话》

〔明〕蔡余庆撰。黄岩人。（光绪台州府志）。今佚。

### 《乐颜楼诗话》

陈幼谦撰。黄岩人。（游艺杂志）。有稿本。

### 《寸楼诗话》

谭义皇撰。黄岩人。（游艺杂志）。有稿本。

### 《艺苑拾谈》

金庚西撰。黄岩人。有稿本。

# 词曲类

### 《石屏词》一卷

〔宋〕戴复古撰。黄岩人。（汲古阁书目词综、四库全书总目、简明目录、浙江采集遗书总录、天一阁书目、台州外书、邵亭知见传本书目、台州书目、静观书舍藏书目）。载毛晋六十四家词中。

四库全书总目：复古有石屏集，已著录，此词一卷，乃毛晋所刻别行本也。复古为陆游门人，以诗鸣江湖间，方回瀛奎律髓称其豪健清快，自成一家。今观其词，亦音韵天成，不费斧凿。其望江南自嘲第一首云："贾岛形模元自瘦，杜陵言语不妨村。"谁解学西昆，复古论诗之宗旨于此具见。宜其以诗为词，时出新意，无一语蹈袭也。集内大江，西上，曲即念奴娇，本因苏轼词起句，故称大江东去。复古乃以已词首句，又改名大江西上曲，未免效颦。至赤壁怀古，满江红一阕，则豪情壮采，实不减于轼。宗杨慎词品最赏之，宜矣。此本卷后载《楼龠所记》一则，即系《石屏集》中跋语。陶宗仪所记一则，见《辍耕录》。其江右女子一词，不著调名，以各调证之，当为祝英台近，但前阕三十七字俱完，后阕则逸去起处三句十四字，当系流传残阕。宗仪既未经辨及，后之作图谱者，因词中第四语有揉碎花笺四字，遂别造一调名，殊为社撰。至于木兰花慢怀旧词前阕，有重来故人不见云云，与江右女子词，君若重来，不相忘处，语意若相酬答，疑即为其妻而作。然不可考矣。

### 《翁处静词》

〔宋〕翁元龙撰。黄岩人。（杜清献集、黄岩县志）。今佚。

杜范跋：余拙于文，于乐府尤所未解，今观翁君时可之作，如絮浮水，如荷潴露，萦旋流转，似沾未著。岂非游戏翰墨之妙耶。余固未解殆类，饰实玩，置窗几间，未尝不以为珍也。然柳周辈，凄情丽句，后之为乐府者多之，而苏黄诸公，爱惜文士如金璧，乃寂不挂口，此亦余所未解。时可试评之，时可以处静自号云。三台诗录：字时可，号处静，本四明人，为杜成之少傅，客遂家黄岩。善乐府。

### 《南村词》

〔明〕陶宗仪撰。黄岩人。（松江府志）。今未见。

### 《蕊春词》一卷

〔清〕王维翰撰。黄岩人。（王舟瑶撰记）。今存。

### 《芙蓉秋水词》一卷

王咏霓撰。黄岩人。附刊函雅堂集中《金峨山馆文集》，有郭传璞序。（略）

### 《石曲词》十卷

〔清〕蔡燕綦撰。黄岩人。（王舟瑶撰记，台州书目）。都三百七十三阕，前有蔡篯、叶金寿题词，后有江培跋。温岭金氏鸿远楼藏钞本。

### 《鬘华室词》二卷，《蝶边秋影录》一卷

〔清〕蔡篯撰。黄岩人。（郭传璞撰哀词　王咏霓撰行状）。稿藏于家。

### 《柔川词》一卷

〔清〕黄方庆撰。黄岩人。（光绪台州府志）。皆其少作，今存。

### 《桐絮词》一卷

王咏霓撰。黄岩人。附刊函雅堂集中。（冯煦序略）。

### 《杂剧类编》

〔明〕陶宗仪撰。黄岩人。（松江府志、千顷堂书目、丛书举要）。
载三续百川学海第三十卷。

### 《澄江棹唱》一卷

〔清〕赵琛撰。黄岩人。（黄岩县志）。凡南北曲二十三首。今存。

# 附　录

1.《诗考补订》五卷，清，杨晨撰，书补王氏厚斋原书及卢氏召弓增校本之未著补。

2.《诗经选注》。缪天绶撰。天绶字巨卿，大马巷人，国立北京大学文学士。上海商务印书馆出版。

3.《孟子选注》。缪天绶选注。是书选录孟子精华，加以注释，编入商务印书馆学生国学丛书，以供研究国学之需。上海商务印书馆出版。

4.《宋元学案》、《明儒学案》。缪天绶撰。本书编入商务印书馆学生国学丛书，以供研究国学之需。上海商务印书馆出版。

5.《临海异物志》。清黄岩杨晨撰。晨有诗考补订。晨死后，其孙绍翰列入崇雅堂丛书，民国二十五年用聚珍板排印。今存。

6.《临海异物志补订》。黄岩蔡骧撰，（通俗词林），对杨晨临海异物志，就已见所及考其同异、补其未备，有自序。稿藏於家。

7.《土物小识》。蔡骧撰，参以尔雅，南方草木状，《辍耕录》，《群芳谱》诸书，互相考订，凡有證引，必标出处。稿藏於家。

8.《邑志刍言》。蔡骧撰，是编对光绪志误漏处，就已见所及都为拈出，以备重修时之选择，有自序。稿藏於家。

9.《东北与日本》、《东北研究丛书》十二种，周宪文编，宪文东山头人，日本帝国大学经济学士，该二书上海中华书局出版。

10.《黄岩县图》。王一谔绘制，蔡继宗注记，一谔字謇士，王桥人。继宗字涤泉，蔡洋人。其河流，道路、村落均根据清丈图缩绘而成，山系反标局则，据参谋本部陆地测量局测量缩绘五万分之一而成。中华民国二十年，上海中华书局制版印制。今存。

11.《黄岩县分图》。王一谔绘制。该图据黄岩清丈后缩绘而成册。

12.《西巡大事记》。十二卷,清王彦威著,其子王亮编辑成书,父子皆有文述其大概。

13.《黄岩县政年鉴》。黄岩县民国时县政府秘书主编。章育、洪贤权、陈士彦、尤伯翔、王维幹、梁祖厚等协辑。全书分上、下二编,上编总述,分政治、环境、组织二章。下篇县政设施,分行政管理、民政、财政与计政、教育、经济建设、兵役、粮政、社会、行政、军训与保安、动员业务、行政干部、训练应变与抗战等。十二章,起自民国二十九年,迄於三十二年之县政。

14.《黄岩清丈报告书》。章育主编,洪贤权协辑,育字伯英后宅人,贤权孟家巷人,该书共分十六章,记述民国初清丈之经过。

15.《黄岩县兴修水利报告书》。章育主编,洪贤权、章镜堂协辑。

16.《黄岩场》。两浙区黄岩场会署编。该书分总务场产运销,会计工程、监工、福利、其他七章,而殿以七年来大事记及职员录、民国三十四年浙江省合作社物品供销处铅字排印本。场长倪土俊序。

17.《黄岩南乡宾兴汇刊》一册。《刊编》一册。郑滔编,滔字柏存,下浦郑人。将南乡宾兴缘起及经过情分,编纪略六章,附刊区域图及粮户一览表。

18.《近思录集说》十四卷。管赞程集注,赞程字尚定,新桥管人。清诸生。

19.《录天斋讲演录》。柯璜撰,璜字定礎,同屿人,京师大学堂毕业,山西省立图书博物馆馆长。

20.《城镇乡地方自治章程严义》、《府厅州地方自治章程释义》。王士森著,士森字嵩甫,邑城横街人,县立中学校长。

21.《列强军备概况》。柯瀛,朱右勤同编。瀛字蓬渊,纺里应人,暨南大学教授。是书编列中华书局国际丛书、上海中华书局出版。

22.《美国空军》、《英国空军研究》、《皇家空军战况》。王克成译著，黄岩东禅巷人，北京大学文学院外国文学系毕业，曾任国民党航空学校秘书。

23.《农林产物化验及调查报告》。许植方著，植方教善巷人，南京高等师范理科毕业，菲律宾大学理工学士，曾任县立中学校长，国立英士大学化工系主任。该书分浙江各县桐子、甘蔗调查及化验报告。黄岩南乡田土壤调查及化验报告。黄岩柑桔调查及化验。刊登：浙江建设月刊，中央研究院化学所刊物，中华农学会报。有藏稿。

24.《皇汉医学》三卷。周子叙译、子叙县前街人。是书日本汤本求真原著，求真祖述仲景旁通，远西多陈治验，以较其得失。子叙究心斯术，发愤译述。马君武题曰：发宇宙之秘密，谋人类之健全。上海中华书局出版。

25.《法医学研究》。周子叙译，是书日本原志免太郎原著。

26.《舌诊学》二卷。缪宏仁著，宏仁字天纬，大马巷人，是书分上、下二卷，上卷通论，下卷条辩。陈立夫，徐易堂为之序，1935年印本，现存。

27.《国医研究纪录》。许植方著，该书对汉防已、木防已之成分研究，益母草、海人草、三七、使君子等研究及民间草药之调查。有稿本。

28.《社会政策新原理》。周宪文译，本书是林癸未夫原著，上海中华书局出版。

29.《社会政策论》、《社会问题与社会政策》。周宪文译，上海新生书局出版和上海中华书局出版。

30.《现世界之论廓画》。周宪文著，中华书局出版。

31.《中国土地问题》五章。王效文、陈传钢同著。商务印书馆出版。

32.《货币论》。王效文编，效文塘下王人，北京大学商学士、曾任温岭县长，上海各大学教授。可供商业学校教科书用。上海商务印书馆出版。

33.《消费合作社》。王效文著，该书根据季时之消费合作论与勃之消费合作运动两书，参以已意，编译而成。上海商务印书馆出版。

34.《经济学史》。许炳汉，胡泽同译。上海商务印书馆出版。

35.《消费者信用论》。许炳汉译，上海商务印书馆出版。

36.《资本主义与统制经济》。周宪文著，上海书局出版。

37.《经济政策纲要》。周宪文译自河津原著，上海中华书局出版。

38.《财政学新论》。许炳汉译，上海商务印书馆出版。

39.《义务教育》。朱有献编，有献，双桂巷人，上海光华大学毕业，曾游学、日、英、法诸国研究教育。本书上海世界书局出版。

40.《小学校长》。朱有献编，该书上海世界书局出版。

41.《科学教授法原理》。王斑译，斑字李良，双桂巷人，美国哥伦比亚大学理学士，国立中央研究院化学所所长，上海商务印书馆出版。

42.《商业史》。许炳汉译，上海商务印书馆出版。

43.《商业概论》。周宪文编，上海书局出版。

44.《保险学》。王效之，孔条庵编，本书供高级商业学校教科书。上海商务印书馆出版。

45.《火灾保险》。王效文编，上海商务印书馆出版。

46.《遗传》。罗宗洛译，宗洛十里铺人，日本帝国大学农学博士，曾任台湾大学校长，本书是协唐朱哥德士密特原著，上海商务印书馆出版。

47.《进化论》。罗宗洛译，是书日本石川千代松原著。分十七章，上海商务印书馆出版。

48.《生物学概论》。罗宗洛译，日本铃木外岐雄原著，上海商务印书馆出版。

49.《原形质》。罗宗洛译，该书表示以理化学之立场，而检讨原形质之企图之一端。日本坂村缴原著。上海商务印书馆出版。

50.《植物与水分》。罗宗洛译，是书日本缬缬理一郎原著，上海商务印书馆出版。

51.《植病丛谈》。崔伯棠著，伯棠半洋崔人，浙江大学农学士，曾任浙江省昆虫局技术员，该书上海中国科学图书仪器公司出版。

52.《地震浅说》。王恭睦、杨钟健编译，恭睦桥头王人，北京大学理学士，德国柏林大学地质学博士，上海中华书局出版。

53.《可濂希遗书》四卷。柯镇岷著，镇岷一名进明，字濂希，骅威子。从弟柯璜为之序，邑人黄渭夫，黄詠棠合资用聚珍版印行今存，可见民国志稿艺文卷十四，有章梫序存。

54.《浦阳唱酬百叠韵》。喻信厚撰，信厚字莘侯，长霖子，感应廟人，京师大学堂毕业，1925 年任浦江县知事时与浦江士绅及宾僚唱和之作，有沩山黄清瑞序及任宁波防守司令部秘书时用聚珍板付印，今存。

55.《寄庐诗钞》。王炳辰撰，炳辰字幼圻，斗鸡巷人，中央军校教育处办公室文书组长，该书诗三百首，有余伯良序及自序。1946 年出版，今存。

56.《平倭复国记弹词》。罗楚客撰，小五份人，该书 1937 年长沙，长岳师管区司令部出版，初版三千册。卷首有司令吴冠周序，称其词句柳扬流利。可与民间读物；《倭袍记》、《珍珠塔》、《三笑缘》诸书相似。1941 年秋，绍兴桐花舞台艺员王香珠取作抗战宣传剧本，於路桥演出极受观众赞美。

57.《笺证谐铎》四卷，《夜谭随录》四卷，《评注燕子笺传奇》二卷，《论衡》三十卷。罗楚客撰。上海会文堂、文瑞楼等书局出版行世。

58.《苏联见闻录》、《高尔基生活》李文益译。

59.《中日文化论集》，《孔门五论》，《周易事例通论》。刘百闵著。

60.《谛闲大师全集》。由门人蒋维乔编。

61.《法制浅说》、《法学通论》、《日本监狱制度一斑》。许企谦编，企谦字卓专，药山人，日本明治大学法学学士，任浙江官立法政专门学校校长。是书上海中华书局出版。

# 中华人民共和国

（据新县志著作载）

| 作　者 | 书 籍 名 称 |
|---|---|
| 张友仁 | 《中国社会主义经济问题》《经济学概论》《政治经济学》 |
| 王天奖 | 《左宗棠评价》 |
| 管佩韦 | 《高中世界近代史》 |
| 汪祥春 | 《贸易经济学》《国民经济计划管理》《工业经济学》《社会主义经济调节概论》 |
| 方邺森 | 《沉积岩石学》《英汉地质辞典》 |
| 汪祥森 | 《中国山地森林》《森林调查手册》《国内外林山现状和趋势》 |
| 柯　纯 | 《画法几何》《工程制图》 |
| 管敏政 | 《医学异论》《马克思主义原理》 |
| 邵荷生 | 《金属磨料摩损与耐磨材料》《矿山机械磨损与提高耐磨性》 |
| 屠锡德 | 《药剂学》《生物药剂学》 |
| 杨苍舒 | 《对联修辞学》《中学生字帖》 |
| 吴广宇 | 《针刺疗法》 |
| 叶哲明 | 《中国通史讲义》《三国人物纵横论集》 |
| 叶春华 | 《报纸编辑》《新闻学基础》《新闻写作》 |
| 许翼泉 | 《粘土矿物学》《中国自然地图集》《中国土壤》 |
| 王士伦 | 《古都杭州》《西湖石窟艺术》《浙江文物志》 |
| 章士美 | 《中国经济昆虫》《农林害虫的生物学及地理分布》 |
| 王敬骝 | 《德昂语简志》《佤语熟语汇编》 |
| 王辉棣 | 《大学物理》 |
| 李三玉 | 《果树栽培与贮藏加工手册》《柑桔栽培新技术》《柑桔栽培与加工》 |
| 任　政 | 《怎样写楷书》《祖国的书法艺术》《书法教学》《隶书概论》 |
| 陈　潜 | 《果树栽培学》《果树病虫害防治图册》 |
| 朱锡强 | 《外国历史大事纪年》《神国元首》 |

# 编后记

历史的黄岩，文化昌盛，经籍著作丰富和庞大。为了发掘黄岩文化的灿烂底蕴，提供研究参考。特编写此书。

在编写中，笔者先后查阅《黄岩县志》、《黄岩集》、《续考》、《台州府志》、《台学统》、《赤城后集》、民国《黄岩新志》及项氏的《台州经籍志》和《中国簿录考》等书籍。还参阅王仁文先生编写的《院桥经籍志》和罗氏"上云阁藏书目录"。在此基础上，笔者以《黄岩集》、民国《黄岩县新志》、《台学统》、和项氏的《台州经籍志》为底本编写成此书。

一、本书采自隋未至清末民国初年（1920年）的1400余年黄岩名家经籍著作，按照《民国新志》的格式，分为经、史、子、集四大卷，共收录1081部。其中现存已刊的339部，抄本155部，已佚587部。入载《四库全书》和《续修四库全书》的35部。对民国中后期的作品，从民国《黄岩新志》稿中录出附于书后，新中国著作，据《黄岩县志》（1992年版）的著作记载，列表于后，供读者参阅。

二、黄岩历史上是个大县，明朝为黄岩州，成化五年，即公元1469年，分黄岩南繁昌三乡设太平县，为了不与温岭争名人和两地重复编写。故太平设县前的名人著作录之，设县后的著作一概不收录，谢铎籍贯为黄岩，但谢铎三十五岁开始设立太平县，故谢铎三十五岁后的作品，一概不收录，黄绾亦同。

三、编写时感到二难：

一难黄岩经籍浩繁，编者的精力和学识水平有限，很难驾驶，查阅项氏的《台州经籍志》，其编写时聘请了余杭章炳麟、黄岩王詠霓、喻长霖、王舟瑶、王保桢等省内元老名家二十人参加校阅，才能编出此好书。以笔者的学力和识别，实难完成。疏略和不当自不待容，请读者谅之。

二难经费不足，不能将现存的经籍 339 部梳理成册。因现存经籍，大量存放在临海、温岭及省图书馆中，经费有限，无力完成。现仅起抛砖引玉作用，望后人有志之士，进一步深入研究，发扬光大黄岩经籍的文化精华。

本书编写中得到社会各界的大力支持和帮助，特别在区文化研究工程办公室的指导下，沈雷先生提了许多操作性意见，於仙海先生对本书稿全面审阅，修正了多处错误，郑俊木先生为第一卷和第二卷前部分作了校阅和点注工作，陶培鑫先生为第二卷后部点注和校阅工作，并改正了一些错字。蔡大年负责全稿的打印与编辑。他们均做了大量工作，在此谨表感谢！

编　者

2020 年 12 月

**图书在版编目（CIP）数据**

黄岩经籍志 / 王恒正编 . -- 上海 : 文汇出版社，
2022.1（2024.1重印）

  ISBN 978-7-5496-3703-4

  Ⅰ．①黄… Ⅱ．①王… Ⅲ．①古籍－图书目录－黄岩
区 Ⅳ．① Z838

中国版本图书馆 CIP 数据核字（2022）第 014789 号

# 黄岩经籍志

编　　者 / 王恒正
责任编辑 / 乐渭琦
特约审稿 / 黄建华　任丽青
装帧设计 / 台州经纬文化传播有限公司

出 版 人 / 周伯军

出版发行 / 文匯出版社
　　　　　　上海市威海路 755 号
　　　　　　（邮政编码 200041）
经　　销 / 全国新华书店
印刷装订 / 永清县晔盛亚胶印有限公司
版　　次 / 2022 年 1 月第 1 版
印　　次 / 2024 年 1 月第 2 次印刷
开　　本 / 787×1092　1/16
字　　数 / 250 千
印　　张 / 23.25

书　　号 / ISBN 978-7-5496-3703-4
定　　价 / 78.00 元